外语学习资源
视觉呈现设计策略与实践

葛军 著

Strategy and Practice of Visual Presentation Design for Foreign Language Learning Resources

国防科技大学出版社
· 长沙 ·

图书在版编目（CIP）数据

外语学习资源视觉呈现设计策略与实践/葛军著. —长沙：国防科技大学出版社，2023. 12

ISBN 978 - 7 - 5673 - 0590 - 8

Ⅰ. ①外… Ⅱ. ①葛… Ⅲ. ①英语—语言教学—视觉—数字技术—研究 Ⅳ. ①H319. 3

中国国家版本馆 CIP 数据核字（2023）第 243236 号

外语学习资源视觉呈现设计策略与实践

WAIYU XUEXI ZIYUAN SHIJUE CHENGXIAN SHEJI CELÜE YU SHIJIAN

葛 军　著

责任编辑：廖生慧

责任校对：吴梦姣

出版发行：国防科技大学出版社　　地　址：长沙市开福区德雅路 109 号

邮政编码：410073　　电　话：（0731）87028022

印　制：国防科技大学印刷厂　　开　本：710 × 1000　1/16

印　张：15. 25　　字　数：217 千字

版　次：2023 年 12 月第 1 版　　印　次：2023 年 12 月第 1 次

书　号：ISBN 978 - 7 - 5673 - 0590 - 8

定　价：76. 00 元

网址：https://www.nudt.edu.cn/press/

前言

随着信息技术的发展和学习方式的变革，图形图像等视觉元素成为数字化学习资源文字符号之外的重要内容，以及表征和传达知识不可或缺的手段。然而，没有科学合理的视觉呈现设计，这类视觉元素就无法真正提升知识传播的效率和效果，因此，视觉呈现成为当代数字化学习资源达到预期效果的重要因素。本书在分析当前外语在线学习资源存在问题的基础上，提出利用知识可视化理念来指导外语数字化学习资源的视觉呈现设计。首先，研究探索了外语知识可视化的理论基础；其次，分析了基于知识分类的外语知识可视化视觉表征框架；最后，从二语习得理论的角度出发探讨了外语学习资源的视觉呈现设计策略并进行了检验。相关研究期望能够为经验导向的外语数字化学习资源开发提供理论性支持，为相关设计和制作人员提供参考，从而提高外语学习资源在现代学习情境下的有效性。本书内容主要包括以下几个部分：

第一，外语知识可视化的理论基础及作用机制。研究从符号学、心理学以及多媒体学习理论等视角对外语知识可视化的理论基础进行了分析，论证了其可行性、有效性和必要性。符号学（多模态符号学）理论论述了符号与知识的关系，心理学之双重编码理论和图式理论探讨了人类大脑处理信息时的一些独特机制，而多媒体学习理论论述了多媒体学习资源在学习过程中的作用机制。以上理论说明了使用文字符号之外的视觉符号来表征外语知识的科学性和必然性，以及采用图解表达方式的外语知识可视化能够促进外语知识的吸收、存储和调用。基于理论基础分析，研究引入中介语概念并进一步探讨了外语知识可视化的作用机制，认为关键在于三个方面：一是制作者对于潜在学习者的了解；二是知识的表征方式和视觉呈现设计；三是中介语模型的建立及其与现有中介语系统的融合。

第二，外语知识可视化视觉表征框架。研究从学科知识、显性/隐性知识、陈述性/程序性知识等知识分类角度对外语知识进行多维分类。从学科知识角度，外语知识分为语言基础知识、语用知识和社会文化知识，每一类又分成若干个子类。研究又从另外两个维度分析不同类型外语知识的特点，认为语言基础知识和社会文化知识主要属于显性知识和陈述性知识，而语用知识主要属于隐性知识和程序性知识。然而，鉴于外语知识学用一体的特点，研究认为其显性特征和隐性特征、陈述性特征和程序性特征之间并没有绝对的界限。研究提出了常规文本、图形图表、静态图像、摄制视频、动画视频和虚拟现实等六类适用于外语知识可视化的视觉表征类型，并分析了外语知识可视化的五大表征要素（即知识描述、逻辑呈现、情境创设、语用演示和文化展示）以及六类视觉表征在这五个维度的呈现能力。研究分析了不同类型外语知识的学习特点和表征要素，并结合视觉表征特点制定了外语知识可视化视觉表征参照表。

第三，外语学习资源视觉呈现设计策略。研究分析了“习得－学得”差异假设、输入假设、情感过滤假设等主流二语习得理论对于知识可视化外语学习资源开发的潜在启示。首先，应营造接近真实的、自然的语言习得环境，促进外语知识的内化和应用；其次，应从可理解性、趣味性和相关性等方面提高语言输入内容的有效性，增加语言信息的实际输入量；再次，应改善学习者的学习心理状态，帮助其以放松的状态从容地进行学习，并且应提高学习资源的交互性，让学习者感觉自己是一个真正的参与者；最后，应从知觉显著性等方面促进语言输入信息的吸收，帮助学习者重构和改善个人的中介语系统。基于这些启示，研究进一步从认知负荷、视觉注意、社会临场感以及现代学习方式等视角更加系统地分析知识可视化外语学习资源的设计要素，并利用结构方程模型验证了影响外语学习资源使用效果的因素。因此，研究从优化资源视觉内容、控制认知负荷水平、提高社会临场感、引导视觉注意、支持现代学习方式等五个方面提出了较为详细的视觉呈现设计策略。

第四，视觉呈现设计策略有效性的检验。研究采用准实验研究法，将学习资源作为自变量，将问卷、访谈、测试作为数据收集手段，对研究所提出的策略进行了检验。研究结果表明，虽然体现策略的实验组资源并没有降低认知负荷，也没有使学习者的测试成绩有显著的优势，但能够使学习者产生更高的社会临场感和更好的使用体验。研究结合访谈对结果进行了深度解读，认为有关认知负荷和学习效果的假设不成立的原因在于三个方面：一是实验组资源字幕的设置不合理，不利于学习者阅读和理解，且部分资源频繁切换的画面占用了大量的注意力资源，干扰了语义的理解，造成了额外的认知负荷；二是外语知识的特性决定了并没有绝对意义上的会与不会，且短时的输入并不足以造成学习者中介语体系的改变；三是实验情境会造成霍桑效应，实验组和对照组都会拿出比较好的状态进行学习，导致实验组资源的优势得不到体现。研究针对实验中发现的问题，提出了三条改进策略的建议：一是合理设置字幕，避免因字幕而带来额外的认知负荷；二是合理安排画面信息，避免对语义理解造成干扰；三是增加语言练习以适应在线自主学习情境。

本书将知识可视化理念应用于外语数字化学习资源开发，提倡将外语学习资源设计思路由还原课堂教学情境转变为注重知识的表达和传播，使资源设计策略更加符合二语习得规律、学习者认知规律和现代学习方式的要求，从而改变经验主义的资源开发倾向，提高资源的有效性。

当前，开发慕课、微课等在线学习资源已经成为外语教学过程中的一项常态化工作，希望本书能够为广大外语教师和相关人员提供些许有价值的参考。同时，由于本人学识水平有限，书中难免存在一些不当之处，恳请各位专家、同行和读者批评指正。

目录

第 1 章　绪 论

随着社会的变迁和技术的发展，人们获取信息的渠道和方式发生了翻天覆地的变化。各类图形图像等视觉信息遍布人们工作、学习和生活的各个角落，成为现代社会信息传播的主角。在教育领域，新型学习方式的出现和流行催生了学习资源的新一轮进化，形式多样的视觉元素成为信息时代数字化学习资源的重要内容。外语学习资源的建设同样具有这一趋势，但当前并没有很好地处理外语知识的表达和传播与资源视觉呈现之间的关系。因此，本书将知识可视化的理念引入外语数字化学习资源开发，试图为外语学习资源视觉呈现设计提供参考。

1.1　研究背景

1.1.1　学习资源的视觉化

一图胜万言，早在人类文字出现以前，图像就被用于交流思想，成为当时人类获取信息的一种重要手段。分布于世界各地的原始岩画以及象形文字的演变历史都说明了图像对于人类获取信息和进行学习的基础性作用。语言文字出现以后，约定俗成的文字以其精准的表意功能成为传达信息的首选方式，但是图像等视觉元素依然是信息传递的重要补充甚至是主要内容，因为它们更能吸引读者的目光和兴趣。1982 年，《今日美国》（*USA TODAY*）创刊后改变了以白纸黑字为主的传统报刊形式，转而采用了大量的彩色图像和图表来传达新闻信息。[1]这一做法在当时受到了一些评论家的鄙视，认为该报纸不会取得成功，然而事实证明他们错了，这份报纸取得了巨大的成功，深受读者的喜爱，发行量位居美国前列。如今，随着信息技术和现代社会的发展，图形图像等视觉信息已经充满了人类社会的各个角落，给人们的工作和生活带来了文字所无法比拟的信息体验。网络技术和媒体技术的发展更是促使人类的信息获取偏好悄然发生变化，人们更乐于接受能够节约信息解读时间和留下深刻印象的视觉信息。“读图时代”已经到来，影视、图片、形象符号化的书写形态和表达技巧正日益成为人们必要的生存手段和生活方式。[2]图像能够帮助人们在生活中更好地创造意义，储存情感和思维；能够增强知觉，理解复杂的概念；能够帮助人们在大脑中编码想法、信息和感觉以理解言语、书面等交际内容；能够帮助人们记忆和联想，促进更好地理解世界。[3]

教育始终是信息技术应用于社会的重要领域。捷克教育家扬·阿姆斯·夸美纽斯（Johann Amos Comenius）曾说过，“一切知识都是从感官的感知开始的”。视觉作为信息获取最为重要的感知方式，理应成为知识获取的主要渠道。而图形图像等视觉信息具有强烈的视觉冲击力，形象性强、信息量大，观看起来简洁、明快、概括，从而激发人们信息获取兴趣，提高知识传播效率。[4]进入 21 世纪以来，在信息技术尤其是移动通信、社交网络、媒体编辑等技术的推动下，各种新型现代学习方式不断涌现，在网络（在线）学习、电子学习的基础上又出现了移动学习、微型学习、碎片化学习、泛在学习以及微课、慕课、翻转课堂等概念。这些概念虽然在内涵上有所差异，但是对于学习资源的要求具有许多共同之处，注重知识的视觉呈现就是其一。当代的学生大部分都属于数字原住民，他们更喜欢通过网络获取信息，并以图片、视频等方式交换信息，因此提供多通道感官刺激的学习资源更能激发他们的学习兴趣。需要注意的是，采用多样化视觉呈现的学习资源虽然在很多方面较传统资源具有优势，但这并不意味着只要是这一类型的学习资源就一定是适合学习者使用的优质资源，因为“知识的外在呈现方式是如此重要地影响着知识内在内容的认知、理解和传播，甚至决定着内在内容的生存质量与发展方向”。[5]我们不能对学习资源的视觉呈现进行简单的理解，必须放到知识传播的维度去审视。

1.1.2 视觉学习的兴起

“视觉学习”一般被认为是从文本、图片、图表、电影、电视、计算机媒体等视觉信息载体中获取知识的一种方式，其目的在于借助视觉感官经验促进学习者的学习，提高他们认知和读写能力。视觉学习通常会涉及三种基本的认知活动，即视觉注意、视觉感知和视觉思维，是学习者进行视觉学习的基础和先决条件。[6] Philominraj 等认为，视觉学习能够更为有效地传递教学内容，使学习过程变得更加愉悦，并使学习者长时间地保持对特定科目的学习兴趣。[7]视觉学习在特殊教育领域发挥着重要作用。对于具有听力障碍的学习者而言，学习内容大多数来自视觉信息，因而获取视觉形式的语言信息是其最为有效的学习方式。[8]2006 年 9 月美国加劳德特大学（Gallaudet University）成立了视觉语言与视觉学习科学中心（The Science of Learning Center on Visual Language and Visual Learning），汇集了来自认知科学、语言学、教育学等不同学科与领域的研究人员，共同研究视觉语言和视觉学习如何帮助聋哑人获得语言和读写能力，目标是加深对通过视觉通道习得语言和知识的理解。[9]在当前信息技术背景下，事实上视觉学习已经发展成为一种普遍存在的学习方式，不管是正式学习还是非正式学习，视觉学习已经融入人们的生活，成为一种阅读习惯。在视觉学习过程中，视觉型非语言符号发挥着极其重要的作用，随着网络技术和数字媒体技术的发展，视觉型非语言符号占据着符号系统的大部分内容。视觉学习为学习者提供了一系列场景，而视觉线索能够将学习者的注意力导向知识表征。视觉学习应用于外语学习的典型例子是图片在英语词汇学习中的应用，图片能够创造一种意象，从而促进词汇的理解和记忆。

视觉学习是外语学习不可或缺的学习途径，各种可视化元素普遍用于学习，学习者围绕特定的图式和情境来展开思维活动，解读信息和新知识。[2]因此，在视觉学习理论指导下的语言知识可视化是读图时代的信息需求，也是语言教学研究深入发展的必然结果。

1.1.3 外语数字化学习资源视觉呈现问题分析

从广播到网络，从磁带到光盘，外语学习一直都是信息技术应用于教育的前沿阵地。注重视觉呈现的学习资源也是外语学习资源的重要组成部分，英语视听类课程可以说是早期应用的典型例子。当前网络上以英语为主的外语学习资源并不少，既有国家层面统筹建设的在线课程，也有商业性、公益性的网站，并且多数提供了以视觉呈现为主的学习资源，但资源建设没有形成科学合理的体系，缺乏指导性原则来规范资源的设计和制作，资源质量并不令人满意。笔者在“爱课程”网站“资源共享课”模块以“英语”为关键词进行搜索，排除9门非语言学习类课程和1门资源未成功访问的课程，获得52个结果作为分析的对象。这些课程是从全国同类课程中遴选出来的佼佼者，在数字化学习资源建设方面处于领先水平。分析发现，这些课程网站的外语学习资源在视觉呈现方面存在如下问题：

第一，学习资源视觉呈现方式的知识表现力不足。学习资源承载着需要传递给学习者的学科知识，学习资源的视觉呈现方式也可以视为知识的呈现方式，而知识的呈现方式又在很大程度上决定了知识内容的传播、理解和创新。因此，学习资源的视觉呈现方式决定了在学习过程中资源在多大程度上能够发挥作用。分析发现，学习资源呈现方式为课堂实录的课程占到了78.2%，其余21.8%为“教师＋PPT”的形式。两者都采用课堂录像，但前者基本涵盖了整个教室场景，而后者使用了教师特写镜头，但基本没有师生互动场景。这种课堂录像的方式不能体现视觉学习的优势，因为这类学习资源并没有从视觉元素促进知识获取的角度进行设计和制作。视觉学习强调两个因素：一个是资源制作者传递的信息，另一个是使用者获取的信息，这两者运行于一个共同的设想和期望框架内。[10]资源制作者对于学习者的期望应具有比较准确的了解，对于资源所能达到的知识传递效果也应有一个恰当设想。采用课堂实录的学习资源在视觉呈现方面只是从第三方的视角来还原课堂授课的宏观场景，没有充分考虑知识内容的微观视觉呈现设计，视觉内容并未真正对知识进行表征，因而教师实际讲授的知识内容也无法顺畅地传递给学习资源的观看者。“教师 + PPT”的形式能够改善这一劣势，但是从分析对象来看，教师和 PPT 之间的配合不够合理，并且 PPT 的设计也比较简单，基本上以文字为主，缺乏引导学习者注意力的视觉线索。视觉呈现方式单一还会造成所表征的知识类型有限，基本上以词汇讲解、句型讲解、语篇讲解为主，而外语知识的其他重要方面，如语用知识、文化知识等却鲜有涉及，这些知识往往需要通过更多的表征方式才能达到良好的学习效果。

第二，学习资源的视觉呈现方式缺乏教学交互。美国著名哲学家、教育家约翰·杜威（John Dewey）曾经指出，个人通过交互建立联系主观世界和客观世界的框架，因此教育从根本上来说就是一个交互的过程。[11]教学交互对于在线学习能否达到效果起到至关重要的作用。Moore 将教学中的交互分为学习者与教师的交互、学习者之间的交互以及学习者与学习内容的交互三大类。[12]Hillman 等认为在技术支持下的学习情境中，教学交互需要通过媒体中介发生，因此提出了学习者与媒体界面的交互。[13]基于外语数字化学习资源的学习在很多情况下都处于在线学习的情境，与教学交互发生在课堂中的传统学习具有很大不同。当教学阵地从课堂转移到网络之后，时空分离的特点导致教学交互的产生更加困难。在学习者利用资源进行自主学习的过程中，各种交互实际上都是通过学习者与学习资源交互而产生，这并不意味着学习资源成为学习者进行交互的唯一对象，而是指学习资源作为学习内容、学习活动等要素的载体，是学习者主要的交互对象，也是集成各种交互潜势的通道，比如教师与学习者的交互也需要通过学习资源而发生。因此，学习资源的交互性反映其支持教学交互的能力，对学习效果有着很大影响，也是评价学习资源质量的关键指标。[14] 外语数字化学习资源要达到预期的使用效果就必须对其视觉呈现交互性进行精心的设计。从所分析的这些学习资源来看，资源设计并没有很好地考虑交互这一因素。首先，无论是教师的口头语言还是肢体语言，都无法让学习者感觉到教师是在向自己授课，学习者几乎完全置身于教学场景之外；其次，资源视频中现场学习者的观点表达方式也难以让资源使用者与其产生思维层面的交互；再次，学习内容（知识点）的呈现并没有明确地指向资源使用者，更像是资源内部角色的交流，因此学习者与学习内容的交互性也不强；最后，资源更多地是以普通视频格式呈现，界面交互性几乎没有。总之，这些学习资源的视觉呈现方式无法营造传统课堂所具有的学习现场感，各个方面的教学交互缺失或不足，容易让学习者产生局外人的感受，对学习者缺乏吸引力，会使其无法保持专注力并很快失去学习兴趣。

第三，学习资源视觉呈现设计没有充分遵循认知规律。视觉是一个生理学的概念，指的是光作用于视觉器官并使其感受细胞兴奋，信息经视觉神经系统加工后产生的一种感觉。视觉是人和动物最重要的感觉，通过视觉，人和动物获得至少 80% 以上的外界信息。视知觉在心理学中是一种能力，即将到达眼睛的可见光信息进行解释，并利用其来计划或行动，因此，视知觉包含了视觉接收和视觉认知两大部分。通过观看学习资源获取知识的行为实际上是一个相对于普通的观看行为（如观看风景）来说更加复杂的视知觉过程，但在本质上，仍然是一个视觉信息的获取过程，需要遵循人类处理视觉信息的一般认知规律。视觉呈现设计需要将符号、文字、色彩、造型等视觉元素进行创意组合，设计出具有寓意和美感的视觉作品，用以传播目标信息。新时代的视觉呈现设计主要依靠数字媒体进行，并注重视觉和听觉的融合，具有连接性、交互性与动态化的特点。[15] 科学合理的外语数字化学习资源视觉呈现设计应符合视觉信息获取和处理的认知规律，从而帮助学习者更加容易、高效和准确地抓住知识信息的主要内容，促进知识的理解和转化。从所分析的外语数字化学习资源可以看出，这些资源在视觉呈现设计方面并没有充分考虑学习者的认知规律，学习者容易迷失在堆砌的信息里并感到无助和沮丧。比如，这些资源都没有配备任何形式的字幕，学习者无法理解话语内容时只能重复尝试，影响学习效率；再如，资源篇幅普遍偏长，72.7%的资源长度在30分钟以上，个别甚至超过75分钟，学习者容易感到视觉疲劳，不利于专注力和学习兴趣的保持；此外，这些资源几乎都没有引导学习者注意力的视觉线索，重点不够突出，画面也比较单调，缺乏美感，对学习体验具有负面影响。

以上这些问题表明了当前一部分外语在线学习课程在学习资源的视觉呈现方面过多地关注对课堂原始教学场景和过程的呈现，缺乏对外语知识传播特征和学习者认知规律等因素的考虑，知识的视觉呈现比较粗犷，没能通过点、线、面、人、物、文字等各种视觉元素的组合来促进知识的传达，也没能很好地从有效学习的角度进行考虑。此外，从课程的注册选课人数和互动情况看，资源的使用情况并没有达到精品资源共享课的预期效果，社会效益并不明显，这也从侧面凸显了学习资源存在的问题。

1.1.4 资源视觉呈现新视角：知识可视化

在当前技术背景下，“多媒体学习资源”是从资源的表现形式和表现手段来描述特定类型的数字化学习资源，但随着数字化学习资源的进一步发展，多媒体并不能很好地体现新时代数字化学习资源在知识表达方面的优势。多媒体关注的是资源呈现的媒体形式，包含文字、图片、声音、动画等媒体形式，其中两种或两种以上的组合即称为多媒体资源。在网络新媒体环境以及新型学习方式的语境下，数字化学习资源不仅应注重视觉呈现手段，还应注重视觉呈现方式与所传播知识之间的联系，即所呈现的视觉信息应能够承载目标知识点内容，并且视觉呈现处理方式能够促进学习者的认知。对此，知识可视化（knowledge visualization）为数字化学习资源视觉呈现提供了很好的理论视角和实践参考。

可视化的英文是“visualization”，具有视觉化、形象化的意思。1987年2月，美国国家科学基金会在一个专题研讨会上给出了“科学计算可视化”的定义和研究领域，这是“可视化”第一次作为专业术语正式出现。此后，又相继出现了数据可视化和信息可视化。科学计算可视化和数据可视化是空间数据的可视化，而信息可视化是非空间数据的可视化。Card等认为信息可视化是“使用计算机支持的、交互式的抽象数据视觉呈现来促进认知”。[16]知识可视化是在科学计算可视化、数据可视化和信息可视化基础上发展起来的新兴研究领域，目的在于促进知识的传播和创新，是一种更高层次的可视化，更加强调人与人之间的知识性交互。[17]

知识可视化的正式定义由瑞士学者Eppler和Burkhard于2004年提出。他们认为，“一般来讲，知识可视化领域研究的是视觉表征在提高两人或多人之间的知识传播和创新中的作用。这样一来，知识可视化指的是所有可以用来建构和传达复杂知识的图解手段”。除了传达事实，知识可视化的目标还在于传递见解、经验、态度、价值观、期望、观点等，并促进知识的重构、记忆和应用。[18]赵国庆认为，“知识可视化是研究如何应用视觉表征改进两人或多人之间复杂知识创造与传递的学科”，并指出知识可视化不仅仅限于“图解表征”，还包括能够促进知识创造与传递的各种视觉表征手段，如知识动画等。[19]Eppler和Burkhard将知识可视化的优势归结为社会、情感和认知三个方面。在社会方面，它有助于协调知识创作者之间的交流。在情感方面，它能够促使学习者努力进行解读并探究图形的意义。在认知方面：一是可以提高学习者注意力，为知识创造和迁移提供一个焦点；二是可以增强记忆并培育新知识的应用；三是知识可视化的过程能够促成对概念和观点的深入理解和正确评价；四是能够揭示新旧知识间潜在的联系，从而激发灵感、引导顿悟。[18]由此可见，知识可视化的意义并不仅仅在于利用先进技术手段实现知识的华丽呈现，更强调对学习者认知过程的支持以及对知识传播和创新的促进作用，蕴含的是一种知识传承关系。

在知识可视化的视角下，数字化学习资源应充分使用图形、图像、视频、动画等视觉符号（配合文字/声音）来传达意义或者促进意义传达。张舒予认为，在现代教育技术的条件下，数字化学习资源的开发与建设，应以视觉符号的结构方式和功能机制为基础。[20]需要特别注意的是，知识可视化并不排斥听觉通道的信息，而是鼓励声音和图像的共同作用。数字化学习资源的视觉呈现应秉承知识可视化的理念和原则，旨在提高资源的友好性和知识传播能力，促进学习者更加高效地使用资源。知识可视化提倡依据知识的认知特点进行视觉呈现设计，而不同学科知识的认知特点存在着差异，因此，知识可视化视角下的外语数字化学习资源开发应充分结合学习者习得外语知识的认知特点进行视觉呈现设计，促进外语知识的传递和转化。

从知识可视化的定义可以看出，“视觉表征”、“图解手段”和“知识传播”是其中三个重要的描述词。“视觉表征”是用以表达知识的媒介物概念，是具有相同表现特征的视觉形式的若干个集合；“图解手段”说明了并不是所有的视觉元素都能够成为视觉表征，通过合理的视觉设计对知识进行表征是知识可视化的途径，因此知识可视化视角下的视觉表征必须能够承载目标知识；“知识传播”是知识可视化的目的，也对视觉表征和图解手段的应用提出了更高层次的要求，即视觉呈现应符合学习者获取知识的认知规律。在知识可视化的视角下，视觉表征与学习资源的关系是视觉呈现基本方式与成品的关系。由于学习资源所包含的知识内容的多样性，同一个学习资源有可能常常涵盖多个视觉表征以全面地表达知识。而当图解手段与知识传播结合起来的时候，学习资源需要对视觉呈现的细节进行恰当地处理以帮助学习者更有效地使用资源。基于以上分析，知识可视化视角下的外语学习资源（以下简称“知识可视化外语学习资源”）研究应主要从两个方面着手以改进资源设计和开发的过程，提高资源质量：一是梳理用于外语学习资源的知识可视化视觉表征框架，明确资源视觉呈现设计的基本思路；二是制定外语学习资源的视觉呈现具体设计策略，以提高知识可视化手段对学习者认知过程的促进作用。

1.2 研究意义

从理论意义的角度来看，学习内容是教学过程中的关键要素，数字化学习资源建设也是教育信息化建设工程的关键组成部分。缺乏优质有效的学习资源，不管硬件有多先进、教学平台功能有多完善，最终只能是一个空架子，因为学习者无法通过钻研学习资源来获取知识。当前，虽然外语数字化在线学习资源数量庞大，但是资源所注重的一般都是外语课堂教学的重现，没有真正深入外语知识学习的微观层面，也没有从学习者视觉信息认知规律的视角对资源视觉呈现进行设计，因而很多外语数字化学习资源不适用于在线自主学习，无法有效地发挥作用。外语数字化学习资源的设计和制作基本上都属于经验层面的行为，没有跟上新时代信息技术发展和学习方式变革的脚步，无法满足现代社会的学习需求。本书从知识可视化的角度分析外语数字化学习资源设计的理论基础和关键要素，提出外语知识可视化的视觉表征框架，并结合二语习得理论从多个维度提出外语数字化学习资源开发的视觉呈现设计策略，从而在理论层面形成一套比较完整的、行之有效的设计策略，对外语数字化学习资源建设具有较好的理论指导意义。

从实践意义的角度来看，以视觉呈现内容为主的资源已经成为当前外语数字化学习资源建设的重要方面。从 2003 年启动的国家精品课程建设到 2011 年启动的国家精品开放课程建设，再到近年来异军突起的慕课建设，视觉呈现型学习资源都是课程建设的核心内容。可以说，学习资源的视觉呈现理念和方式决定了学习者的在线学习效果。然而，高质量的学习资源视觉呈现对于制作团队的要求非常高，既需要具备学科知识，又需要具备一定的设计和技术能力，团队中不同知识背景的成员可能存在着沟通、认知差异等问题，难以达成一致。从当前大部分外语在线课程来看，外语数字化学习资源的视觉呈现手段比较粗糙、单一，没有较好地考虑二语习得规律、视觉信息认知规律以及现代学习方式的特点，基本都是课堂实录或者录屏的形式，画面处理不合理，整体质量偏低，资源使用达不到预期的效果，社会效益不明显。本书拟提出较为系统的外语数字化学习资源视觉呈现设计策略，促使资源开发从注重课堂教学场景再现转变为注重知识本身的传播，从而为相关人员提供借鉴，规范开发行为，提高外语数字化学习资源的质量，促进在线学习效果。

1.3 概念界定

1.3.1 数字化学习资源

数字化学习资源的出现和发展是与网络技术、媒体技术等信息技术的发展密切相关的，同时也紧随教学理念的发展而变化。在计算机和网络大面积普及之前的传统学习环境下，狭义的学习资源主要指的是课堂上所使用的教材、课后的教辅材料，以及少量的电教资源。这些资源使用方式单一，交互性差，学习者主要是被动接收知识，与“以教师为中心”的教学思想相符。信息技术的发展为学习资源的开发提供了崭新的视角，从台式计算机到随身携带的手机、平板等移动终端，从普通宽带网络到 WiFi 和 5G 网络，从普通音、视频到可人机交互的交互式视频，数字化学习资源一直在进化发展。数字化学习资源的地位已经慢慢赶超传统学习资源，成为学习资源的主要组成部分。数字化学习资源的建设也成为教育信息化这一系统工程中的关键环节之一。数字化学习资源并没有统一的定义，有研究人员比较宏观地将数字化学习资源定义为用作教育目的的任何形式的数字媒体内容，包括但不限于文本、图像、视频等。[21-22]该定义没有说明数字化学习资源的学习过程特点和本身特性，过于宽泛。数字化学习资源还可以定义为经过数字化处理，可以在计算终端或网络上运行的供学习者进行自主或合作学习的资源，具有可复制性、共享性强的特点，包括数字音频、视频、多媒体软件、专题网站、学习管理系统、计算机模拟、数据文件、数据库等。[23]数字化学习资源具有很强的交互性，非常适用于自主学习和自主探究，在很大程度上体现了“以学生为中心”的思想，但“学教并重”既要辅助教师的“教”，也要促进学生的“学”。[24]电子书包就是学教并重的数字化学习资源的典型例子。“数字化”是从资源存在形态的角度进行描述，而从资源存在空间的角度而言，数字化学习资源一般都属于在线学习资源，或者至少具有成为在线学习资源的潜力。

从以上分析可以看出，数字化学习资源可以从广义和狭义两个层面来理解。广义上，数字化学习资源包括各种利用新媒体技术制作开发的学习资源，包括软件、工具、系统、数据等，如学习者用于协作交流的工具；狭义上，数字化学习资源可以指专门为学习者开发的承载知识点的数字化产品，如一个讲解英美文化知识点的视频或自运行学习软件。在本书中，研究对象主要指后者，即承载外语知识的数字化学习资源，供学习者在计算终端或网络上进行学习，也可用来辅助教师进行课堂教学，但本书所设定的学习情境主要为在线自主学习。下文所提及的“外语学习资源”为“外语数字化学习资源”。

1.3.2 视觉表征

表征是一个多领域研究的问题，根据信息加工的观点，当有机体对外界信息进行加工时，比如信息输入、编码、转换、存储和提取等，这些信息总是以表征的形式在大脑中出现。表征是对客观事物的反映，也是被加工的对象。同一事物，其表征的方式不同，对它的加工也会有差异。从心理学的角度而言，表征指的是信息或知识在心理活动中的表现和记载的方式，亦可理解为表现和代表，探讨的是符号与其指代物的关联以及如何使用符号传播和交流思想。[25]表征可以作为动词或名词使用，在本书中主要为名词。当表征作为名词的时候，表征系统给予我们理解世界的方法和途径。因此，表征不仅是对世界的反映，同时也在阐释这个世界，并且通过阐释对世界进行定义和建构。[26]视觉表征是利用视觉元素对需要传递的信息进行表征。当用于教学领域时，视觉表征的对象主要是具体的学科知识，作用在于采用更为合理的方式促进学习者对知识的认知和建构。视觉表征是知识可视化的关键因素之一，视觉表征的选择不仅决定了知识可视化的方式，也在很大程度上决定了知识可视化的效果。视觉表征对于知识内容的认知、理解和传播有着极为重要的影响，是决定资源质量和发展方向的重要因素。从视觉信息处理的角度来讲，视觉表征是视觉内容不同表现方式的总结和归类，是指视觉内容的基本物理形式，如形状、线条、色彩、位置关系等的组合和运用方式，视觉内容可以通过一种或者多种视觉表征进行表现。从知识传播的角度来讲，视觉表征既是一种实体的存在，又是一种抽象的存在，因为其所对应的视觉内容是客观呈现在读者面前的，而视觉内容的意义又需要读者进行主观的解读，不同读者可能会对相同的视觉呈现产生不同的意义解读。在本书中，视觉表征指的是用以表征外语学科知识的视觉呈现基本形式和方法。这一概念包括两个主要特点：一是每一种视觉表征是对具有相同表现特征的具体视觉呈现形式形而上的概括；二是每一种视觉表征相对于其他种类的视觉表征在表达和传播外语知识方面具有其特有的优势。

1.3.3 视觉呈现

视觉表征为知识在学习资源中的呈现方式定下了基调，体现了知识可视化的整体设计思路，而视觉呈现则强调在此基础上具体视觉符号和视觉要素的运用，即视觉表征的具体视觉形式。视觉形式是知识内容的外部表现形态，是视觉表征的内部构成关系，是视觉感官对象的物理形式，也是人类视觉格式塔能力的体现，可以分为表层形式和深层形式两个层次，其中表层形式包括形状、色彩、点、线、面等视觉素材，深层形式则为和谐、对称、均衡和节奏等结构关系。[27]视觉呈现与设计领域的视觉传达概念在内涵上是一致的。

视觉传达是指依据特定的信息传播目的，对信息进行分析、归纳并通过文字、图形、色彩、造型等基本要素进行设计和制作，是将可视化信息通过视觉媒介传达给受众并对受众产生影响的过程。[28] 视觉传达是信息发送者利用视觉符号向接受者传递信息的过程，而信息时代的视觉传达不是各种信息媒介的简单组合，而是需要把文本、图形、声音、视频、动画等形式的数字媒体信息有机结合在一起，并通过计算机进行综合处理和控制，能支持一系列交互式操作。[29] 本书将视觉呈现置于特定的外语学科背景下进行界定：在形式上是以数字化学习资源为载体，通过对各种形式的视觉符号和视觉要素进行表层和深层的规划和设计，达到表征外语知识的效果；在目的上是促使知识表征方式能够符合学习者的认知规律，从而促进学习过程的推进和学习效果的提高。

1.3.4 二语习得与外语学习

在百度百科中，“习得”一词共有三条解释：（1）汉语词语，指学习和掌握，因学习、练习而掌握；（2）教育学名词，指借助学习增大反应强度，增添新的反应方式，即知识的掌握；（3）语言学名词，指日常交际环境中通过自然地运用第一语言能力而逐步地、下意识地发展这种能力。从以上解释可以看出，习得可以专门用来指语言知识和能力的获取。语言是人类最伟大的发明，任何人类文明成果归根到底都需要通过语言来进行保存和传承。语言也是人类区别于其他动物的最本质的特征。然而，语言习得一直是一个未解之谜，迄今为止，人类尚未真正找到第一语言习得的机制和过程。第一语言是指一个人出生之后最先接触并获得的语言，通常情况下一个人的母语就是他的第一语言，但母语和第一语言还是有区别的，比如，美国华侨的子女可能先学说英语，那他们的第一语言就是英语，而不是母语汉语。第二语言（二语）是相对于第一语言的一个概念，我们通常所说的二语习得指的是“在自然的或有指导的情况下通过有意识学习或无意识吸收掌握母语以外的一门语言的过程”。[30]二语习得包括两种类型：一是日常交际的二语习得，即通过与说本族语者的直接交往而学习第二语言；二是课堂教学的二语习得，即通过教师在课堂上的传授而学习第二语言。[31]二语习得理论研究的是个体（儿童和成人）在习得母语之外的第二门语言（包括第三门语言及方言等）过程中的特点及规律。[32]

二语与外语是有区别的，虽然对于两者的区别有所争议。一般来讲，外语指的是外国语（foreign language），即非本国人所使用的语言，或是本土居民不使用的语言。比如，对于中国学习者来说，英语便是一门外语，因为英语并不是中国本土居民所使用的语言，这也是通常用外语来代替英语的原因。而在印度等将英语作为官方语言之一的国家，英语对于母语为非英语的居民而言则为第二语言，因为英语也被本土居民广泛使用。由此可见，二语习得与外语学习在概念上是有区别的。但是，有学者认为，即使具有不同的语言背景，读者的阅读过程都是一样的，因此严格划清二语习得和外语学习的界限是没有意义的，两者在本质上是相同的。[33]在语言教学领域，通常使用二语习得理论来指导外语学习，虽然这些理论并不能直接用于解决外语课堂教学问题，却是很多外语教学法的理论基础，其影响是巨大的。本书承认二语与外语在习得环境方面的差异，但是认为两者在习得规律方面没有本质差异，可以通用。在本书中，“外语”并不指向一门特定的外语，但在具体操作中，研究对象主要为英语学习资源，即以英语为典型代表，但所提出的观点适用于其他外语的学习。

1.3.5 中介语

在二语习得的过程中，学习者不可避免地会犯各种有关目的语的错误，很多错误对于同一社会群体的学习者来说具有共性，能够反映二语习得的一些普遍规律。Selinker发现二语学习者在学习过程中会不自觉地、下意识地建立一个依赖于母语又不同于母语和目的语的语言系统，并提出了“中介语”

(interlanguage) 这一概念。[34]根据 Selinker 的定义，中介语既可以指二语学习者个体在学习的某一特定阶段认知目的语的方式和结果的特征系统，即一种特定、具体的中介语言语 (an interlanguage)，也可以指反映所有学习者在二语习得整个过程中认知发生和发展的特征性系统，即一种普遍、抽象的中介语语言体系 (the interlanguage continuum)。Selinker 坚信，要到达目的语就必须经过中介语，中介语是二语认知中的必经之路。成年人早已度过了语言学习的关键期 (critical period)，母语的影响已经成为成年人认知第二语言的一种无法抗拒的力量。因此，成年人在学习第二语言时不可避免会下意识地运用母语的规则去认知目的语的规则，即产生认知目的语的中介语，其中最典型的是混杂语现象 (pidginization)，中国学习者常见的中式英语 (Chinglish) 就属于混杂语。[35]例如，汉语中没有后置定语从句结构，因此对于中国学习者来说英语定语从句的后置规则就不容易理解，学习起来具有一定的困难。因此，学习者可以构建和借助中介语对英语后置定语从句进行认知。通过教学中的强调和交际练习，学习者还是能够较快地掌握这一规则，熟练地使用英语定语从句表达思想。[36]

1.4 文献综述

1.4.1 基于资源的外语教学

在中国，长期以来以英语为代表的外语是一门非常重要的学科。在全球化背景下，随着国家“走出去”战略的实施以及国际交流的日益频繁和深入，社会对于人才的外语能力要求进一步提高。随着语言学和二语习得理论的发展，外语教学经历了不同的发展阶段，主要形成了结构派、功能派、人文派等三个派别的外语教学法，其相应的典型教学法分别有语法翻译教学法、交际教学法和暗示法。[37]语法翻译教学法重视词汇和语法的教学，通过翻译讲授生词和新课文；交际教学法将培养学生的交际能力放在首位，强调教学过程交际化；暗示法通过各种暗示手段激发学生的学习动机，挖掘学生的学习潜力，消除学生的焦虑、紧张等情绪，从而最大程度地提高学习效率。这些教学法并没有绝对意义上的优劣之分，只是对语言能力的培养具有不同的侧重，适用于不同的教学目标。事实上，在我国外语教学过程中，并不会局限于某一种外语教学法，而是根据实际情况结合起来使用。除了教学方法，外语教学手段也随着信息技术的发展一直在演变，相应的研究也很丰富。近几年来，与在线学习、移动学习、微课、慕课、翻转课堂等相关的外语教学研究不断涌现，为外语教学带来了新的视角。甚至有学者认为外语教育技术研究在理论和实践层面都严格体现了学科形成和发展的基本规律，外语教育技术学已基本形成学科雏形。[38]《大学英语课程教学要求》指出："新的教学模式应以现代信息技术，特别是网络技术为支撑，使英语的教与学可以在一定程度上不受时间和地点的限制，朝着个性化和自主学习的方向发展。"[39]在这样的背景下，有关外语在线学习资源的研究日益丰富，既有从教学模式的角度出发，也有从学习资源设计制作的角度出发。有研究者结合我国大学英语教师、大学英语教学模式、教学环境以及学习者的特点，探讨了基于微课的翻转课堂模式应用于我国大学英语教学的可行性。[40]有研究者分析了大学英语借力慕课的课程论依据，并基于改革实践探讨了基于慕课的翻转课堂模式在大学英语教学中的应用。[41]还有研究者对慕课教学环境下的英语微课资源开发与建设进行了研究，从平台建设、教学模式、教学资源、微课开发等方面进行分析，提出了微课资源的设计原则、设计框架和应用模式。[42] Burset 等研究了多模态文本在外语交互式数字学习资源设计中的应用，并对资源如何影响语言学习过程进行了讨论。[43]还有研究者从理论和实践的角度探讨了如何将虚拟现实技术和仿真技术应用于英语教学。[44－46]总之，随着各种形式在线学习的兴起和流行，外语教学理论的应用和研究已经不仅仅限于课堂教学，还逐步涵盖基于在线数字化学习资源的学习，这对外语学习资源的设计和制作提出了新的要求。

1.4.2 学习资源的视觉呈现

余胜泉论述了在新技术飞速发展和学习理念不断推陈出新的形势下，学习资源发展的几大趋势，包括从平面到三维、从电脑到手机、从封闭到开放、从预设到生成、从网络课程到微课、从内容到活动、从资源到认知网络、从结果到过程、从通用到个性化、从知识到智慧等。[47]注重视觉呈现设计的学习资源是符合资源发展趋势的，当前相关研究更多地面向有效在线学习资源的制作，以满足现代移动学习、碎片化学习、慕课、翻转课堂等新型学习方式的要求。王健等在研究教学视频呈现方式对自主学习效果的影响时，将教学视频呈现方式主要分为四种，分别是“视频类 + 解说字幕”、“视频类 + 无解说字幕”、“图文类 + 解说字幕”和“图文类 + 无解说字幕”，并对视频制作提出了一些建议。[48]杨九民等对 91 门视频画面中同时含有教师图像和 PPT 的开放课程进行了逐一分析，总结归纳出当前在线开放课程教学视频中教师图像呈现的三种基本形式：教师融合式、教师嵌入式和课堂实录式，并从教师呈现比例、教师景别、教师位置、教师体态语等方面进行进一步的统计分析，进而针对教学视频中教师图像呈现方式对学习效果的影响，提出了未来在心理学层面应该关注的研究课题，比如建立教师图像、教学内容、教学效果三个主要变量之间的关系等。[49]微课资源也是学习资源视觉呈现研究的重要方面。胡铁生制定了微课的分类及适用范围表，将常用教学方法、微课类型、适用范围进行匹配，供开发人员参考。[50]黎加厚将微课定义为“时间在 10 分钟以内，有明确的教学目标，内容短小，集中说明一个问题的小课程”，主要使用“微视频”作为记录教师教授知识技能的媒体。[51]焦建利则将微课定义为“以阐释某一知识点为目标，以短小精悍的在线视频为表现形式，以学习或教学应用为目的的在线教学视频”，是在线学习实践中极其重要的学习资源。[52]

数字化学习资源的视觉呈现也越来越关注认知层面的因素。赖晓云认为通过可视化促进内在认知负荷、减少外在认知负荷、激发生成性认知负荷，能改善教学资源信息呈现方式与传递策略，提高资源质量，加强对学习的支持。[53]张晓君等从认知负荷理论视角，分析了学习过程中的认知负荷情况，提出并验证了降低原生性认知负荷、无关性认知负荷，以及提高相关性认知负荷的策略和方法，肯定了认知负荷在资源设计中的导向性作用。[54]郑炜冬在分析人脑信息加工特点的基础上，建立了由本能层、行为层和反思层构成的微课情感化设计三层设计模型，并根据该模型分别阐述实现本能层设计、行为层设计和反思层设计的具体策略。[55]陈永毅认为，学生视觉注意的投向是设计教育视频资源构建模式不可忽视的重要依据之一，新一代的教学视频资源在引入诸如引导信息叠加、视觉感应、人脸检测等计算机视觉新技术后，将能够满足学生视觉注意的要求。[56]此外，包含新型视觉呈现方式的资源开发研究也得到了更多的关注。李蕾等认为，3D 影像资源的高度可视化特点能够产生强烈的沉浸感，可最大程度地构建接近真实体验的学习环境。[57]

1.4.3 外语学习资源的视觉呈现

严晓蓉等认为在外语学习中，借助可视化手段可以有效改善显性知识和隐性知识的表征效果，促进知识传递和创新思维培养，并最终促进语言的学得与习得。[58]注重视觉呈现的学习资源能够提高学习者的外语识读能力。吴玲娟研究发现多模态文本的阅读效果要好于纯文字文本，更有利于提高学习者阅读水平；多模态文本不仅能激发学习者阅读兴趣，而且能够帮助学习者预测和理解文本内容、抓住重点信息以及训练逻辑思维。[59]多模态是指人们交际时所采用的多种模式，如言语、色彩、味道、图像等。[60]对于外语学习资源而言，目前主要使用的为视听感官，因此多模态事实上和知识可视化的概念在手段上是一致的。知识的视觉呈现也能促进外语跨文化教学的效果。于广通过研究得出，将视觉文化的理念引入跨文化语言教学能够增强文化感受力，吸引学生的心理资源投入，从而帮助学习者对目的语文化产生更为全面的感悟，有利于提高学习者对文化的识别、描述、判断和评价能力。[61]

外语学习资源的视觉呈现是外语知识可视化的主要研究内容。词汇知识是语言学习的重要对象，崔旻等研究发现，静态图片组合文本和动态视频组合文本呈现方式更有利于学习者对词汇意义的长时记忆。[62]可视化游戏也是词汇学习的有效形式，英国开放大学迈克·沙普尔斯（Mike Sharples）教授认为，将单词置于语境或游戏情境中，这样学习者就在不知不觉中习得了词汇，而且学习效率更高。[63]苏仰娜等以《开心农场》游戏为例研究了英语单词移动学习游戏积件的开发与应用。[64]字幕是外语学习资源视觉呈现的重要元素。董剑桥等研究发现，在视频阅听过程中，全字幕方式占用了学习者大部分注意资源，在获得最大量语言信息的同时，也会造成画面信息的损失；相反无字幕方式会造成语言信息的大量损失；折中的关键词字幕则既能提供主要的语言信息，也能释放部分注意资源用于画面加工，从而兼顾两种信息。[65]刘晓斌等将可视化技术应用于语音教学，通过语音可视化的方法，学习者在朗读内容及准确性方面具有显著的改善。[66]

虚拟现实技术也逐渐受到语言学习领域的重视。三维虚拟学习环境能让学习者沉浸在虚拟世界里进行实时观察、交互、参与等操作，以身临其境的方式来感受和体会知识，从而使学习由被动灌输转变为主动探索。[67]目前国外运用虚拟现实开发面向语言教学的三维虚拟学习环境的代表性研究有欧盟的 VILL@ GE 项目、俄罗斯的三维多用户俄语虚拟世界等。[68]还有研究者设计了西班牙语虚拟学习平台，将涉及西班牙地域的元素 3D 化，并融入能够反映各个领域（音乐、文学、历史、建筑、艺术等）文化元素的细节性场景。[69]

1.4.4 视觉表征研究

视觉表征是指利用视觉符号来表现知识和意义，重点探讨的是视觉符号与其指代物之间的关系，以及人们如何通过视觉符号传播和交流思想。视觉表征有两重含义：作为名词，指承载着意义的视觉符号；作为动词，指以视觉符号为媒介进行意义的传播。[27]视觉表征的研究可以分为理论和应用两个层面。

在理论层面，主要从视觉表征的人类认知心理理论基础和知识表达机制方面进行研究。赵慧臣从形式分析、内容建构、意义解读、设计方法等方面提出了知识可视化视觉表征的研究框架：在形式分析方面，阐释了视觉表征的形式特征，包括表层的色彩、线条等物质材料特征以及深层的线性结构、循环结构、网状结构等空间关系特征；在内容建构方面，将符号与知识的互动关系作为内容建构的重要依据，根据信息科学知识的属性和分类来探讨相应视觉表征的内容建构，围绕知识类型、知识意义形成、视觉表征分类、具体视觉表征选择等因素建立了知识内容建构框架；在意义解读方面，对视觉表征意义解读的过程及其影响因素进行了分析，从看见、看懂、看好三个层面阐述解读过程，并从视觉表征和观看者两个维度分析影响因素；在设计方法方面，认为应从形式设计、内容设计和效用设计三个层面进行考虑，其中形式设计侧重于如何组织视觉符号以符合视觉表征的形式特征，内容设计侧重于如何把知识内容赋予视觉表征形式以让视觉表征指代知识内容，效用设计侧重于如何让学习者解读视觉表征内容，以便理解视觉表征的意义。[25]朱永海着眼于视觉表征在知识可视化方面的情感表征、创新思维培养和隐性知识挖掘三大功能，构建面向教育领域的视觉表征理论体系与基于知识分类的视觉表征方法体系框架。研究分析了视觉符号的结构与功能，提出了意义和形式的双层结构以及浮动意义的概念；从简化层面和现实层面分析了视觉符号表征知识的机制和策略，并针对认知领域知识、技能领域知识和情感领域知识提出了相应的视觉表征方法，分别为凸显网络化结构关系、凸显程序化结构关系和凸显可感形式；构建出基于知识分类的视觉表征方法体系的水立方模型。[70]陈燕燕等从视觉形式理论“形式层”和“形象层”概念出发探讨了知识可视化视觉表征设计的方法并提出了策略，认为在“形式层”视觉表征是采用各种图解手段、图形组织工具，依据共同的视觉心理，组织和排列而成的任何抽象、稳定的结构形式，在“形象层”视觉表征是事物的肖似性再现和隐喻性再现。[71]许晓琪从全媒体的视域探讨当前在各类表征形式中占主导地位的视觉表征所呈现出的新特征：重构现实的可能、语图叙事一体化的表意路径、通过借鉴解码获得意义的方式、愈发模糊的运作界限以及图像化生存的趋势。[72]Lengler 和 Eppler 提出了可视化方法周期表，根据可视化复杂度将知识可视化划分为数据可视化、信息可视化、概念可视化、隐喻可视化、策略可视化和复合可视化，并为每一类可视化项目提供了部分视觉表征元素作参考。[73]

在应用层面，随着慕课等在线学习项目的蓬勃发展，视觉表征研究愈发贴近教学实际。熊剑提出了面向慕课的知识可视化视觉表征与建模设计，剖析了慕课学习缺乏深度的缘由及信息加工的内在要求，在借鉴视觉传播取向和信息论视角下知识表征的基础上，提出了面向慕课的视觉表征框架，并分别从语义、语用和语法信息这三个要素阐释了具体的分析方法：在语义层面，基于本杰明·布鲁姆（Benjamin Bloom）的教学目标分类法确定知识的类型、提取过程和表征方法；在语用层面，阐述了信息有效传达的基本原则；在语法层面，介绍了具体的结构模型和可视化方法。[74]张伟利对知识可视化视觉表征应用于生物教学的可行性进行了分析，并设计实验对视觉表征的教学应用进行了检验，总结出视觉表征应用于生物教学所面临的问题与解决策略。[75]在语言教学方面，张小峰认为，语言知识的视觉表征可以有效融合技术与课程，为网络课程的建设、网络学习资源开发和教学软件设计提供全新理念，并探索了视觉表征在对外汉语教学中的应用。[76]张湘通过多媒体教学设计案例阐述了基于概念图的可视化交互在大学英语主题阅读教学中的应用方式，认为这种模式能够拓展师生可视化互动的时空，将传统的“传道”“授业”延伸到师生和生生之间的交互式学习，对于培养学习者的语感、语言逻辑和思辨能力都能够起到有效的促进作用。[77]孙田琳子和张舒予探讨了可视化学习分析点、线、面三元素构成的视觉表征对学习者产生的具体化、动态化和多元化的促进作用，论述了“点、线、面”视觉表征法在学习分析中的应用，并以此进一步揭示视觉表征法的普遍价值。[78]

1.4.5　相关研究述评

不管在何种网络学习终端，数字化学习资源都是在线学习项目的核心内容，但迄今为止，视觉呈现能够很好地考虑二语习得规律和学习者认知规律的外语学习资源仍然不多见。从相关研究可以看出，知识可视化视角下的学习资源研究在目前仍然属于尚未进行充分耕耘的领域。有学者认为：“知识可视化的实质是将人们的个体知识以图解的手段表示出来，形成能够直接作用于人的感官的知识的外在表现形式，体现了视觉表征与学习者感官认知的关系。”[17]因此，有效的外语学习资源知识表征和视觉呈现设计必须充分考虑学习者对视觉信息的认知特点。然而，当前在学习资源视觉呈现方面所进行的研究切入点比较大，内容比较宏观，对表层问题研究较多，没有深入视觉信息影响语言学习的根源，并且缺乏结合学习实际开展的研究。很多研究并没有考虑学科之间的差异，而不同学科知识的认知特点有可能存在很大的区别。有关外语数字化学习资源视觉呈现的研究显得比较零星，集中于词汇、阅读等知识点和语言技能，覆盖面狭窄，没有形成条理比较清晰的研究体系。而且，研究采取的方法并没有很好地了解学习者对于学习资源视觉呈现的真实体验，因而对了解资源的实际效用帮助有限。总之，当前的外语数字化学习资源视觉呈现研究重论述、轻实证，缺乏深度，在理论和实践上都无法为相关从业者提供足够的支持。因此，外语知识可视化需要结合二语习得和相关认知理论，制定体现学科知识特征的视觉表征框架，分析外语学习资源视觉呈现设计策略，助力开发真正能够帮助新时代学习者习得外语知识的资源。

1.5 研究内容与方法

1.5.1 研究内容

1. 外语知识可视化的理论基础研究

知识可视化不仅是外语学习资源的外在表现方式，也体现了外语知识视觉呈现与知识传播之间的有机联系。“可视”并不等于好用，视觉呈现并不意味着视觉元素的简单组合。外语学习资源的视觉呈现设计需要遵循知识可视化促进知识在人际间传播这一原则，对此，有必要对外语知识可视化的理论基础进行梳理和分析，从中发现将外语知识进行视觉化呈现的根本要义和原则。外语本质上属于一种语言符号，通过符号的约定和组合对外语知识进行表征，因而外语学习过程也是一个对承载外语知识的符号进行识别、解读和内部重构的过程，这一过程服从于人类学习的认知心理规律。同时，基于数字化资源的外语学习从属于多媒体学习的范畴，也可以从多媒体学习的角度进行考量。因此，本书将从符号学、心理学、多媒体学习三个方面分析外语知识可视化的相关理论基础及其启示，同时，还将对外语知识可视化的作用机制进行分析。

2. 外语知识可视化视觉表征框架研究

视觉表征是知识可视化定义中一个至关重要的元素，是知识可视化过程的基础性内容。因此，知识可视化外语学习资源视觉呈现设计的首要任务是为需要传达给学习者的外语知识匹配合适的视觉表征。视觉表征类型多样，并且随着信息技术和媒体技术的发展而不断扩展，因而很难进行穷尽的归类，也没有绝对意义上的专门用于外语知识的视觉表征。不同类型的视觉表征具有不同的应用特征，适合不同的知识对象。视觉表征的选择与外语知识本身的习得特点密切相关，外语知识可视化的关键之一在于为不同类型的知识选择合适的视觉表征。但是，不同类型外语知识的习得特点是不同的，甚至大相径庭，因此，在为这些知识选择与之匹配的视觉表征之前，必须对外语知识进行合理分类并对习得特点进行分析。首先，本书将从陈述性知识－程序性知识、显性知识－隐性知识以及语言知识本身的分类法对外语知识进行多维分类以更好地体现某一类型知识的特征；其次，本书将对适合用于外语知识的视觉表征进行梳理和分析，探讨外语知识可视化的表征要素以及各类视觉表征在这些要素维度上的呈现能力；最后，本书将对各类外语知识的习得特点和表征要素进行分析，并据此推荐适用的视觉表征类型，同时建立参照表。

3. 外语学习资源视觉呈现设计策略研究

选择合适的视觉表征是外语数字化学习资源视觉呈现设计的第一个关键步骤，但并不意味着一定能够达到很好的知识可视化效果。视觉表征决定了学习资源视觉呈现的一种基本样式，但并不能决定视觉呈现的画面细节处理效果，还有很多问题需要考虑，其最终的目的是要改善学习者的使用体验，促进学习者更好地习得知识。本书将分析主流二语习得相关理论对于外语数字化学习资源设计的启示，并由此引出认知负荷、视觉注意、社会临场感、现代学习方式等视角，对外语学习资源的设计要素进行更加深入的探讨。在此基础上，本书将利用结构方程模型的方法探析影响外语学习资源使用效果的因素，并据此提出具有针对性的视觉呈现设计策略。

4. 视觉呈现设计策略教学应用研究

利用团队制作的能够体现视觉呈现设计策略的外语学习资源以及相对应的未采用策略的对照资源面向高校非英语专业学生开展准实验研究，测量资源带来的认知负荷和社会临场感，通过问卷调查了解学习者的使用体验，针对学习资源所考查的知识点设计测试题以对比实验组和对照组的学习效果，通过焦点小组访谈的形式进一步了解视觉呈现设计策略在学习过程中发挥的作用以及存在的问题。对实验数据结果进行分析，探讨研究假设成立或不成立的缘由，最后根据分析结果提出策略改进建议。

1.5.2 研究方法

文献研究法：首先，文献研究法用于探索外语知识可视化的理论基础，收集符号学、心理学和多媒体学习等理论的相关文献并进行分析，夯实外语知识可视化的理论依据，并探讨其作用机制；其次，文献研究法用于梳理外语知识可视化的视觉表征以及外语知识分类方法，进而对不同类型外语知识的习得特点进行论述，以发现视觉表征与外语知识的结合点，从而基于外语知识分类推荐合适的视觉表征；最后，文献研究法还用于分析二语习得理论、认知负荷理论等多维视角下外语学习资源的设计要素。

问卷调查法和结构方程模型：问卷调查法用于教学实验中的数据收集环节，以了解相关学习者对于外语学习资源使用效果影响因素的看法，从而为进行结构方程模型分析提供数据；结构方程模型用于探索影响外语学习资源使用效果的因素，为最终提出视觉呈现设计策略提供依据。

专家会议法：在梳理外语知识可视化视觉表征类型以及外语知识表征要素的基础上，利用专家会议法明确各类视觉表征在各个表征要素维度的呈现特点，从而为进一步分析外语知识的适用视觉表征打下基础。

准实验研究法：准实验研究法用于检验研究所提出的外语学习资源视觉呈现设计策略的有效性。通过问卷调查、访谈、测试等方式获取数据，测量认知负荷和社会临场感，了解学习者使用资源的学习体验和学习效果，并根据数据分析结果提出改进策略的建议。

本书的技术路线如图 1.1 所示。

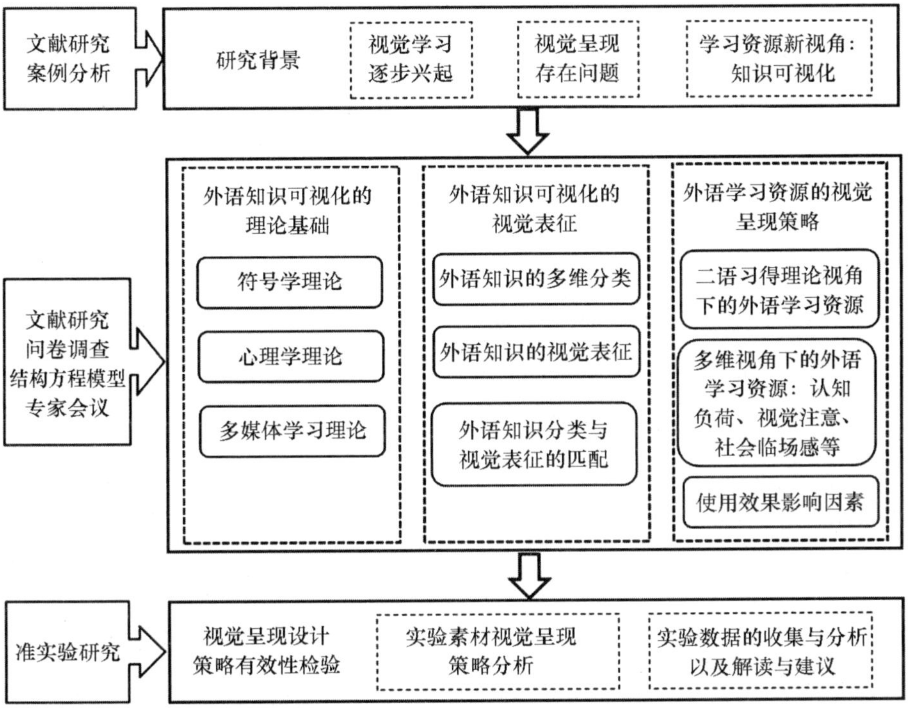

图 1.1 技术路线

1.6 内容组织结构

根据研究思路，全书分为6章，其中第2~5章为本书的主体部分，按照“理论基础→视觉表征选择策略→视觉呈现设计策略→策略有效性实践检验”的思路构成一个完整的研究过程。首先，在理论分析的基础上探讨外语知识可视化的可行性和必要性；其次，分析外语知识可视化的重要基础，即视觉表征的选择策略；再次，从多个维度分析外语学习资源视觉呈现的具体设计策略；最后，对研究提出的策略付诸应用并利用教学实验进行检验和修正。

第1章为绪论。本章从现代社会信息获取和学习资源新趋势的角度阐述了研究背景和研究意义，提出将知识可视化理念应用于外语数字化学习资源开发的视角。对相关核心概念进行了界定，对研究现状进行了述评，并梳理了研究的主要内容和研究方法，明确了本书的基本结构。

第 2 章为外语知识可视化的理论基础。本章旨在为知识可视化外语学习资源设计提供理论依据。从符号学以及多模态符号学的角度探讨外语学习资源承载知识和传播知识的基本原理；从双重编码理论和图式理论等心理学理论探讨对外语知识进行可视化呈现的必要性；从多媒体学习理论探讨知识可视化外语学习资源在学习过程中的信息处理机制。基于理论探讨，从资源开发及使用的完整过程分析外语知识可视化的作用机制。

第 3 章为外语知识可视化视觉表征框架。本章旨在为选择合适的外语知识可视化视觉表征提供参考策略。首先，从学科知识、陈述性知识 – 程序性知识和显性知识 – 隐性知识的角度对外语知识进行多维分类，并分析对外语知识进行可视化呈现的表征要素；其次，对外语知识可视化可用的视觉表征进行梳理和分类，并基于表征要素分析每一类视觉表征的特点；最后，分析不同类型外语知识的习得特点和表征要素，并据此为每一类外语知识推荐若干个适用的视觉表征，同时建立参照表。

第 4 章为外语学习资源视觉呈现设计策略。本章旨在为知识可视化外语学习资源的视觉呈现微观设计提供参考策略。首先，从二语习得理论的角度分析外语学习的规律和外语学习资源设计和制作的一些关键要素；其次，基于二语习得理论的分析引出认知负荷、视觉注意、社会临场感和现代学习方式等视角，对外语学习资源设计和制作的要素进行进一步的分析；最后，利用结构方程模型分析外语学习资源使用效果的影响因素，并根据分析结果提出较为系统和具体的视觉呈现设计策略。

第 5 章为视觉呈现设计策略教学实践检验。本章旨在对前文所提出的外语学习资源视觉呈现设计策略进行检验。研究采用准实验研究法进行检验，实验组和对照组分别采用体现策略和未体现策略的资源。研究对学习资源所体现的设计策略进行分析并对比两组资源的异同点，利用问卷调查、访谈以及测试收集数据，最后对数据结果进行分析和解读并提出改进策略的建议。

第 6 章为研究结论与展望。本章根据主要研究内容，从外语知识可视化理论基础、视觉表征框架、视觉呈现设计策略、教学实践检验等四个方面对研究及创新点进行了系统的总结。最后，指出了研究中存在的不足并对下一步研究方向进行了展望。

1.7 本章小结

作为全书的开篇之章，本章从新媒体时代视觉信息的流行谈起，指出视觉学习已经成为现代学习的一种新趋势，视觉呈现设计已经成为学习资源开发的重要内容。外语数字化学习资源同样秉承这一趋势，但本章通过对 52 门英语类精品资源共享课的学习资源进行分析，认为当前外语学习资源的视觉呈现存在知识表现力不足、缺乏教学交互、没有充分遵循认知规律等问题。对此，本章提出从知识可视化的视角来进行外语学习资源的视觉呈现设计并阐述了研究意义。随后对数字化学习资源、视觉表征、视觉呈现、二语习得、外语学习与中介语等重要概念进行了界定，并从基于资源的外语教学、外语学习资源的视觉呈现、视觉表征研究等方面进行了文献综述。最后，本章阐明了研究内容、研究方法（含技术路线）以及本书的内容组织结构。

第 2 章　外语知识可视化的理论基础

学习者使用学习资源是一个双向的过程。一方面，学习者基于已有的知识对学习资源所呈现的内容进行解读和分析，并内化成新的观点和知识，这是一个主观行为；另一方面，学习资源内容的视觉呈现方式对于学习者的认知过程同样产生着影响，对相同知识点的资源进行不同的视觉呈现可能会对同一个学习者的学习效果产生迥然不同的影响，这是客观因素，学习者自身难以掌控。主观和客观两个因素在基于资源的学习过程中又是共同作用和密不可分的。如何从知识可视化的角度在学习资源中对外语知识进行视觉呈现才能更好地促进学习？要解决这个问题，对外语知识可视化的理论基础进行分析是必要的，能够帮助我们了解其作用机制，定位关键环节。本章将从符号学、心理学和多媒体学习理论等角度分析外语知识可视化的理论基础和相应启示。

2.1　符号学理论

2.1.1　符号与知识

符号（sign）是一切知识的载体，任何知识都要借助符号来进行表征，具体的符号是所表达知识的外壳，而所表达的知识则是符号的内涵。[79] 符号学（semiotics/semiology）起源于 20 世纪初，是一门研究符号的理论科学。瑞士语言学家费尔迪南·德·索绪尔（Ferdinand de Saussure）和美国哲学家、逻辑学家查尔斯·桑德斯·皮尔斯（Charles Sanders Peirce）是两位公认的符号学创始人，但是两人的理论各有侧重，这与各自的学科领域差异有关。皮尔斯将符号分为图像符号（icons）、指索符号（indexes）和象征符号（symbols）三大类，也被称为“类象符号”、“指示符号”和“抽象符号”，而索绪尔的符号学理论主要针对象征符号（如语言符号）。[80] 在中国，符号学兴起于 20 世纪 80 年代中后期，研究内容十分广泛，目前主要研究符号的本质和发展规律、符号与人类各种活动的关系、符号与人类思维的联系等。符号学是一门应用性很强的学科，20 世纪 90 年代以来，其研究重点已经转向艺术、传播、影视、社会、文化、经济等各种非文学领域。[81]

索绪尔认为，语言学是符号学的一部分，而语言则是一个特殊的符号系统。语言符号与其他符号系统具有相同之处：一是目的相同，都是为了传递信息，即使采用的手段不同（如声音、颜色、气味等），复杂程度不同（如从简单的红绿灯到复杂的人类语言）；二是交际结构的基本单位相同，都是符号；三是内涵相同，符号之所以能传递信息在于它们与意义（meaning）相联系。[82] 语言符号是一种带有双重性的事物，由“音响形象”（能指，signifier）和“概念”（所指，signified）两种要素构成，这两个要素都是心理的，通过联想与大脑相连，因此，语言符号是一个双面的心理实体（图 2.1）。[83]

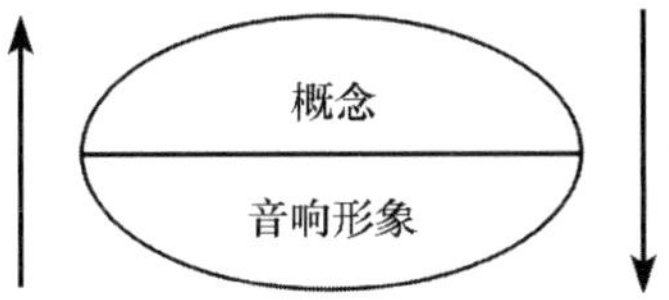

图 2.1　语言符号双面心理实体

索绪尔还提出了符号的任意性和社会性原则。[82] 任意性即能指和所指的联系是任意的，也就是说，两者之间没有必然的联系，只是人们约定俗成的一种习惯。比如，“pencil”这个单词会让人的大脑指向铅笔的形象，但是这种关系不是必然的，在语言符号形成之初，人们完全有可能使用其他任意单词来指示铅笔这一概念。社会性即符号在本质上是社会的，语言在任何时候都不能脱离社会事实而存在，因为它是一种符号现象，社会性就是它的一个内在特征。“pencil”这一单词之所以能指向铅笔的形象，是因为在一定范围内，社会成员已经达成了使用“pencil”来指向铅笔的共识，用其他单词，如“book”（书），来指向铅笔是不会被理解和承认的。

英国学者查尔斯·凯·奥格登（Charles Kay Ogden）和艾弗·阿姆斯特朗·理查兹（Ivor Armstrong Richards）在1923年出版的著作《意义的意义》（*The Meaning of Meaning*）中提出“语义三角”理论，从而构建起传统的语义学模型，该理论的主要思想是符号、概念和所指物三者是一种相互制约、相互作用的关系，它强调语言符号是对事物的指代，指称过程是符号、概念和所指物发生关系的过程，并且符号与所指物之间没有内在的必然联系，真正的联系存在于人脑（图2.2）。[84]

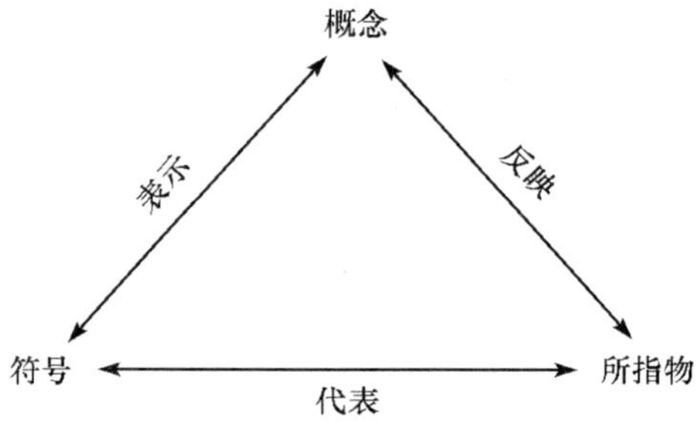

图2.2 语义三角

皮尔斯符号学来源于实用主义哲学基础上的范畴论和逻辑学，其应用范围不限于语言，是研究一切事物意指作用的一门科学。[85]皮尔斯符号学理论提出三个“普遍范畴”：第一项、第二项和第三项。第一项是事物本身所呈现出来的样式，称为“感觉状态”，例如色彩，无论它是否被人所感受，都不受时间和空间的任何约束而独立存在；第二项是个别的时间和空间上的经验，它所呈现的样式关系到第二者，但不涉及第三者，例如“亮”和“暗”两种知觉是相对的，是在某个具体的时间和空间被某个生物所感知的某种具体光线场景，它是个体依据现实而产生的经验性存在；第三项所呈现的存在样式将第二者与第三者连接起来，属于中介、习惯、记忆、交流等抽象的范畴，它作为一种符号本身的“解释”，使具体的时、空经验获得新的形态，是一种以思维或符号为核心的第三性存在。[86] 皮尔斯认为，构成一个有效符号的基本成分应该包括符号代表项（representamen）、指涉物（object）和解释项（interpretant），三者合一，构成不可分割的符号化过程（图 2.3）。因而，符号应具有三种关联要素：媒介关联物、对象关联物和解释关联物，分别对应“普遍范畴”中的第一项、第二项和第三项。[87]

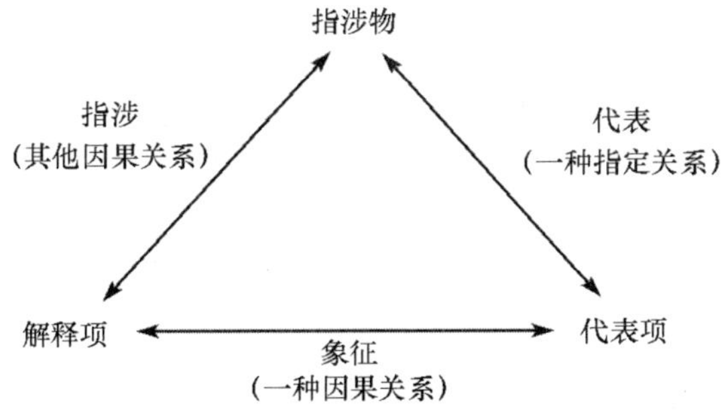

图 2.3　皮尔斯的符号学三角

基于社会符号观的多模态符号学，借鉴系统功能语言学的理论框架和研究方法，将对语言的研究延伸至一切用来构建意义的符号资源，包括语言、图像、图表、建筑、音乐、动态影像等。[88] 在多模态符号学的视角下，每种模态都是符号资源，所有的模态及各种模态间的互动均具有表达意义的潜势，也可称之为符号潜势或模态潜势。[89] 在 2011 年的第十二届全国功能语言学研讨会上，胡壮麟教授在大会发言中指出，多模态研究是一个有难度的、有科技含量的新学科，对于多种媒介参与的社会文化现象研究需要“语言以外的素养”[90]。Deacon 指出，科学性强的符号化过程理论需要以信息理论为指导，从而使相关的概念在物理、生物、认知和计算机等方面的用途获得统一。[91]

2.1.2 符号学对外语知识可视化的启示

符号学将客观世界与人的主观世界联系了起来，并指出了人的主观意识在符号解读过程中的作用。符号既是人类认识客观世界的结果，也是人类认识世界的途径和文化发展的必备条件。多模态符号学将符号的概念置于现代信息社会进行考量，使符号的范畴进一步扩大。符号学对于外语知识可视化主要有以下三个方面的启示：

第一，除了使用文字符号，应合理选择其他多模态符号来表征外语知识。索绪尔主要从语言学的角度出发来研究符号，文字符号是其主要关注点；皮尔斯则从实用主义出发，符号还包括图像符号和指索符号；多模态符号学则将符号研究置于现代信息社会环境下开展。可以看出，符号的演变是与社会发展相适应的，其内涵越来越丰富。在信息技术空前发展的当今世界，符号首先在形式上表现出更加明显的多样性，基于新媒体技术的符号成为人们表征和认识世界的重要手段；其次，符号在其承载的表征内容方面也较以往更为丰富和复杂，各种新媒体符号传递的信息量更大；最后，符号的解读也发生了变化，经过复杂设计的符号更需要考虑各个组成元素间的影响，解读的差异性也更有可能发生。从哲学层面讲，符号是一个非常基本的概念，是人类认知的根基。人们对客观世界的认知必须借助符号来进行。[92]外语知识可视化同样离不开符号，其中语言符号自然是外语知识的主要表征方式，承载着目的语的基础知识以及目的语所处文化环境的知识，除此之外，多模态符号同样可以作为媒介关联物表征语言知识，并引起学习者对其进行解读和产生个体化的理解。文字符号和多模态符号在表征外语知识方面各有所长，文字符号是外语学习要掌握的主要内容，而多模态符号则可以提高文字符号的识别和解读效率，并加深理解。Dale 研究发现，个人一般能记住“10% 读到的，20% 听到的，30% 看到的，50% 看到和听到的，70% 说的，90% 说和做的”。[93]可以认为，对于信息输入型的学习来说，视听符号同时作用于学习者将会产生更好的效果。因此，多模态符号是外语学习必不可少的信息来源。

第二，不管使用何种符号，对外语知识的表征必须符合社会成员的共识。符号具有任意性，这意味着对于同一个概念有多种符号表征方式。同时，符号又具有社会性，符号体系是在社会发展过程中逐步建立起来的，是一定范围内社会成员达成的共识。符号的社会性在语言上体现得最为明显，字典其实就是这一符号体系的规范性文件。对于其他类型的符号来说，社会性同样存在，比如在中国要表达助人为乐的精神，经常会使用雷锋的图像，因为雷锋已经成为这一精神的象征，人们对于雷锋图像的解读整体方向是一致的，使用其他人的图像容易让人不知其义。外语知识作为语言知识的一种同样可以通过多种符号进行表征，但是语言往往是同文化密切相关的。符号学者尤里·洛特曼（Yuri Lotman）认为，人类在不断进行日复一日的文化活动，将现实转换为文化语言，把它变为一个文本（即用某种形式记录信息），并纳入群体记忆。[94]由此，洛特曼把“文本”从自然语的概念扩大到文化符号，因此文本的概念也从文字作品扩大到一切文化事物，一部电影、一幅绘画、一首歌曲、一场舞剧、一个事件，都因为传递特定的文化信息而成为文化文本。[95]学习一门外语本质上也是学习目的语的文化符号，目的是能够运用学到的文化符号进行跨文化交流。然而，由于涉及不同群体文化差异的问题，表征外语知识的文化符号使用不当就容易造成解读上的困难。比如，我们可以在“a cute cat”这个短语语境中来学习“cute”这个单词，根据多模态外语教学理论的观点，配以图片会使学习的效率更高，效果更好。但是如果图片配以黑猫则不太合适，会让学习者对英语文化产生理解上的偏差，因为黑猫在西方文化中是邪恶的化身。因此，为外语学习资源使用表征符号必须充分考虑目的语与本族语的文化差异，避免误读。

第三，表达外语知识符号的解读不是固定的，可以受到人为的引导。不管哪一种符号学观点，其实都强调了人的认知心理状态对于符号解读结果的影响。根据语义三角，符号与所指物之间没有必然的联系，关键在于个体大脑中的联系，而这一联系与个体的认知心理状态密切相关。一个人的知识背景、即时情感、生理状态等都会对构筑这一联系产生影响。知识可视化外语学习资源本质上也是由各种视听符号组成，属于多模态符号，学习者通过主观心理过程对视觉符号进行解码。利用学习资源进行自主学习看似是学习者单方面的解码行为，但实际上也包括了资源设计制作人员对于知识信息的编码行为，因为只有当双方对于所用符号的认识符合某一范围内社会成员的共识时，这类学习才有可能继续下去。符号的任意性给予了知识可视化学习资源设计制作人员充分的空间去发挥想象力和创造力，而符号的社会性则将这一空间限制在特定的范围内。在这一范围内，学习者通过一定的努力能够理解视觉符号所传达的知识内容。因此，符号实际上发挥了连接资源制作者和学习者的作用（图 2.4）。同一外语知识点通过不同的符号组合来呈现，将对学习者的学习认知过程产生不同的影响。比如，神经科学和视觉研究已经证实，在学习过程中，相较于传统手段，多模态更有助于记忆。[96] 人为引导外语知识符号的解读具体体现在知识载体（学习资源）中各类符号元素的设计和呈现，其中视觉符号的设计是一个重要的方面，包括视觉符号本身的设计以及相对于其他符号的时间和空间关系，比如素材的选取、配色、大小、位置以及与听觉符号的配合等。不同的处理方式能够影响符号解读的效率和效果，并最终影响学习成效。

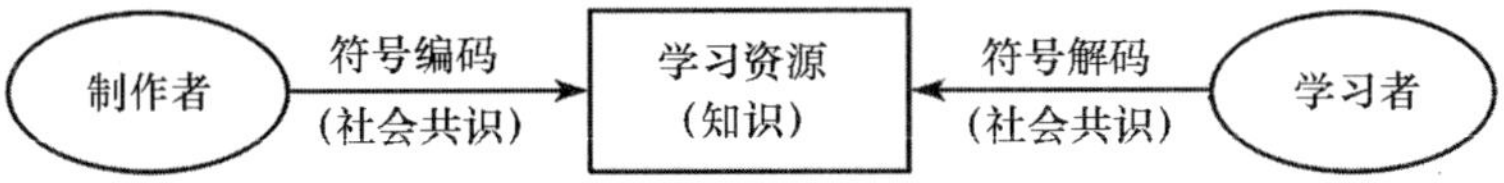

图 2.4　符号连接资源制作者和学习者

2.2　心理学理论

2.2.1　双重编码理论

心理学家 Paivio 于 1971 年初步提出了“双重编码理论”（Dual-Coding Theory）。该理论认为大脑中存在两个功能独立却又相互联系的认知系统以处理不同类型的信息：语言系统和非语言系统（心理表象系统）。语言系统根据语言经验处理语言信息，以词元为表征单元进行编码，并存储在文字记忆区；非语言系统则处理非语言信息，以象元作为表征单元进行编码，存储在图像记忆区，同时也在对应的文字记忆区留下一个文字对照版本。这两种系统能够相互关联地工作，能直接地被特定的刺激激活：非语言系统被物体或物体的形象激活，语言系统则被词语激活。[97] Paivio 认为，人类认知在同时处理语言和非语言对象时非常独特。语言系统直接处理语言的输入和输出（包括口头和书面两种形式），同时具有非语言对象、事件和行为的表征符号功能，任何的表征理论都符合这一二重性。双重编码理论定义了三种类型的信息加工：（1）表征性的，语言和非语言表征被直接激活；（2）调用性的，通过非语言系统激活语言系统或通过语言系统激活非语言系统；（3）联想性的，在语言系统或非语言系统内部表征的激活，首先被触发的词元或象元将会在各自的编码系统内部按照特定的模式扩散开去。一个任务可能需要三种方式中的一种、两种或全部。[98] 双重编码理论的一个重要原则是：同时以视觉形式和语言形式呈现信息能够增强记忆和识别。知识可视化将知识以图解的方式表示出来，通过调用加工，为基于语言的理解提供了很好的辅助和补充，大大降低了语言通道的认知负荷，加速了思维的发生。[17]

2.2.2 图式理论

图式（schema）的概念萌芽于19世纪德国哲学家伊曼努尔·康德（Immanuel Kant），在他看来，图式是“原发想象力”的一种特定形式或规则，首要功能是将感官信息综合成可概念化的形式。[99] 人们在理解事物时，将原有图式应用至认知过程中。20世纪30年代英国实验心理学家弗雷德里克·查尔斯·巴特莱特（Frederic Charles Bartlett）有关记忆的研究被看作图式理论所赖以建立的经典探索，在试验中，英国被试需要复述一个爱斯基摩的民间传说，然而他们并没有按照字义来记忆故事细节，而是把故事同化于带有英国文化特征的图式中，从而使故事与其文化概念一致。[100] 人们对故事的“改编”反映了人们的文化图式，巴特莱特认为图式化是人们认识世界的一种方式，在回忆时，图式能够帮助检索记忆，并且图式有多种形式，图式的存在可以解释为什么人们在回忆故事时会改变某些细节。[101]

瑞士著名的心理学家、教育家让·皮亚杰（Jean Piaget）将图式定义为动作的结构或组织，这些动作在同样或类似的环境中由于重复而引起迁移或概括。[102] 皮亚杰指出：“在一个活动中，我们把其中的那个能被从一个情景传递到另一个情景因而能加以普遍化和分化的东西称作动作图式。换言之，图式就是同一活动在多次重复和运用中共同具有的那个东西。”[103] 图式是经过一段时间对环境产生直接或间接的经验而后天获得的。很多研究表明，人类通过以往经历而获得图式并存储于脑中，是对重复出现事物的概括性认识，会省略一些细节。比如，人们根据以往的经历形成对“手机”的认识，形成图式存储于脑中，图式不会包括每一类手机的细节特征，而是概括了所有手机的一般性特征。随着经历的增多，手机的图式也会不断地调整，但是不会将手机的概念无限扩大，例如，虽然当前很多平板电脑具有通话功能，但我们不会将它们看作手机，因为我们脑中的图式对手机的大小是有限制的，超过了这一限制的物品就不会被认作手机。

图式化认知是指当某种图式一旦在大脑中形成，很多细节就不会被保留，取而代之的是结构化的抽象。当个体从见过的数量巨大的具体手机中抽象出手机的图式，该个体再提及手机的概念时不会以某个手机为参照。图式化认知常常是无意识进行的，它影响人们对信息的加工以及人们在特定情况下所采取的特定的行为方式，比如一位熟悉社交宴会的人与一位初次赴宴的人相比，由于固有图式的作用，前者能表现出更多的适应性，并采取适当的行动。研究表明，图式以一般期待的形式存在，并通过个体的知觉、记忆和推理过程来预测和控制个人的外部世界。

2.2.3　心理学理论对外语知识可视化的启示

人类的大脑就如同一个黑匣子，信息如何在其中进行加工可以说仍然是未解之谜。双重编码理论和图式理论都对人类认知过程中信息的加工方式进行了合理的假设，这些假设对于发现学习者认知规律、促进学习效果有着很好的借鉴作用。外语知识可视化同样涉及信息的处理，并且语言信息的处理从某个角度而言更加复杂，因为语言学习涉及的知识面更广，并且语言习得本身就是一种信息处理机制的掌握过程。双重编码理论和图式理论从不同的角度对外语知识可视化带来启示，两者在本质上又具有一些共性。

第一，外语知识可视化应充分利用语言和非语言两个信息处理系统。根据双重编码理论，人类大脑的语言系统和非语言系统在处理信息的过程中共同发挥着重要的作用。两者的协调运作机制预示着哪一方的缺失都会增加信息处理的难度，反之，两者的配合呈现能够提高信息处理效率。在学习过程中，合理使用两个系统将在很大程度上提高学习者的认知效率和效果。对于外语学习而言，语言信息的处理本身就是学习过程中的重要环节，语言系统时刻处于高负荷运作的状态，因此，如何充分利用非语言系统来协助语言信息的处理就显得尤为重要。旨在提高学习效率和效果的外语知识可视化同样需要充分考虑语言和非语言系统的共同作用，这与外语知识可视化的内在特征是一致的。一方面，外语知识可视化的表现手法要求利用非语言系统（尤其是图像处理系统）的优势对知识进行编码和解码；另一方面，外语知识可视化的处理对象是语言，因此势必离不开语言系统。外语知识可视化的一个重要作用就在于促进语言系统和非语言系统的相互调用，帮助学习者理解语言的意义。此外，两个系统同时作用于外语学习能够提高趣味性，引导学习者注意语言内容，增强记忆。在英语教学过程中，经常遇到一些知识点比较杂乱或者难度较大的教学内容，仅仅使用语言文字往往使其晦涩难懂而且枯燥无味，此时，教师可以采取图示教学法，在呈现文字材料的同时呈现图像材料，并辅以口头讲解，如此学习者可以进行语义和形象的双重编码，利用具有关联的具体表象来促进抽象知识的理解，从而使学习变得更加有效。[104]比如，对于英语词汇，可以使用内容与词汇意义紧密相关的图片来辅助学习，尤其是那些指向实物的名词；对于交际英语表达，将其融入静态或动态的视觉场景则更有助于理解表达的意义和语用情境；对于带有强烈目的语文化色彩的知识点，配以与文化内容相符的视听素材则更能深入体验文化。外语知识可视化应重视双重编码理论所提出的三种信息加工类型，尤其是调用性的加工，要将非语言元素有机融入素材，促进语言知识点的记忆、理解和内化。

第二，外语知识可视化应帮助学习者激活和建立必要的图式。图式理论强调了大脑中基于先前经历所形成的图式对于人类理解其他相关事物的重要性。人类在处理新输入的信息时，需要将信息与已有的知识（以图式的形式存储于大脑中）联系起来，可以说，缺乏相关的图式，就很难对一个事物产生准确的解读。信息编码、解码都基于已有的信息图式，只有当输入的信息与这些图式相匹配时，图式才能被调用，完成信息的接受、解码、重组和存储等信息处理的系列过程。[105]学习外语同时也是学习另外一种文化，由于语言差异和文化差异的存在，习惯于母语思维的外语学习者在调用图式帮助理解的过程中会遇到更多的障碍。一方面，母语和目的语的差别会让学习者不能恰当地激活图式用以处理目的语信息；另一方面，学习者在某些方面对于目的语文化的图式缺失也会导致理解失败。因此，外语知识可视化要达到传播外语知识的目的必须注意两个方面：一是帮助学习者激活已有的图式，二是帮助学习者建立相关必要图式。虽然不同语言文化之间存在着差异，但是不可否认的是在很多方面具有共性，尤其是在国际交流日益频繁和互联网资源极其丰富的今天，人们很容易通过电影、电视剧和互联网等渠道接触西方语言文化信息，因此，外语学习者具备一定的图式去处理输入的外语信息，但由于对外语的敏感度不如母语，有时难以激活这些图式。这时可以通过多种手段提供语料背景知识、场景知识等信息，帮助学习者激活相关的图式。比如，对于日常交际表达“I'll take it”，从意义层面来说，这一表达在中西文化中都非常普遍，但是，由于语言使用习惯的不同（中国外语学习者可能会使用“I'll buy it”来表达同一意思），学习者可能无法快速地解读意义。这时如果配以商店售货员和顾客的交流场景图片，则学习者将很快激活商场购物的图式，从而更加容易理解该表达的意思，即“我要购买这件商品”。再如，如果语料与英国的盖伊·福克斯之夜（或篝火节之夜，Guy Fawkes Night）有关，则学习者很有可能因为缺乏相应的图式而难于理解，因此有必要提前输入有关该节日的一些信息，如 Guy Fawkes Night 的历史事件、象征意义等，帮助学习者建立必要的图式，从而促进语料的理解和新图式的构建。因此，知识可视化在图式构建和激活方面具有得天独厚的优势，这一优势源自经过巧妙设计的知识视觉呈现方式，体现了知识可视化理念与图式理论在内涵上的一致性。

第三，外语知识可视化应提高非语言信息与语言信息的关联度。双重编码理论的信息处理机制强调了语言信息与非语言信息之间的相互调用机制，但实际上两者之间相互调用的效果取决于关联程度的高低，图式理论也注重先前图式与所处理信息的关联性。因此，外语知识可视化所提供的非语言的信息应与正在处理的语言信息存在较高的关联性，如此才能帮助学习者调用语言知识和图式以加速和增强理解。比如，常见的英文标识“wet floor”意思为“小心地滑”，如果增加图像类的非语言信息，则既可以使用直接表现地面潮湿的图片，也可以使用行人摔倒的图片，但显然从意义上讲后者与语言信息的关联性更大，因此也更多地被使用。需要注意的是，关联性的信息并非越多越好，过多的信息不但不能促进理解，反而会成为干扰因素。语言学家 Sperber 和 Wilson 在《关联：交际与认知》（*Relevance*：*communication and cognition*）一书中提出了两条关联原则，第一原则（也称认知原则）是人类认知常常与最大关联性相吻合，第二原则（也称交际原则）是每一个明示的交际行为都应设想为它本身具有最佳关联性。[106]认知原则暗示着在外语学习中，关联性最大的输入更加能够激发学习者的认知潜力。人类认知是具有规律的，关联性越大，所付出的心理努力越小。交际原则暗示着学习者对于语料内容的发展具有一定的预判，会向着与所处文本语境相一致的方向进行思考。如果呈现的内容信息违反了交际原则，则会给学习者解读制造阻碍。这两个原则实际上与双重编码理论和图式理论的信息处理模式是一致的，只有存在关联，不同类型的信息才能进行相互调用，也只有存在关联，才能使用已有图式去解读新输入的信息。因此，外语知识可视化设计应采用与语言信息高度关联的信息元素，如图片、图表、动画等，帮助学习者建立解读外语语言输入信息所需的预设，提高解读效率和准确率。比如，学习所用语料为发生在银行中的一段对话，可以配上与之相关的银行图片场景，将学习者导向银行交际可能出现的意义潜势。银行交际在中西文化中并无很大的差异，词汇和短语表达可能是学习者最大的障碍，因此可以根据对话的内容，先将一些银行交际词汇使用图文搭配的方式进行输入。对于中西文化存在差异的语料，则有必要输入相关联的背景信息帮助学习者建立一定的图式。美国传播学者 Porter 和 Samovar 认为，跨文化交际的最佳理解即对社会事物认识上的文化差异。[107]不同文化背景下的个人经历造成了交际图式上的差异，从而影响了学习者对信息做出正确的解读和反应。

2.3　多媒体学习理论

2.3.1　多媒体学习生成理论

多媒体学习是教育技术应用于教育教学的重要内容。近 30 年来，多媒体学习的原理和机制得到了众多学者广泛而深入的研究，为促进多媒体学习效果提供了宝贵的参考，其中 Mayer 的多媒体学习理论最为著名。Mayer 的多媒体学习认知理论是在双通道假设、容量有限假设和主动加工假设这三个假设的基础上提出的。[108] 双通道假设认为人类认知系统包含视觉信息和听觉信息两个独立通道，分别处理眼睛和耳朵接收到的信息；容量有限假设认为人类认知系统中加工信息的各个通道的容量是有限的，超过容量可能引起信息超载；主动加工假设认为要产生有意义的学习，学习者需要积极主动地参与信息加工活动，包括选择文字和图像信息、关联信息以建立语言和视觉模型，整合语言、视觉模型与先前知识。Mayer 认为，当语言和视觉图像信息同时进入工作记忆时，主动加工活动最有可能发生。Mayer 及其合作者结合认知心理学对人类信息加工的研究以及 10 多年实验研究的结果总结出多媒体学习生成理论，理论模型如图 2.5 所示。[109]

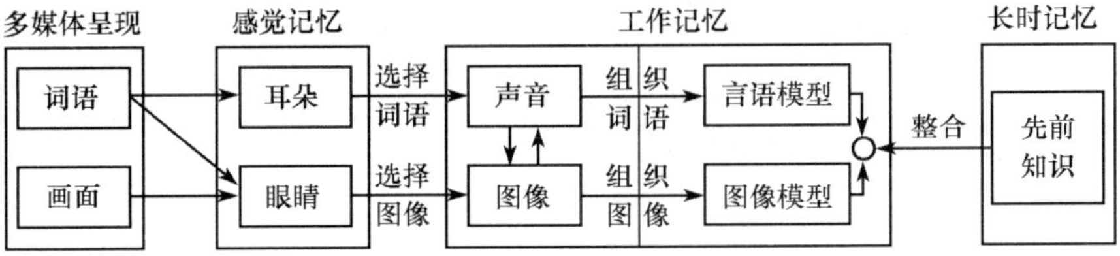

图 2.5　多媒体学习生成理论模型[109]

该模型描述了人类在进行多媒体学习时的认知工作原理。以语词和画面呈现的多媒体信息，分别通过听觉通道和视觉通道进入人的感觉记忆，其中词语既可以呈现为声音形式，也可以呈现为视觉文本形式，这时词语信息通过视觉通道进入感觉记忆。进入感觉记忆的听觉表象和视觉表象只能短暂停留，之后需要进行选择，听觉表象和视觉表象的选择服从容量有限的假设，在相应的通道只能选择有限的信息进入工作记忆。多媒体学习的主要过程发生在工作记忆中，在主动加工的状态下，工作记忆被用于暂时性地存储和加工知识。工作记忆同样基于双通道，因此在完成相应通道的信息模型建构之后，还会在两种通道之间建立关联，即将有关联的听觉表象和视觉表象进行转换。最后需要提取长时记忆中的先前知识，将加工后的信息与先前知识进行整合并存储到长时记忆中。

Mayer 总结出了有关多媒体学习的十大定律，如表 2.1 所示。

表 2.1　Mayer 多媒体学习十大定律[110]

定律名称	主要内容
多媒体定律	学习者通过包含文字和图片的多媒体材料进行学习，其学习深度比单纯文字材料好
邻近定律	时间邻近定律：当多媒体材料中动画和解说结合呈现时，学习者使用多媒体材料学习的效果好于使用动画和解说分离呈现的学习材料； 空间邻近定律：书页或屏幕上的文字与其相对应的画面邻近呈现比隔开呈现能使学生学得更好
个体差异定律	多媒体定律和邻近定律对于先前知识较少或空间能力较高的学习者效果比较明显，对先前知识较多或空间能力较低的学习者不明显
相关性定律	不含无关文字、声音、视频等要素的学习材料比包含无关要素的学习材料更能促进学习者的学习
多模态定律	学习者通过“动画 + 语音解说”学习材料进行学习的深度好于使用“动画 + 屏幕文字”形式的学习材料
冗余性定律	学习者利用“动画 + 语音解说”形式的多媒体材料进行学习的深度好于利用“动画 + 语音解说 + 屏幕文字解说”形式的多媒体材料

续表

定律名称	主要内容
个人化定律	学习者通过交谈风格的多媒体材料进行学习，效果好于通过解释性风格的多媒体材料
交互性定律	当学习者能够控制多媒体材料呈现进度时，其学习效果较好
标记性定律	学习者通过标记过的多媒体材料进行学习，其效果好于使用未标记的多媒体材料
静态媒体定律	学习者通过“静态图片 + 文字”形式的学习材料进行学习，效果好于通过“动画 + 语言解说”形式的学习材料

以上定律的提出体现了在特定信息技术条件下多媒体学习资源开发的一般性原则，且没有针对具体的学科，因此，有些定律的适用性也有待验证，比如冗余性定律和静态媒体定律。冗余性定律否定了屏幕文字解说的必要性，但对于注重语义理解的外语学习来说，屏幕文字解说能够弥补学习者在外语能力上的不足，降低理解难度，作用明显；而静态媒体定律从外部认知负荷的角度判定“动画 + 语言解说”会给学习者造成更大的压力，但在一定程度上忽略了这种形式所营造的认知情境对于学习的促进作用，这或许也与当时动画制作的技术手段有关。

2.3.2 图文理解整合模型

德国心理学家 Schnotz 认为 Mayer 的多媒体学习生成理论模型对认知加工过程中语词与图像的整合机制描述得比较模糊，并在此基础上提出了多媒体学习图文理解整合模型（Integrated Model of Text and Picture Comprehension，ITPC）（图 2.6），以期进一步揭示图文理解过程的机制。[111]

在 ITPC 中存在描述性表征（descriptive presentation）与描绘性表征（depictive presentation）两种表征形式。描述性表征基于符号形式进行处理，包括口头语言、听觉图像及命题表征；描绘性表征基于过程的结构进行处理，如书面文本、视觉图像及心理模型。[112] 在 ITPC 中，也包括从感觉记忆中选择

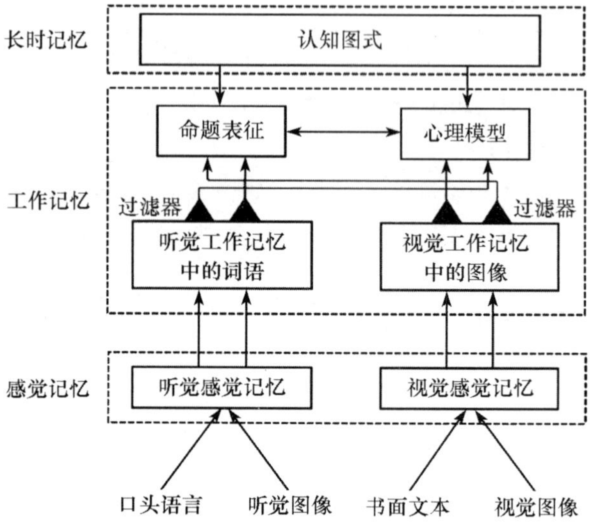

图 2.6　图文理解整合模型[111]

词语和图像进入工作记忆并分别组成相应的词语库与图像库这些认知加工的过程环节。其中，词语库通过词语过滤器进入命题工作记忆，并在长时记忆认知图式的共同作用下主动建立命题表征，这个命题表征会激发相应心理模型的建立；视觉通道中的图像库通过视觉图像过滤器进入图像工作记忆，并结合长时记忆的认知图式主动建构心理模型，心理模型会直接导致相应命题表征的形成。

相较于 Mayer 的多媒体学习生成理论模型，ITPC 具有如下四个特点：（1）ITPC 在工作记忆中增加了“过滤器”（filter）以对词语和图像进行选择，从而增加了一个注意的过程，更加详细地阐述了选择的机制，并且，词语和图像的整合发生在词语库和图像库之间，而不是在心理模型中，并最终建立命题表征和心理模型；（2）ITPC 认为视觉通道并非是图像进入的唯一通道，听觉通道同样可以产生图像，比如，当听到鸟叫的声音时，大脑中会显现鸟的图像，此外，除了通过视觉和听觉通道进入，词语还可以通过触觉通道进入，比如盲人通过触觉来识别文本；（3）ITPC 中，视觉和听觉编码都会建立命题表征和心理模型；(4) 根据 ITPC，听觉通道借助长时记忆中的认知图式最终建立命题表征，而视觉通道则最终建立心理模型，命题表征和心理模型会进行“互动”，但两者不会进行整合。[113]

2.3.3 多媒体学习理论对外语知识可视化的启示

以上两个多媒体学习理论模型在某种程度上描述了多媒体学习资源从感官输入到新的知识生成的过程，这一过程为揭示大脑处理学习资源的机制提供了有益的参考。从多媒体学习理论的角度来看，基于数字化学习资源的外语学习本质上就是学习者基于已有的认知图式对资源提供的视听输入信息进行处理，从而丰富已有图式或形成新的图式。基于此，外语知识可视化应注意以下几点：

第一，外语知识可视化应促进关键学习信息进入学习者工作记忆。根据多媒体学习理论，大脑在处理来自学习资源的信息时都会进行选择和过滤，在即时状态下根据某种规则选择大脑认为最为合适的信息进行后续处理。ITPC 甚至在工作记忆中专门设置了词语和图像过滤器。从整个过程看，决定这一选择过程的因素有两个，一个是客观因素，即输入信息本身的情况，第二个是主观因素，即学习者的现有知识情况，或者可以说是学习者长时记忆中的认知图式。然而，在具体的学习过程中，学习者个体是一个相对固定的因素，无法从内部对输入信息的选择进行干涉，即主观因素是一个无法即时改变的事实。因此，多媒体学习只能从输入信息源进行恰当的处理，从而尽可能地促使期望被接收的信息通过选择过程进入命题表征和心理模型的建构过程。与很多学科不同，外语学习即使明确了学习目标，其学习内容也可以是千变万化的，因为语言的使用是不会重复的，语言能力也体现在利用目的语来表征这个世界的方方面面。所以，面向特定学习目标的外语学习资源在内容选择上具有很强的多样性，内容呈现方式也会因此而产生多种选择，但这并不意味着外语知识可视化设计和制作的随意性，相反，这实际上是从内容和手段选择等方面对外语知识可视化提出了更高的要求。比如，对于词汇的学习，不同类型的词汇应通过不同的资源内容进行学习。对于“pineapple”（菠萝）、“laptop”（笔记本电脑）、“motorbike”（摩托车）等表示生活中常见物品的实体名词，利用简单的视觉文本、听觉文本和实物图片就可以制作成有效的数字化学习资源，因为词汇本身及其描述的物品形象是信息加工和模型构建的关键；而对于“liberty”（自由）、“monotonous”（单调的）、“criticize”（批判）等具有抽象意义的词汇，则需进行更加精巧的设计，如使用叙事性动画，以使学习资源更加高效和准确地传达关键信息并建立心理模型。因此，从多媒体学习的信息处理方式来看，外语知识可视化不能仅仅停留在知识的视觉呈现层面，不去考虑视觉元素是否能在工作记忆中发挥促进模型建构的作用，而应粗中取精，选择合适的视觉元素表征最为关键的语言信息。

第二，外语知识可视化应注意多通道信息输入的平衡。知识可视化外语学习资源注重多通道信息的输入，尤其是视觉通道和听觉通道。从多媒体学习相关模型可以看出，视觉通道信息和听觉通道信息共同对命题表征和心理模型的建构产生影响，而在学习过程中，两种信息所占的比例也会影响信息处理效果。对于以交际为目的的外语学习来说，听觉信息和视觉信息同样重要。听觉信息是语言文本的直接输入，处理听觉信息本身就是语言操练的一个过程，很多外语学习者（尤其是初学者）会不自觉地将大部分注意力放在听觉文本的处理上，力求将每个词汇都听得一清二楚，但是这种方式很可能会让学习者的努力偏离教学目的，过于注重语音形式而忽略文本所蕴含的其他重要语义，如某个文化知识点。视觉信息的存储具有视觉掩蔽效应：存储的时间长度取决于外界信息刺激持续的时间，外界刺激持续的时间越长，接受的视觉信息越多，从而使信息更新加快，视觉信息消失也越快。[114]视觉信息过多，学习者的大脑跟不上信息更新的步伐，会造成很大的认知负荷，进而影响知识点关键信息的获取和处理。因此，外语学习资源需要在听觉和视觉信息输入方面进行合理的平衡。听觉信息过多或者缺少相关视觉信息的辅助会增加学习者进行内部模型建构的难度和付出，学习者辨别听觉文本信息时的不确定性也会增加学习者的焦虑，影响学习效率。视觉信息过多或者缺少相关听觉信息的输入则会让学习者的注意力产生游离，不利于学习者在目的语的思维框架下进行言语模型的构建，导致偏离外语学习的重点。比如，利用动画视频来讲解银行业务办理交际用语时，多媒体资源视觉信息不宜过多，须过滤与语言交际无关的视觉元素，场景切换不应过快，应尽量将不同场景的交际进行切分，比如根据开户、存款、转账等业务办理的场景分别制作资源。听觉信息应与视觉信息保持同步，帮助学习者在理解听觉文本时能够从视觉信息中获得心理模型建构的线索。

第三，外语知识可视化应充分考虑潜在使用对象的认知水平。从以上两个多媒体学习理论模型可以看出，多媒体学习资源可以通过视听等通道的信息传送为内部模型的建构提供信息素材，从而在很大程度上决定模型建构的结果。然而，除此之外，学习者自身的认知水平（体现在先前知识/认知图式）同样对内部模型建构具有很大的作用。Vygotsky 的最近发展区理论（concept of the zone of proximal development）认为，为了主导和促进学生的发展，教育必须首先明确学生的两种发展水平：一是已经达到的发展水平，表现为学生能够独立解决问题的水平；二是可能达到的潜在发展水平，即学生在成人（或者比他成熟的个体）的帮助下所能达到的水平，两种水平之间的区域即为“最近发展区”。[115]20 世纪 70 年代，美国教育家杰罗姆·西摩·布鲁纳（Jerome Seymour Bruner）在“最近发展区”理论的基础上，提出了支架式教学理论，并由此诞生了支架式教学模式，即基于学习者当前的发展水平，运用多种方法系统有序地引导学习者主动建构知识并向更高发展水平迈进。支架式教学是一个系统工作，多媒体学习资源也是这一系统中的重要组成部分。知识可视化外语学习资源同样需要考虑学习者的发展水平，他们已有的知识和能力将直接影响内部模型的建构。如果输入的视觉和听觉信息过于简单，学习者只需付出很少的努力即可完成建构，则无法产生学习效果；如果过于复杂，超出了学习者的理解潜力，不能完成建构，则同样无法达到预期的学习效果。并且，不同认知水平的学习者对于可视化视觉元素的理解能力和解读方式也是存在差异的，因此同一视觉元素有可能在不同层次的学习者身上导致截然不同的学习效果。比如英文感叹句的学习，对于儿童学习者，可以利用生活中常见的事物作为对象进行造句（如：What a cute cat it is!），并配以简单的文本语境和卡通图片或动画；对于成年英语学习者，则可以以事件为对象进行造句（如：How hasty it is to believe in tabloid news without thinking twice!），并配以较为复杂的文本语境和角色扮演视频。对于处于同一年龄层次但英语水平不同的学习者，外语学习资源开发也要注意文本内容的难度，比如句子的长度、句型的丰富性以及词汇量等。总之，外语学习资源对知识进行可视化操作需要为学习者量身定做，成为提高其外语水平的一个跳板。

2.4 外语知识可视化的作用机制

知识可视化理论为外语学习资源的设计和制作提供了新的视角，对于促进外语知识的传达和吸收，提高外语学习的效率和效果具有重要的作用。知识可视化外语学习资源的制作尤其注重知识的视觉呈现设计，有利于发挥学习资源在学习者认知过程中的作用。但是，知识可视化外语学习资源在认知过程中的作用机制应将其置于从资源制作到语言能力形成的整个流程去分析，而不是仅仅从学习者使用资源的过程去考虑。分布式认知理论认为，认知分布于个体内、个体间、媒介、环境、文化、社会和时间等之中。[116]资源的使用是一个人工知识制品发挥作用的过程，是认知在人际间流动的一个环节，而资源的设计和制作则是形成这一制品的过程，是分布式认知能够传播的前提。Hutchins 利用飞机驾驶舱的定速行为来说明分布式认知的概念，驾驶舱通过飞行员与多种表征设备、工具和媒介之间的复杂交互确定飞行速度。[117]知识可视化外语学习资源的作用相当于用于定速的各种设备、工具和媒介，而资源制作者相当于飞行员，学习者（资源使用者）相当于驾驶舱。资源制作者为了让学习者能够获取正确的、必要的信息，需要对外语知识可视化过程进行合理的设计，包括表征形式、媒介形式、知识内容等；学习者为了将这些信息转换成知识和能力，需要进行正确的解读和应用。因此，外语知识可视化既包含了制作者对所传达知识和传达方法的某种认知，也包含了学习者领会传达方法并习得知识的潜势。制作者和学习者之间存在着一种由符号社会性共识而形成的默契，这种默契也是分布式的认知得以传播和融合的前提。当然，这里的资源制作者并不单指具有开发技能的技术人员，也不单指具有学科知识的教学人员，而是指两者融合的一个团体。在资源制作过程中，教学人员对学习者的现有知识水平和可能达到的知识水平进行评估和预测，从而确定需要传达的知识点和具体学习内容；技术人员则根据学习者的多媒体认知规律、媒体偏好等明确制作方法和手段；此外，知识内容和表现手法的匹配性也是一个关键的因素，需要教学人员与技术人员的协作，这也是当前外语学习资源开发过程中的一个难点。

从学习形式来看，知识可视化外语学习资源的认知过程符合多媒体学习的认知过程，但从学习内容来看，外语学习资源的认知过程又具有语言（尤其是第二语言）习得的认知特点，因此，有必要从二语习得的角度来考量这一过程。与数学、物理等学科不同，外语学习涉及两种语言文化的冲突和融合，学习者需要在母语之外，从语言规则、语用、语体、文化等方面去理解另外一门语言，在这一过程中，学习者已有的源自母语的认知图式势必会对语言认知过程产生影响。母语与目的语相似的认知图式有利于语言信息的理解，反之，则会产生干扰甚至是造成误解。母语的影响在知识可视化外语学习资源的使用过程中是必然存在的，学习者也并不能直接通过学习习得目的语，新输入的语言知识信息真正影响到的是具有个人特色的学习者中介语系统。知识可视化外语学习资源能够通过地道的、生动的语言输入帮助学习者建立和检验语言假设，从而丰富和提升中介语系统。从认知图式的角度来看，知识可视化外语学习资源的作用在于帮助学习者不断丰富大脑中与目的语相关的认知图式。Marian 和 Neisser 以在美国生活的俄罗斯移民为对象开展过一项记忆实验，当使用俄语访谈时，更多说俄语时的生活体验被提取；当使用英语访谈时，更多说英语时的生活体验被提取。实验结果表明，语言与记忆事件结伴存储、相互关联、相互启动，语言能够勾起相关记忆事件，记忆事件也有助于提取关联词语。[118] 知识可视化外语学习资源能够通过文本信息（包括听觉文本与视觉文本）与图像信息的共同作用帮助学习者建立记忆事件与目的语之间的关联，亦即帮助建立言语模型（命题表征）和图像模型（心理模型）之间的关联。

因此，将资源设计制作过程和中介语概念纳入考虑有助于更好地理解知识可视化外语学习资源在学习认知过程中的作用机制（图 2.7）。

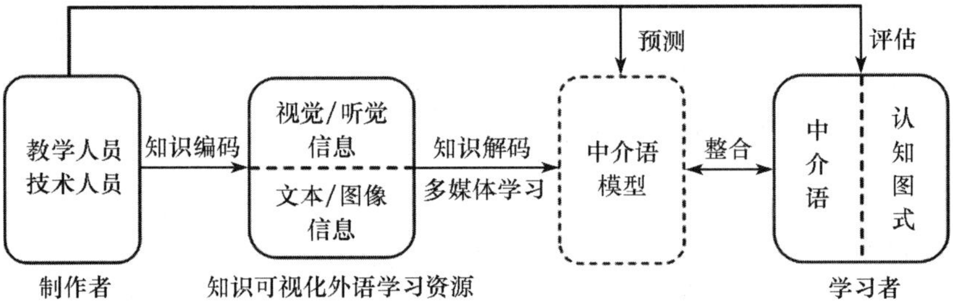

图 2.7　外语知识可视化作用机制

从上图可以看出，在知识可视化外语学习资源的开发过程中，制作者需要对潜在学习对象的目的语水平和认知情况进行评估，然后明确需要传达的知识点内容并选择合适的技术手段和表现手法对知识进行编码，制作成集视觉/听觉信息、文本/图像信息于一体的学习资源。制作者对于资源可能达到的学习结果有一个基本的预测，即学习者可能建立的中介语模型。学习者利用资源进行自主学习，将蕴含在资源中的知识进行解码，这一过程遵循 Mayer 和 Schnotz 对于多媒体学习的描述，但工作记忆处理文本信息和图像信息的最终目的在于建立中介语模型。该模型与学习者大脑中已有的中介语系统进行整合，从而使原有体系得到部分重构和扩充。学习者大脑中原来存储的有关母语或目的语的认知图式对中介语模型的建立起着促进作用。综上所述，外语知识可视化的作用机制关键在于三个方面：一是制作者对于潜在学习者的了解，这决定了学习资源是否符合学习者的认知情况以及能否达到预期的效果；二是知识的表征方式和视觉呈现设计，这决定了学习资源能否促进工作记忆中内部模型的建构；三是中介语模型的建立及其与现有中介语系统的融合，这决定了基于资源的学习最终能否产生实际效果。

2.5　本章小结

本章从符号学、心理学以及多媒体学习理论三个维度分析外语知识可视化的理论基础。符号学解释了符号、概念和世界之间的关系，说明用语言符号等各种类型的符号来表征知识是人类知识传播的必然途径；多模态符号学将符号的内涵进一步扩展，明确了数字媒体时代外语知识可视化的可行性。心理学理论论述了人类在处理信息、更新知识过程中的一些机制，从而说明了外语知识可视化的科学性和必要性。其中，双重编码理论认为大脑中的语言系统与非语言系统对于信息处理都发挥着重要作用，语言信息和非语言信息的相互调用能够增强认知效果，图式理论认为知识在大脑中以图式的方式进行存储，图式对于个体认知事物的过程具有很大的影响。多媒体学习理论分析了多媒体资源在学习过程中的作用机制，并提出了一些资源设计定律，说明了外语知识可视化的有效性。本章分析了以上理论对于外语知识可视化的具体启示，并在此基础上结合中介语概念提出了融合资源开发和使用过程的外语知识可视化作用机制。

第 3 章 外语知识可视化视觉表征框架

视觉表征的选择是知识可视化外语学习资源设计的首要任务，决定了资源视觉呈现的整体设计思路。视觉表征是指利用视觉符号来表现知识和意义，重点探讨的是视觉符号与其指代物之间的关系，以及人们如何通过视觉符号传播和交流思想。视觉表征有两重含义：作为名词，指承载着意义的视觉符号；作为动词，指以视觉符号为媒介进行意义的传播。[27] 在本书中，视觉表征主要理解为名词。视觉表征是知识可视化外语学习资源的外在呈现方式，但却决定着知识的传播效果，视觉表征的选择并不是随意的，需要考虑知识点的特征以及两者之间的内在联系。本章将梳理适用于外语知识可视化的视觉表征类型，并在外语知识分类的基础上制定外语知识可视化视觉表征参照表。

3.1 外语知识分类

3.1.1 知识分类

作为视觉符号，知识可视化视觉表征的价值并不取决于自身的形态或表象，而是取决于它与所承载的知识之间的关系。不同类型知识的学习特点是不一样的，因而表征的侧重点也会有所差异。运用视觉表征将知识进行可视化呈现，必须考虑知识的类型属性，从不同角度对知识进行分类对可视化结果有着不同的影响。知识分类尚没有统一的方法，根据知识主体的不同可以分为群体知识和个人知识；从认知心理学角度可以分为陈述性知识和程序性知识；从能否使用符号表达可以分为显性知识和隐性知识；从知识经济应用角度可以分为事实知识、原理知识、技能知识和人际知识。[119]此外，还有其他多种知识分类方法，如根据学科分类，可以分离出语言知识。本书主要从陈述性知识/程序性知识和显性知识/隐性知识的角度阐述知识的分类。

1. 陈述性知识与程序性知识

哲学家吉尔伯特·赖尔（Gilbert Ryle）最早于1949年从认知心理学角度把知识分为两大类：一类为陈述性知识（declarative knowledge），另一类为程序性知识（procedural knowledge）。陈述性知识是关于事实的知识，也就是有关世界“是什么”的知识；程序性知识是关于进行某项操作活动的知识，即有关“怎么办”的知识。认知心理学家约翰·罗伯特·安德森（John Robert Anderson）于1983年提出思维适应性控制模型（adaptive control of thought model），该模型将知识分为陈述性知识和程序性知识两类，其中陈述性知识是关于“是什么”的知识，包括各种事实、概念、原则和理论等，而程序性知识是关于“如何做”的知识，包括如何从事并完成各种活动的技能。[120]由此可以看出，陈述性知识和程序性知识是从知识掌握的角度进行区分的，比如，知道外语词汇的意义属于陈述性知识的掌握（如：单词“urbanization”的意义），而能够利用语法规则进行遣词造句则属于程序性知识的掌握（如：虚拟语气倒装句的使用）。

陈述性知识的内部表征可以使用概念、意象、命题等形式，外部表征则可以使用反映这些概念和命题的术语和语句等形式；程序性知识可以通过执行任务的实际行动来表征，有效的行动可以作为程序性知识的外部表征。[121]程序性知识可以进一步分为两类：第一类通过反复练习能达到相对自动化的操作程度，很少或基本不需要意识的控制，称为智慧技能；第二类因受意识控制而难以达到自动化的程度，称为认知策略。[122]皮连生在前人研究的基础上，提出了广义知识理论。[123]他认为，广义知识包括陈述性知识（狭义知识）和程序性知识（技能）。程序性知识可进一步分为认知技能和动作技能。前者包括运用规则对外办事的程序性知识（智慧技能）和运用规则对内调控的程序性知识（策略性知识）；后者指按一定的技术要求，通过练习而获得迅速、精确、流畅而娴熟的身体运动能力。对于学校教育而言，既要传授知识，也要形成技能，其中知识实际上指的是狭义知识，即陈述性知识，而技能实际上是指个人习得的一套程序性知识并按这套程序去办事的能力，包括按某种规则或程序顺利完成身体协调任务的能力，即动作技能，以及按某种规则或程序顺利完成智慧任务的能力，即认知技能。[124]

2. 显性知识与隐性知识

根据知识能否清晰表述和有效转移，可以把知识分为显性知识（explicit knowledge）和隐性知识（tacit knowledge）。隐性知识是Polanyi在1958年从哲学领域提出的概念，他认为人类的知识有两种：一种是通常被描述为知识的，即以书面文字、图表和数学公式进行表述的知识，称为显性知识；另一种是未被表述的知识，像人们在做某事的行动中所拥有的知识，称为隐性知识。[125]显性知识是能够被人类以一定符码系统（最典型的是语言）加以完整表述的知识，而隐性知识和显性知识相对，是指那种虽然知道却难以言述的知识。[126]由此可以看出，显性知识和隐性知识是从知识表达和传递的角度进行区分的，比如，语法规则能够通过文字等方式进行描述，容易传递，属于显性知识（如：名词单复数的变化），而有关如何进行成功得体的语言交际则无法使用文字等进行直接描述，不容易传递，属于隐性知识（如：如何委婉地向他人提出批评）。

日本知识管理专家野中郁次郎（Ikujiro Nonaka）从个体属性来认识隐性知识。他认为隐性知识是高度个人化的知识，是主观的经验或体会，主要隐含在个人经验中，不容易运用结构性概念加以描述或表现，因而很难规范化，也不易传递给他人；显性知识则是可以客观运用概念加以解读和呈现的知识。

野中郁次郎还提出了隐性知识与显性知识的转化关系，认为在企业创新活动过程中隐性知识和显性知识互相作用、互相转化，从而造就了知识的创造，这一知识转化包括四种基本模式——群化（socialization）、外化（externalization）、融合（combination）和内化（internalization），即著名的 SECI 模型（图 3.1）。[127]

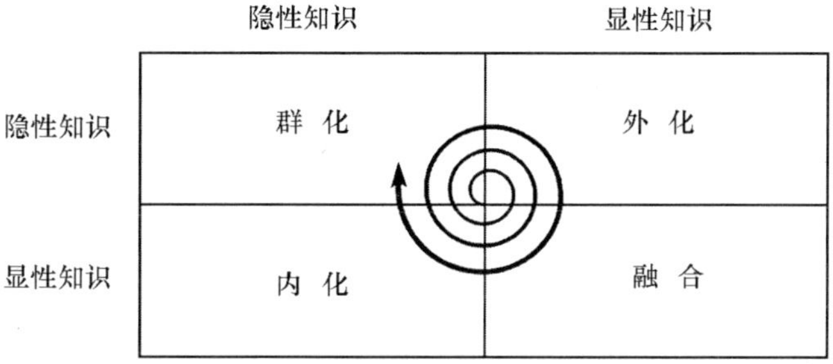

图 3.1　显性知识与隐性知识的相互转换过程[127]

（1）隐性知识到隐性知识的转化：通过观察、模仿和亲身实践等形式使隐性知识得以传递；（2）隐性知识到显性知识的转化：对隐性知识进行显性描述使其转化为容易理解的形式；（3）显性知识到显性知识的转化：将零碎的显性知识进行系统化和复杂化以达到知识扩散的目的；（4）显性知识到隐性知识的转化：将新知识应用到工作中去并创造出新的隐性知识。

3.1.2　外语知识内部分类

外语知识本质上是语言知识的一种，然而，语言知识分类并没有统一的观点，但是各种分类方式的核心要素是大同小异的。语言知识是一种复杂的知识，涉及的因素很多，既包括表层的直接用于交际的文字，也包括深层的影响交际内涵的语体和文化。但是，语言只有从其社会性的角度进行考量才真正具有意义，也只有在使用中才能真正体现其价值，因此，语言知识的外化表现是一种语言应用能力，从社会语言学的角度来讲，实际上就是一种交际语言能力。语言知识分类可以参照交际语言能力的构成。交际语言能力不仅包括对语言形式的理解和掌握，而且还包括在特定情境下恰当使用语言形式进行成功交际的知识体系。在不同时期，很多美国学者都试图对交际语言能力的概念和内涵进行阐释或补充（表 3. 1）。

表 3. 1　美国学者交际语言能力分类

分类方法名称	研究者及年份	内容
二元认知模型[128]	Chomsky，1965	包括“语言能力”和“语言行为”两个部分
交际能力[129]	Hymes，1972	语言能力就是在特定的社会文化语境下得体使用语言的能力，即交际能力，包括以下四个方面的参数，即语法性、可行性、得体性和现实性
交际语言能力模型（三维）[130]	Canale 和 Swain，1980	交际语言能力由语法能力、社会语言能力和策略能力三部分组成
交际语言能力模型（四维）[131]	Canale，1983	在三维模型的基础上增加语篇能力，即将原来的社会语言能力进一步划分为社会语言能力和语篇能力
交际语言能力[132]	Bachman，1990	包括语言能力/知识、策略能力和心理生理能力，该模型最显著的特色就是区分了知识和技能的构成
交际语言能力（重构）[133]	Bachman 和 Palmer，1996	由语言知识、情感图示、个体特点、话题知识和策略能力构成。其中语言知识由组织知识和语用知识两部分构成，前者包括语法知识和语篇知识，后者包括功能知识和社会文化知识
五成分模型[134]	Celce-Murcia 等，1995	语言交际能力由语篇能力、行动能力、社会文化能力、语言能力和策略能力组成

1991 年，欧洲委员会开始着手制定一个通用的语言教学参照框架，并于 2001 年正式编制完成一个面向全欧洲外语教学与评估的欧洲语言共同参考框

架（Common European Framework of Reference for Languages，CEFR）。在横向语言能力描述上，CEFR 从一般语言能力和交际语言能力两个维度进行阐述。一般语言能力包括陈述性知识、技能、生存能力和学习能力等，其中陈述性知识是指对世界的认知以及社会文化知识、跨文化意识，是全部交际活动的基础；技能是指跨文化交际的技能与应变、应用性技能与应变；生存能力是指与交际活动相关的态度、动机、价值观、信仰、认知方式、性格特点等；学习能力是指善于调动和运用各种知识、技能和生存能力。交际语言能力是一个动态的概念，由语言能力、社会语言能力和语用能力构成（表 3.2），其中语言能力包括词汇、语音、语法等方面的知识与技能，其每个组成部分又由知识、技能、专门技能构成；社会语言能力是指对语言使用中社会文化条件的把握；语用能力是指运用语言资源及互动交流中的语境和语篇产生功能。[135]

表 3.2　CEFR 交际语言能力组成

能力	分能力
语言能力	词汇
	语法
	语义
	语音
	拼写
	正音
社会语言能力	标明社会关系的标识性词语
	礼仪规则
	语体差异
	方言与口音
语用能力	话语能力
	功能能力
	设计或交互能力

历年来，国内学界对交际语言能力的组成要素也进行了深入的研究，形成了规范性文件以指导我国以英语为代表的外语教学。赵雯等对国内大学英语教学大纲/要求中的交际语言能力描述进行了梳理（表3.3）。[136]

表3.3　国内大学英语教学大纲/要求对交际语言能力的描述

教学大纲/要求	能力描述	组成要素
《英语教学大纲（试行草案）》（高等工业学校本科五年制各类专业适用）（高等工业学校外语课程教材编审委员会，1963）	认知能力（语言知识）	语言能力（词汇能力、语法能力、语音能力）
	功能能力（语言技能）	读、译、听、说、写
《英语教学大纲（草案）》（高等学校理工科本科四年制试用）（高等学校理工科公共外语教材编审委员会，1980）	语言能力（语言知识）	语言能力（词汇能力、语法能力、语音能力）
	功能能力（语言技能）	读、听、说、写
《大学英语教学大纲（高等学校理工科本科用）》（《大学英语教学大纲》修订工作组，1988）和《大学英语教学大纲（高等学校文理科本科用）》（大学文理科英语教学大纲修订组，1986）	认知能力（语言知识）	语言能力（语音能力、词汇能力、语法能力、语义能力、拼写能力、正音能力）、语用能力（语篇能力）
	功能能力（语言技能）	读、听、写、说、译
《大学英语教学大纲（修订本）》（《大学英语教学大纲》修订工作组，1999）	认知能力（语言知识）	语言能力（语音能力、词汇能力、语法能力、语义能力）、社会语言能力（语体差异、礼仪规则）、语用能力（语篇能力、功能能力、设计能力）
	功能能力（语言技能）	读、听、说、写、译

续表

教学大纲/要求	能力描述	组成要素
《大学英语课程教学要求》（教育部高等教育司，2007）	认知能力（语言知识）	语言能力（语音能力、词汇能力、语法能力、语义能力、正音能力）、社会语言能力（语体差异、礼仪规则）、语用能力（语篇能力、功能能力、设计或交互能力）
	功能能力（语言技能）	听、说、读、写、译
	策略能力（学习策略）	自主学习能力
	社会能力（态度、行为、价值观等）	跨文化交际能力

从以上诸多定义可以看出，语言能力主要指的是交际语言能力，即在具体语境中恰当地使用语言的能力，但是支撑这一最终能力目标的是各个不同层次的分能力。不管是口头的还是书面的，是日常用途的还是专业领域的，语言能力都体现于信息发出者通过多种形式的语言将自己的观点、见解、经验、态度、价值观等传递给他人的过程，归根结底就是一种以语言为载体的思想交流的过程。影响这一知识传递效果的因素有很多，各种因素的作用方式和所处的层次也不同。有诗云："不识庐山真面目，只缘身在此山中。"对于母语使用者来说，这些因素不容易被察觉，因为每个人的母语水平个体差异并不大，一般情况下不足以让母语使用者感觉到这些因素对交际效果造成的影响。在现代社会，我们每天都要接触大量的来自母语的语言信息，但我们不会去探讨自身各个方面的语言能力是否满足解读这些信息的需求，但是对于外语学习者来说则不然，他们很可能会在交际过程中时刻关注着自己外语能力表现，从而明显感觉到在语音、词汇、语用等某些方面的不足。语言

不仅仅是用于交流的工具，还承载着一个社会的文化，交际语言的创造和解读势必需要相关文化背景知识的支撑。因此，对于外语学习者来说，掌握能够被明确表述的语言知识本身只能是外语学习中的一个方面，还需要学习目的语所蕴含的文化，否则极有可能造成交际的失败。举一个典型的例子，在得到赞美和表扬之词时，英语母语者通常会直率地回答“Thank you!”，而不熟悉英语语言文化的中国学习者出于讲究谦虚的传统美德可能会回答“Not at all!”，这样会被认为在否定对方的观点或虚伪，从而造成误会和尴尬。

语言是人类描述世界的工具，是外部世界在人的思维中的存在方式，是主观和客观的统一。语言是一个庞大的、高度复杂的系统，人类一直在使用语言却从来无法完全揭开语言的神秘面纱。语言不仅仅是简单的物理形式的文字符号和语音符号，也是一种约定俗成的规则，还是特定社会的成员所共有的人生观、世界观、价值观的体现。在学科内部对语言知识进行的各种分类都是基于一定的语言教学理念，从促进语言学习的角度进行的合理操作，具有一定的时代性和应用背景，因而并没有真正意义上的优劣之分。上述语言知识分类涉及很多方面，但有些方面并不能依靠使用学习资源的方式去解决，比如策略能力中的自主学习能力，这已经超出了语言能力本身；跨文化交际能力是一个内涵非常丰富的概念，与其他知识不是完全平行的关系，往往无法单独剥离出来。知识可视化外语学习资源的设计和制作是一个操作性非常强的过程，因此用于该过程的外语知识分类也应具有较强的操作性，应着眼于利用学习资源进行在线学习能够得到提高的那些知识内容。基于此，研究提出面向知识可视化的外语知识分类（表 3.4），这些类型的知识都是外语教学中的重点内容，属于语言本体知识，能够通过数字化学习资源的方式进行表征和传播。

表 3.4 面向知识可视化的外语知识分类

知识类别	组成要素	解释
语言基础知识	词汇知识	所有的（或特定范围的）词和固定短语的总和，是形成有意义的句子和段落的基本原料
	语法知识	包括词法和句法两个部分，词法主要是指词的构成、变化和分类规律，句法主要是指短语和句子等语法单位的构成和变化规则
	语音知识	语言符号系统的发音规则，主要指语音语调
语用知识	语篇知识	有关行文结构和一般技巧的知识
	功能知识	特定表达在具体交际情境中的功能作用
	策略知识	克服语言能力不足使交际顺利进行的知识
社会文化知识	语体知识	人们在特定社会活动领域使用语言进行交际所形成的常用词汇、句式、修辞等一系列语言运用特点
	风俗礼仪	目的语文化所特有的习俗和礼仪规则等知识

3.1.3 外语知识多维分类

对于知识可视化外语学习资源的设计和制作而言，单一地从语言内部进行知识分类并不能很好地提供参考，因为单一的分类特征不足以确定最佳的视觉表征。学科内部的外语知识类型相对比较稳定，将不同类型的外语知识归类到其他知识分类框架下是可能的，可以确定某一类型外语知识在其他分类框架下的特征，从而更加精确地确定知识的特征。外语知识可以从知识表达和知识掌握两个维度进行多维分类，即从显性知识/隐性知识和陈述性知识/程序性知识的维度去考虑。

1. 显性/隐性外语知识

显性语言知识是关于语言的组成及该语言在人类社会生活中所起作用的知识，是用于语言控制性处理的知识，也就是说，显性语言知识是关于语言及其运用的有意识的知识，涉及元语言意识，即把语言当成思维对象的能力。外语显性知识是有关该语言语音、词汇和语法的陈述性知识，它是有意识的、可学习的、可用语言表达的，通常在外语学习者运用语言遇到困难时通过控制加工来提取。学习者的外语显性知识在广度和深度上存在差异。[137]通过显性知识学习，学习者学得的是语言知识本身，而不是如何运用语言知识来进行交际，学得的显性外语知识并不能保证学习者能自动地、正确地使用语言，这也是“哑巴英语”出现的原因，即能在语言知识的考试中获得高分，却无法顺利地进行语言交际。与显性外语知识相反，隐性知识却是缄默知识，是学习者潜意识所掌握的知识，是关于语言自动化使用的程序性知识，如母语的程式化知识或现成知识组块以及基于规则的知识，因此语用知识主要为隐性知识。[138]实现显性语言知识向隐性语言知识的转化是外语学习的最终目标，而在语言输出过程中有意识地使用显性知识能促进隐性语言知识的构建。有研究表明，在外语学习环境下，大部分的隐性知识由显性知识转化而成。[139] Norris 和 Ortega 通过对相关文献进行综合分析，发现课堂上使用显性语言知识教学优于采用隐性知识教学的方式，但这个优势主要在于显性知识的获取。[140]成人学习外语不能仅仅依靠儿童习得语言的隐性学习机制，语言的某些方面无法通过无意识习得，或者需要相当长的时间才能获得，因此显性学习是外语能力发展的必要补充。[141]陈亚平和曹荣平提出了融合显性学习与隐性学习的“显性语言知识→隐性语言知识”的知识建构模式（图 3. 2）。[142]

2. 陈述性/程序性外语知识

外语知识分类也可以从陈述性知识和程序性知识的角度进行考量。从心理学理论来看，外语知识的认知过程实际上也是一个信息加工过程，这个过程包括“知晓”与“运用”两个方面，前者的对象为陈述性知识，后者的对象为程序性知识。根据陈述性知识的主要特征，即个人能有意识地利用提取线索，直接加以回忆和陈述，可以得出语言基础知识与社会文化知识主要为陈述性知识；根据程序性知识的主要特征，即个人不能有意识地利用提取线

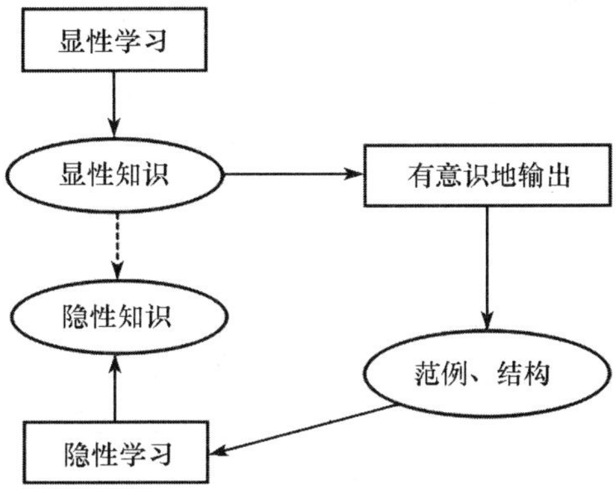

图 3.2　显性语言知识与隐性语言知识的建构过程[142]

索，只能借助某种作用形式间接推论其存在，可以得出语用知识主要为程序性知识。语言基础知识和社会文化知识提供了学习一门语言所需的基本知识和规则。通过学习，学习者在大脑中逐步建立起一套新的语言文化认知结构体系，这些陈述性知识能够随时被提取，成为进一步提高外语认知水平和实际运用能力的必要前提条件。不同语言之间具有同质性和异质性，同质性具有可迁移性，而异质性则无法迁移。对于外语学习者来说，后者显得更为重要，学习者知道并掌握了外语交际的基本准则，就能有意识地选择恰当的语言形式来表达自己的思想与情感，促使交际顺利进行。[143]有研究表明，拥有广博的陈述性知识能促进语言阅读过程中词的解码、词义的提取和语句意义的整合。[144]语用知识强调语言在交际过程中的实际应用，即具备了这些语言基础知识和社会文化知识后如何在特定的社会语境下利用这些知识进行有效的、符合语体特征的交际，是关于“如何做”的知识，属于程序性知识的范畴，体现了外语学习的最终目的。语用知识不是学习者能否利用目的语进行交际的决定性因素，但决定了交际能否达到预期的效果。比如，语篇知识的缺乏会让行文晦涩，能懂却难懂；功能知识的缺乏会让交际不够得体，产生误会和尴尬；策略知识的缺乏会让产出语言缺少说服力，降低交际的效率和效果。

3. 外语知识的多维分类

结合显性知识/隐性知识、陈述性知识/程序性知识的分类方式以及学科内部外语知识的分类方式，可以更加清楚地了解各类外语知识的特征，从而在知识可视化外语学习资源开发过程中采取更为有效的策略。面向知识可视化的外语知识多维分类如表 3.5 所示。

表 3.5　面向知识可视化的外语知识多维分类

知识类别	组成要素	显性/隐性	陈述性/程序性	示例
语言基础知识	词汇知识	显性	陈述性	单词 animation 的意义
	语法知识	显性	陈述性	一般过去时的用法
	语音知识	显性	陈述性	音标及连读
语用知识	语篇知识	隐性	程序性	表示意义递进关系连接词的使用
	功能知识	隐性	程序性	使用恰当的表达礼貌地拒绝他人的邀请
	策略知识	隐性	程序性	使用替代策略表达复杂语句
社会文化知识	语体知识	显性	陈述性	学术论文写作的措辞
	风俗礼仪	显性	陈述性	婚礼习俗、禁忌

因为外语知识的复杂性，边界绝对清晰的分类方式并不存在。外语学习的目的在于应用，所有的词汇、语法规则等显性知识在知识掌握层面属于陈述性知识，但这些知识的学习都是为了在目的语交际中能够提取使用，这在知识掌握层面又属于程序性知识。外语学习者的最终目的是习得一门语言，即能够在各种交际情境中自动提取陈述性知识，这一能力具有明显的隐性知识特征，学习者无法通过简单的学习直接获得。因此，对于外语知识而言，显性知识和隐性知识特征、陈述性知识和程序性知识特征并不是完全对立的，彼此之间存在着不可分割的联系，更像是以图谱的形式存在（图 3.3）。越往

右，显性知识特征越强，反之则隐性知识特征越强；越往上，陈述性知识特征越强，反之则程序性知识特征越强。

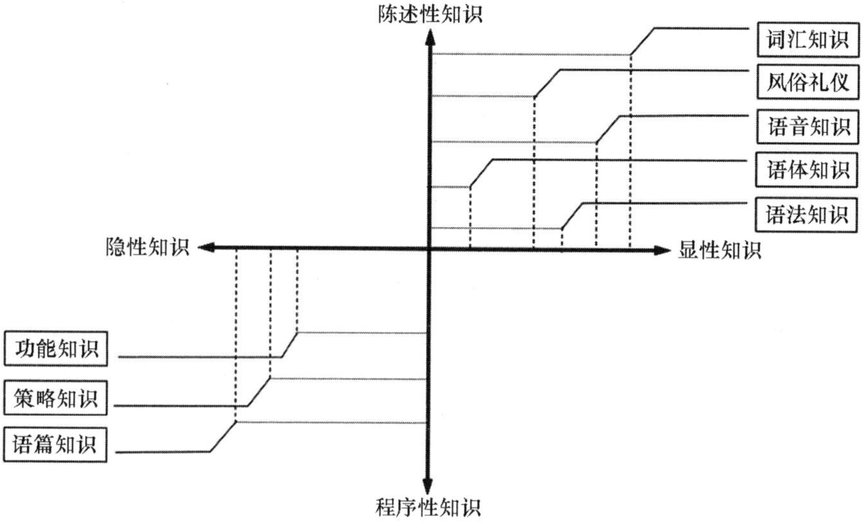

图 3.3　外语知识的显性/隐性及陈述性/程序性特征

3.2　外语知识可视化视觉表征

3.2.1　视觉表征类型

视觉表征在本质上是图像符号，主要是运用图元素对被表征的对象进行相对形象的描绘；视觉表征形式在外在结构上与被表征对象具有一定程度的相似性或相关性，或者内在结构上与被表征对象具有逻辑关系。[145] 知识可视化视觉表征，就是借助于媒介工具将知识的意义及其组织封装于视觉制品之中，并通过恰当的阐释形成意义生产，因此，表征也是一种意义创造，其途径是用视觉媒体进行意义的编码与交流。[146] 对于具体的表现内容而言，视觉表征的选择具有一定的规律可循。视觉表征类型多样，是一个范畴很广的概念，但就目前而言，学者们对于视觉表征的类型和范畴并没有形成统一的观点。Eppler 和 Burkard 将知识可视化视觉表征概括为六种类型：（1）启发式草图，在群组间创造新的见解；（2）概念图表，展示信息结构，解释关系；（3）视觉隐喻，映射抽象数据使其易于理解；（4）知识动画，使知识动态化、交互化；（5）知识地图，将专业知识结构化并提供导航；（6）科学图表，可视化知识域并展示知识结构。[18] Eppler 和 Burkard 对以上六种视觉表征类型的特征进行了解释说明（表 3.6）。

表 3.6　六种常见视觉表征类型

视觉表征名称	特征
启发式草图	表征主要观点，支持推理和辩解，允许观看者融入自己的见解，适用于不稳定的知识
概念图表	帮助探索不同部分之间的结构化关系，能够降低复杂度、放大认知、解释偶然关系，适用于高度结构化和系统化的分析性知识
视觉隐喻	兼具启发式草图和概念图表的特征，利用图像隐喻的内涵来呈现、传递信息和知识，适用于程序性的、强调应用的知识
知识动画	利用动态的交互式动画来呈现程序性知识
知识地图	并不直接表征知识，通过约定的地图来指向知识
科学图表	展示科学知识内容，比如出版物之间的关系及相互影响

Jonassen 等认为知识可视化视觉表征主要有：概念图、思维导图、认知地图、语义网络、思维地图等。[147] 邱杨和高荣国认为，除了图表、概念图、流程图等视觉表征形式，一幅摄影作品、一段视频或计算机动画也都可以看作视觉表征，它们同样以图解的形式传递着知识、态度、情感和价值观，可以根据实际需要有选择地使用，也可以将多种方式结合起来使用。[148] 可以看出，视觉表征的概念有着狭义和广义之分。在狭义层面，视觉表征是为表现某种观点和概念而特别制作的视觉符号，其视觉元素是根据需要而进行特定排列的，如 Eppler 和 Burkard 提出的六种视觉表征类型；在广义层面，视觉表征除

了特别制作的视觉符号，还包括在特定需求下被用来表现观点和概念的视觉素材，如邱杨和高荣国所提及的摄影作品、视频等。随着信息技术和媒体技术的发展，视觉表征的形式也越来越丰富，交互式视频、虚拟现实作品等都可以作为视觉表征的一种形式。

3.2.2　外语知识视觉表征类型

视觉表征类型很多，但对于具体学科来说，并不是所有的类型都适用。外语知识包罗万象，除了基本的可以进行详细描述的语言基础知识和社会文化知识，还包括许多无法直接描述的技能性和策略性知识，因此外语知识相对于数学、物理等学科知识而言，其知识的体系性相对较弱，尤其是在高阶英语学习阶段，很难明确需要补充的具体知识内容。同时，外语知识的学习具有区别于其他学科的特点，各类知识相互支持，特别强调交际情境的创设，体现了记忆、理解和运用的一体化，因此，外语知识可视化常用的视觉表征必然会同其他学科知识有所差异。对于语言知识的视觉表征，严晓蓉和何高大认为可以分为文字、图形、图片和视像四类（图 3.4）。[58] 不同语言知识视觉表征具有不同的应用特点：（1）文字类表征能够最为直接和准确地将概念和观点表达出来，但文字表征的方式比较呆板，有时对形象性概念的描述需要耗费大量的文字，对学习者的阅读能力要求也较高，解读效率较低；（2）图形类表征能够将概念和观点结构化，从而更加清晰地展示知识脉络，帮助学习者提升逻辑思维能力，提高认知效率；（3）图片类表征能够对知识进行形象化、生动化的表现，从而提高学习者的探索兴趣和联想能力，加深记忆；（4）视像类表征能够创造合适的知识应用场景，同时也兼具图片类表征的一些优点，能够对程序性、技能性的知识进行描述。视像类视觉表征也经常是前面几类视觉表征的综合体。

值得注意的是，外语知识可视化视觉表征是与计算机技术和媒体技术发展紧密相关的，充分、合理地利用新技术的优势为语言学习服务是外语学习

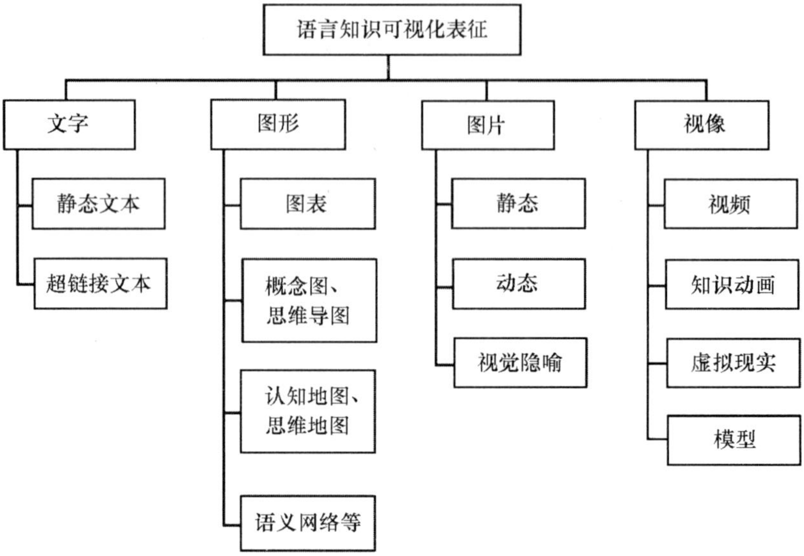

图 3.4　语言知识可视化表征分类[58]

资源开发的关键职能之一。在当前技术背景下，强调交互功能或许是视觉表征最为显著的新特征。语言的社会交互性决定了外语学习资源必然需要使用交互技术，提高资源的情境性和友好性。“交互”是 20 世纪 80 年代以来二语习得和教学领域的核心概念，语言交互观强调语步、以言行事以及其中的交互机制，语言观的演变轨迹为“交互阅读模式→人际交互观→语境交互观”。[149]交互阅读强调了读者与阅读内容之间的交互，是处于当前认知状态的读者与读到的新内容、新观点之间的交互；人际交互观认为交互指的是在语言使用过程中注意力指向发出或接收的真实信息，交互可以增加学习者的语言存储量，并通过语篇意义与大脑中原有的图式相互作用而提高语言水平；语境交互观认为，“语言形式的使用可以激活情景语境知识，情景语境知识也可反过来激活语言形式的使用……若无互动便无语境效果……语言使用离不开语境实为离不开互动。可以说互动是语言使用最本质的特征”。[150]

具有强交互功能的视觉表征正逐步成为外语知识可视化的重要选择。虚拟现实技术已经开始应用于创造交互式外语学习环境，在这一环境中，学习者能够更加真实地与周边环境进行思维层面的交互，并最终以语言的形式进行输出。虚拟现实技术构建的语言学习环境可以使语言知识的呈现情境化、立体化、动态化、交互化，学习者能够运用语言直接参与互动交流，并体验目的语的社会文化生活，在完成社会交际任务的过程中提高语言实际运用能力。[151]2003年美国林登实验室开发的大型网络虚拟世界Second Life常被用于开发语言类教学项目。有研究人员通过教学实验发现Second Life对英语学习具有显著的积极影响，能够提高外语学习兴趣，提供良好的激励、互动和成功体验，因而可以作为有效的语言学习平台。[152]还有研究人员利用Second Life进行口语教学实验，结果表明，虚拟环境中的多维输入和及时输出可以促使学习者保持积极的学习态度，增强口语交流的自信心，降低焦虑感。[153]交互式视频也是外语知识可视化的重要视觉表征新形式，同样可以创造接近现实的桌面学习环境，比如设计特定的交际场景，根据学习者在不同节点的不同决策推进交际过程。通过交互式视频，学习者能够根据自身实际尝试不同的路径进行学习，视频根据学习者的选择呈现不同的学习内容或任务。交互式视频能够让学习者产生较强的参与感，从而沉浸在语境之中，将注意力集中于语言信息输入，集成文本输入、语音输入、语音识别等功能后，交互式视频还能够激发学习者的语言输出动力。外语交互式视觉表征的出现和逐步流行是外语教学理念与教育技术相融合的必然产物，随着技术门槛和开发成本的降低，必然会成为外语多媒体学习资源的主流形式之一。

本研究对知识可视化视觉表征的现状和趋势进行了分析和综合，并结合外语知识的学习特点，将可用于外语知识可视化的视觉表征进行了归类和解读（表3.7）。研究基于视觉表征的媒体形式和手段，以及对知识的表征特性进行整理和分类，能够将当前各种外语知识视觉表征方式的脉络梳理清晰，操作性较强。

表 3.7　外语知识可视化视觉表征

表征类型	释义	优缺点
常规文本	使用目的语文字直接描述知识，包括普通文本与超链接文本，其中超链接文本能够在知识相关的页面之间进行导航，适用于表征显性知识和陈述性知识	这类视觉表征的优点在于能够比较直接、详细、全面地对某一外语知识进行描述，一目了然、信息量大；缺点在于知识呈现方式单调乏味，缺乏吸引力，描述不够直观，对学习者的理解能力和抽象思维能力要求较高
图形图表	利用点、线、面和各种形状等视觉元素的组合并配合文字对知识进行表征，概念图、思维导图、知识地图等都属于此类，适用于表征显性知识和陈述性知识，也有助于表征程序性知识	这类视觉表征的优点在于能够清楚地展示概念之间、知识点之间的关系，也能够帮助理清思维的脉络；缺点在于可呈现的外语知识范围较为受限，适用于较为基础的语言知识，对于重视交际和应用语境以及目的语文化的外语知识来说应用面较窄
静态图像	使用照片、绘制图像等配合文字来表征知识，启发式草图、视觉隐喻等都属于此类，适用于表征显性知识和陈述性知识	这类视觉表征的优点在于能够在一定程度上创造语境和场景，使原本抽象的文字描述变得更加直观和有趣，从而引发学习者对文本内容产生更加深入的思考；缺点在于只能创造简单的语境和场景，对复杂概念（如交际策略、社会文化）的表现力不足
摄制视频	通过摄制视频对外语知识进行表征，包括课堂实录、角色扮演、纪录片等形式，适用于表征隐性知识和程序性知识	这类视觉表征的优点在于能够讲解较为复杂的外语知识，能够再现语言交际的真实场景，提供丰富的语境，能够很好地展现目的语人文、历史、地理等文化元素，让学习者产生身临其境的感觉，学习体验更加深刻；缺点在于对于知识点细节的讲解不够，给学习者思考的时间不足，要求较高，制作成本偏高

续表

表征类型	释义	优缺点
动画视频	利用 Flash 等计算机动画技术制作视频表征知识，包括知识动画、情景演示、交互式游戏、交互式视频等，适用于表征隐性知识和程序性知识，同样适用于表征显性知识和陈述性知识	这类视觉表征能够灵活地表达外语知识，可以有效融合上述多种视觉表征的优点于一体，既能够营造语言交际场景，又能够对知识细节进行有利于学习者的处理，新颖的、充满想象力的画面设计还能吸引学习者的注意，激发学习兴趣，此外，交互技术的使用可以增强学习者的自主性和投入度；缺点在于对制作者的要求较高，需要教学人员与技术人员的精细合作，并且制作成本较高
虚拟现实	利用虚拟现实技术制作语言交际的虚拟场景和物品来表征外语知识，一般应具有交互的功能，适用于表征隐性知识和程序性知识，同样适用于表征显性知识和陈述性知识	这类视觉表征相较于其他表征方式更能营造语言习得的真实情境，让学习者产生置身于语境的感觉，社会交互感觉更加真实，视觉信息的三维再现方式能够让学习者更好地感知目的语文化；缺点在于不适用于对语言细节知识的讲解，对技术人员的要求较高且制作成本高昂

需要注意的是，适用于显性知识和陈述性知识的视觉表征并不意味着不适用于隐性知识和程序性知识，反之亦然。事实上，不同类型知识的视觉表征并没有本质上的区别，都是通过视觉符号去描述知识的内在含义。因此，任何一种视觉表征既能够用于描述显性知识/陈述性知识，也能够用于挖掘隐性知识/程序性知识，不同之处在于前者的结构和意义较容易把握和展示，而后者却难以言说和直接展示。不管采用何种类型的视觉表征手段，隐性知识的表征相较于显性知识都更为复杂，对具体的视觉呈现设计要求更高。

3.2.3 外语知识视觉表征呈现特点

3.2.3.1 外语知识的表征要素

外语知识具有明显的层次化的特点，不同层次的知识对于表征的要求不同。对外语知识的表征既要注重显性语言基础知识的描述，又要注重隐性语用知识的传递，还要注重目的语的文化知识的展示。根据上文提出的语言知识分类，本研究提出外语知识的五大表征要素，即知识描述、逻辑呈现、情境创设、语用演示和文化展示。

知识描述是指直接对学习内容进行以文字为主的描述，比如使用词汇表呈现词汇知识以及对语法规则的元语言介绍。外语知识最为本质和基础的内容为口头（听觉）和书面（视觉）的文本，经由听觉通道的文本为由音素、音节组成的带有停顿、重音、语调等特征的长短不一的语音流，经由视觉通道的文本为由文字符号组成的词汇、句子、段落和篇章等，一切有关外语知识的学习都离不开这两种文本。外语知识区别于其他非语言学科知识的一个重要特点是没有特定教育目标的目的语文本本身也属于外语知识的范围，而且是外语知识的重要来源。西方现代解释学的主要代表汉斯－格奥尔格·伽达默尔（Hans-Georg Gadamer）认为，语言与世界是完全、绝对等同的两个事物，语言经验世界之外再无任何隐藏着的“存在”。[154]可见，外语作为一门语言无法离开其描述世界万物的功能而单独存在，外语知识也就成为表达事物的知识。对于外语学习资源而言，不管是呈现何种外语知识，都需要涉及描述世界的语言本体，包括对语言本身的描述。

逻辑呈现是指展示概念、语义之间的逻辑关系，比如语篇各部分之间的语义逻辑。外语知识呈现的逻辑表达需求主要体现在两个方面。一方面，语言是人类用以交流思想的工具，不论是以约翰·洛克（John Locke）为代表的经验主义哲学家，还是以勒内·笛卡尔（René Descartes）为代表的唯理论者，都将语言看作表达思想的工具。[155]思想的表达离不开思维逻辑，任何语言在被用来传递思想的时候，都是按照一定的逻辑结构进行的，正是由于语言逻辑性的存在，人们之间的思想交流才会顺畅。另一方面，语言作为一门学科，其学科知识内部的各种概念和规则也存在着很强的逻辑性，比如词汇的分类、构词法和不同时态的使用等，这些知识的掌握同样需要借助逻辑思维将零散的知识点按照更容易提取的方式组织起来。由此可见，外语知识的呈现无论从语言功能的角度还是从学科自身的角度，都需要呈现其中的逻辑结构以帮助学习者理解。

情境创设是指为呈现的语料营造话语发生时的情形、场景和氛围，比如为发生在图书馆的对话构造安静的图书馆环境或为餐厅对话构造有些许嘈杂的就餐环境。建构主义强调了“情境”在学习中的重要作用，认为这是学习发生的必然环境，外语学习同样需要情境的支持。“情境教学法”是外语教学中的重要方法之一，是由我国著名语言学家和外语教育家张士一在引进和反思外语直接教学法基础上提出来的语言教学新理论。[156]他主张外语教学需要强调情境性，即外语教学只有置于一定的情境中才能收到良好的效果，外语学习就是学习对于情境的反应。张士一将情境依照教学内容的性质和特点设定为三等：第一等为“真的英语情境”，第二等为“逼真的英语情境”，第三等为“假想的英语情境”。[157]知识可视化外语学习资源对外语知识的呈现也应充分利用数字媒体的优势，创设真实或接近真实的情境，激发学生的联想思维，促进意义建构。

语用演示是指语言交际过程的再现，比如关于陌生人之间如何开始谈话的演示。外语学习的最终目的在于能够在特定的场合恰当地使用目的语，达到成功交际的目标。语用知识在知识掌握层面属于着重技能的程序性知识，针对这一类知识，观摩和模仿是有效的学习方法。王初明认为，要学好外语，学习者既要激发内生语言表达动力并创造内容，也要通过模仿获取新的语言知识。[158]对于强调交际应用的外语学习来说，向学习者提供语言交际案例是不可或缺的环节，但只提供文本类（听觉、视觉）的交际案例在某种程度上无法很好地调动学习者的表达动力和交际意愿，而缺乏文本之外的诸如肢体语言之类的交际要素也让学习者难以抓住模仿的要点。外语知识可视化实际上为创作良好的语言模仿素材提供了有效的视角，能够通过对事件过程进行生动完整的呈现为学习者提供观摩和模仿的机会和动力，这也是视觉学习对外语学习资源的一个必然要求。

文化展示是指展示目的语的各种文化元素，比如禁忌文化的阐释和历史名胜的呈现。任何一种语言都是在特定的社会历史环境中发展起来的，语言与文化密不可分，每一种语言都具备其独特的风俗礼仪和人文历史等文化特征。语言本身就是一种文化现象，是文化“冰山”的一角，是自成体系的特殊文化；语言又蕴含着丰富的文化特征，是描述和体现文化的一个信息系统。[159]语言是用作交际的工具，而交际本身就是带有文化色彩的行为，受到各种文化因素的影响和制约，这也是在同一语境中不同文化的人可能会做出不同话语反应的原因。当然，文化元素丰富多样，既有抽象的文化（如对于礼节的认知），也具体的文化（如选举制度）。虽然外语学习者不需要也不可能完全掌握目的语文化，但对文化的了解程度确实会影响跨文化交际的效果，学习一门外语有必要对目的语文化有一定程度的了解，以便更加自如地应对各种交际场景。因此，文化展示也是外语学习资源传播知识的一个重要方面，应将抽象文化形象化，具体文化生动化，帮助学习者感知地道的目的语文化氛围，理解交际中的文化元素。

不同类型的外语知识在这五个表征要素维度的需求是不一样的，而不同类型的视觉表征在这五个维度的呈现能力也是存在差异的。通过分析各类视觉表征在各个表征要素维度的呈现特点和不同类型外语知识的表征需求，能够在两者之间建立一种匹配关系。

3.2.3.2 基于表征要素的外语知识视觉表征呈现特点

1. 外语知识视觉表征在五个表征要素维度的呈现能力

研究提出的五大表征要素能够用于判断不同视觉表征对于外语知识的呈

现特点。研究采用专家会议法来确定各类视觉表征在五个表征要素维度的呈现特点。参与会议的为某高校外语教学单位的 9 名经验丰富的教师，其中大学英语教师5 名，英语专业课教师2 名，外语电化教学教师2 名，会议的主要任务是明确视觉表征在五个表征要素维度上的相对呈现能力。在会前提前将相关内容发给与会人员阅读，包括研究提出的六类视觉表征以及五个表征要素。会议在该高校外语训练中心的研讨室召开，共持续约 90 分钟，包括议题介绍、专家发言、讨论磋商、形成决议等环节，最后会议通过打分表决的方式确定各类视觉表征在各个表征要素维度的呈现能力，打分表见附录 1，数据结果如表 3. 8 所示，括号内的数字代表该类视觉表征在相应维度下的呈现能力得分排名。

表 3. 8　专家表决得分排名

表征类型	表征要素				
	知识描述	逻辑呈现	情境创设	语用演示	文化展示
常规文本	4. 44（1）	4. 11（2）	2. 89（6）	3. 11（5）	3. 00（6）
图形图表	4. 22（2）	4. 56（1）	3. 00（5）	2. 78（6）	3. 33（5）
静态图像	3. 22（6）	3. 22（5）	3. 67（4）	3. 33（4）	3. 78（4）
摄制视频	3. 89（4）	3. 56（4）	4. 00（3）	4. 56（1）	4. 00（3）
动画视频	4. 00（3）	3. 89（3）	4. 11（2）	4. 22（2）	4. 33（1）
虚拟现实	3. 44（5）	2. 89（6）	4. 22（1）	3. 89（3）	4. 11（2）

从表中可以看出，各类视觉表征在五个表征要素维度的呈现能力是不一样的，而每一个维度所适用的视觉表征也是不一样的。为了更加直观地进行描述，研究采用雷达图来表示外语知识可视化视觉表征的呈现特点（图 3. 5 ~ 图 3. 10）。

从图 3. 5 中可以看出，常规文本视觉表征在知识描述维度的得分最高并且排名第一，在逻辑呈现维度的得分也较高，说明该视觉表征比较适用于强调这两个维度的外语知识。但在情境创设、语用演示和文化展示等维度的得分和排名都较低，说明常规文本不太适合强调这三个维度的外语知识，尤其不适用于情境创设和文化展示。

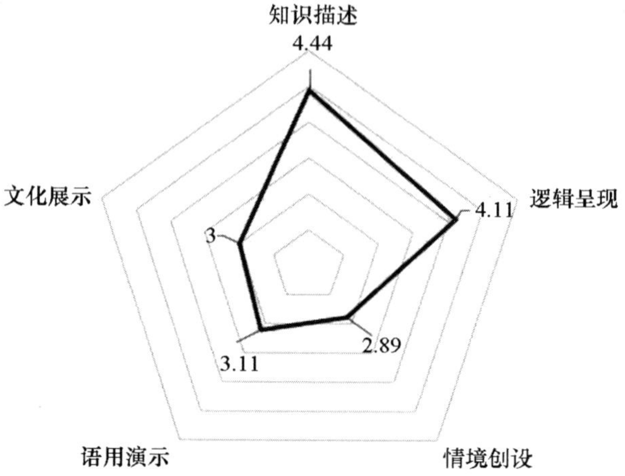

图 3.5　常规文本视觉表征呈现特点

从图 3.6 中可以看出，图形图表视觉表征在逻辑呈现维度的得分最高并且排名第一，在知识描述维度的得分也较高，说明该视觉表征比较适用于强调这两个维度的外语知识。但在情境创设、语用演示和文化展示等维度的得

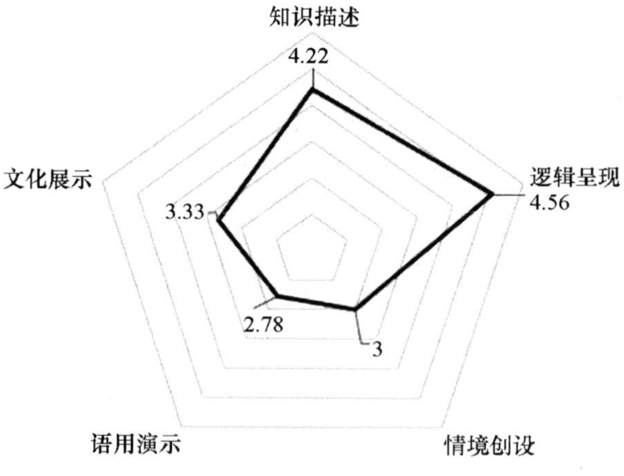

图 3.6　图形图表视觉表征呈现特点

分和排名较低，说明图形图表不太适合强调这三个维度的外语知识，尤其不适用于情境创设和语用演示。

从图 3. 7 中可以看出，静态图像视觉表征在各个维度的得分都比较一般，其中在知识描述和逻辑呈现维度排名较低，在其余三个维度的排名居中，说明该视觉表征能够用于对情境创设、语用演示和文化展示要求不高的知识，但对于强调知识描述和逻辑呈现的知识来说适用性较差。

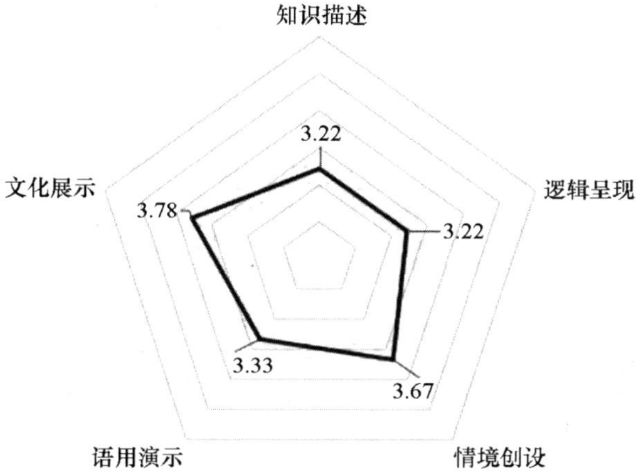

图 3. 7　静态图像视觉表征呈现特点

从图 3. 8 中可以看出，摄制视频视觉表征在各个维度的得分比较均衡，其中在语用演示维度的得分最高并且排名第一，在情境创设和文化展示维度的得分也较高，说明该视觉表征比较适用于强调这三个维度的外语知识。但在知识描述和逻辑呈现维度的得分一般，说明摄制视频在这两个维度的呈现能力一般。

从图 3. 9 中可以看出，动画视频视觉表征是所有视觉表征中得分和排名最为均衡的一个，其中在文化展示维度得分最高并且排名第一，在其余几个维度的得分也较高，说明该视觉表征的通用性较强，但相对来说更适用于强调情境创设、语用演示和文化展示的外语知识。

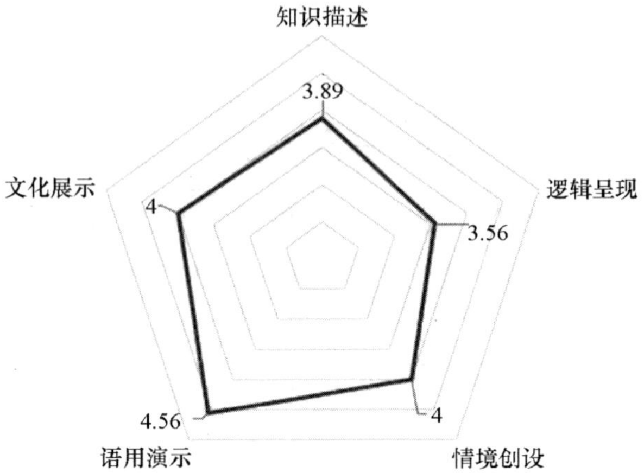

图 3.8　摄制视频视觉表征呈现特点

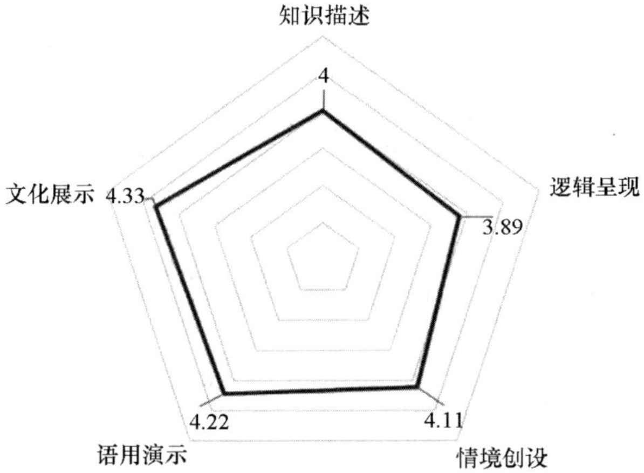

图 3.9　动画视频视觉表征呈现特点

从图 3.10 中可以看出，虚拟现实视觉表征在情境创设维度的得分最高并且排名第一，在文化展示和语用演示维度的得分也较高，说明该视觉表征比较适用于强调这三个维度的外语知识。但在知识描述和逻辑呈现维度的得分和排名较低，说明虚拟现实不太适用于强调这两个维度的外语知识，尤其不适用于强调逻辑呈现的知识。

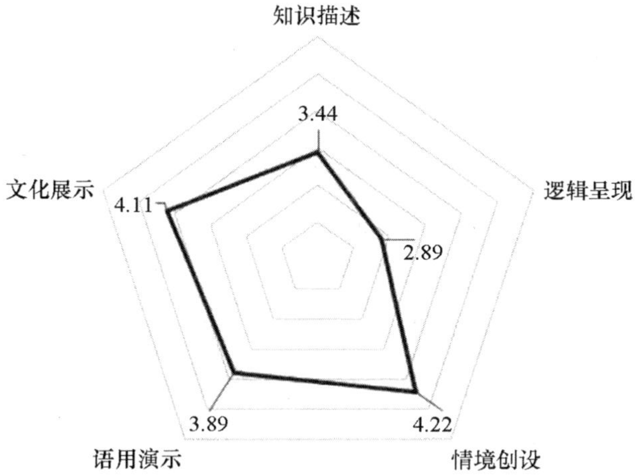

图 3.10　虚拟现实视觉表征呈现特点

2. 外语知识视觉表征的其他特点

除了明确各类视觉表征的呈现特点，会议还就在当前背景下视觉表征在外语学习资源中的使用提出了如下观点：（1）常规文本作为在线外语学习资源所使用的视觉表征类型，其应用方式应同教材中的文本使用方式有本质的不同。以文字描述为主的教材也是学习资源的重要组成部分，但是知识可视化外语学习资源与这类传统学习资源应在顶层设计上有显著的区别，否则无异于将传统教材电子化，并不能在促进知识传播方面产生优势。因此，常规文本作为视觉表征不能以文字的全盘叙述和阅读为目的，而要对文字的组织和呈现进行创新设计，遵循在线外语学习的认知规律。（2）图形图表类视觉表征包含的内容比较丰富，概念图、思维导图、知识地图、鱼骨图、韦恩图等都属于此列，该类视觉表征的使用重在对知识和观点的分析、提炼和归类，将信息的脉络和逻辑结构清晰地呈现给学习者，帮助其梳理思路。同时，由于思维的形成是一个过程，因此图形图表可以采用动态呈现的方式引导学习者逐步建立思维框架，加深理解。（3）静态图像虽然在五个表征要素维度的得分都不高，但是由于该类视觉表征的网络资源丰富，并且编辑或应用都比较方便，性价比高，因此在外语学习资源的制作过程中，应用非常广泛。静态图像非常适用于创设简单的语言情境，对于词汇、短对话等弱语境要求的语言点来说，静态图像能够很好地满足学习需求，并且单一的视觉画面额外消耗的注意力资源很少。此外，静态图像也常与其他类型视觉表征结合使用，在视频类表征尤其是动画视频中，常作为弹出式视觉元素强化对某一语言点的理解。（4）摄制视频和动画视频虽然被定义成两种视觉表征类型，但在当前的媒体技术条件下，两者趋于融合。摄制视频是基于交际教学法的、以真人演示为主的传统外语学习视频，而动画视频以卡通人物、物品为主，表现形式更加灵活多样，在技术门槛、开发成本降低的情况下，后者的应用越来越广泛。但这两者的应用不是相互割裂的，而是能够互为利用，互相弥补不足。在摄制视频中加入动画元素能够提高语言表现力并增加趣味性，在动画视频中集成摄制视频能够加强解说与案例的配合，增强情境的真实性。（5）虚拟现实的概念内涵丰富，种类较多，但并非所有虚拟现实技术都适用于开发外语学习资源，因此需要对该类外语知识可视化视觉表征进行进一步界定。鉴于在线外语学习资源的使用环境，当前比较适用的为单机版的桌面式虚拟现实应用，主要包括两种形式：一种为预设好交际情节的策略类交互式资源，学习者必须使用目的语做出正确的（或者是选择性的）回答才能进入下一个环节；另一种为展示目的语社会场景和文化的交互式资源，以文化感知为主要目的。以上两种资源都利用三维技术增强场景的真实性。尽管虚拟现实具有诸多优势，但就目前而言，考虑到虚拟现实类学习资源制作成本、难度和适用性等问题，并不推荐使用该类视觉表征来大量制作外语学习资源。随着虚拟现实技术的发展，尤其是当其与社交技术紧密融合的时候，将对注重真实交际情境和交际行为的外语学习产生巨大的影响。（6）不同类型的视觉表征并没有绝对意义上的优劣之分，在这五个维度的表征能力也是相对而言的，并不能断言为了凸显某一表征要素而一定要采用特定类型的视觉表征，学习资源的知识呈现效果还取决于其他一些方面，尤其是基于某一视觉表征的具体视觉呈现设计。此外，不管是何种类型的外语知识，其知识内涵都带有复合性的特征，不能仅从单一维度去考虑视觉表征的选择。

3.2.4　视觉表征的解读

3.2.4.1　视觉符号的意义

在符号学的视角下，视觉表征是以视觉符号为中介进行的意义交流。[26]在现代教育技术的视域下，知识可视化视觉表征是指将个体内部抽象化与概念化的个体知识或个体外部物化的社会知识，借助视觉媒体技术以影像化、虚拟化的方式进行再现和表现，是用视觉符号来表征知识的意义及其组织。[146]由此可见，视觉符号是对知识进行视觉表征的决定性因素，也是视觉表征解读的物质基础。朱永海认为视觉符号形式（能指）和意义（所指）具有同等重要的地位，形成了一种双层结构（图 3.11）。[70]

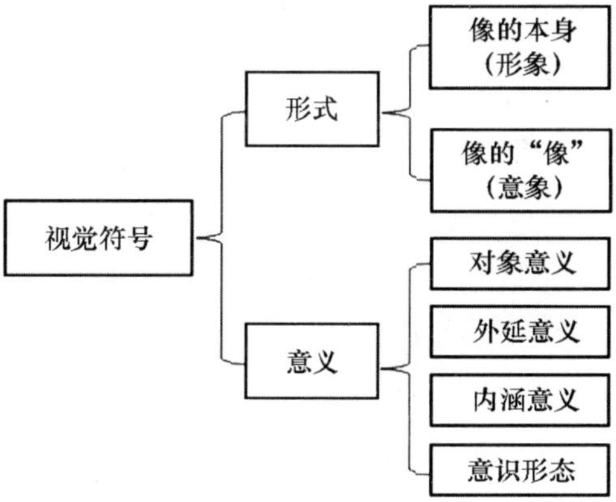

图 3.11　视觉符号的双层结构[70]

从图中可以看出，视觉符号的形式包括形象和意象。从心理学的角度来看，形象就是人们通过视觉、听觉等各种感觉器官在大脑中形成的关于某种事物的整体印象，简言之是知觉，即各种感觉的再现。[160]形象并不等于事物本身，而是人们对事物的感知，其正确性受到人的主观意识和认知过程的影响，因此不同的人对同一事物的感知不会完全相同，而大脑中形成的事物的不同形象会对人的行为产生不同的影响。意象是意思的形象，是客观物象经过认知主体独特的思维活动而创造出来的一种形象，意象的抽象性更强，更能体现人的主观认知在视觉符号解读中的作用。视觉符号的意义包括对象意义、外延意义、内涵意义和意识形态四个层次。其中对象意义为视觉符号构成的图像内容所指代的本身信息，即真实意义；外延意义是视觉符号自身所传达的直接信息；[161] 内涵意义是在固定外延意义的基础上将某个单一的、且一般是意识形态的意指加诸意符之上后形成的意义；[162] 意识形态是视觉符号最深层次的意义，是一个社会所特有的各种意向和信仰的复杂系统，是观念、观点、概念、思想、价值观等要素的总和。我们以美国纽约自由女神像（Statue of Liberty）的图片（图 3. 12）为例来说明视觉符号的解读。

图 3. 12　美国自由女神像①

这一图片的对象意义是“美国纽约的自由女神纪念碑”，这是图片指示的真实物体；外延意义包括“古希腊自由女神的雕塑”“著名的观光景点”“法国为纪念美国独立战争胜利一百周年而建造”等，主要为图片本身信息能够

① 图片来源：https://baike. baidu. com/item/自由女神像。

直接传达的其他客观的、相对稳定的信息；内涵意义为“象征着挣脱暴政的约束和自由”；意识形态方面则宣扬了美国政府和人民对自由、平等、民主和正义的追求。

朱永海认为，视觉符号的双层结构致使能指和所指可以滑动，形成联想、修辞等丰富的意义表达，造成浮动意义，从而使视觉符号具有更强的表现力，[70]库里肖夫效应就是一个很好的例子。苏联电影导演列夫·库里肖夫（Lev Kuleshov）为了弄清楚蒙太奇手法的并列作用，给演员莫兹尤辛拍了一个没有表情的特写镜头，然后这个镜头分别和一口安放死者的棺材、一盆汤和一个躺卧女人的镜头并列剪辑在一起（图 3. 13），观众在观看过程中认为演员演技非常好，分别表现出了悲伤、饥饿和愉悦的感情，由此库里肖夫认为造成电影情绪反应的并不是单个镜头的内容，而是几个画面之间的并列，单个镜头只不过是素材。

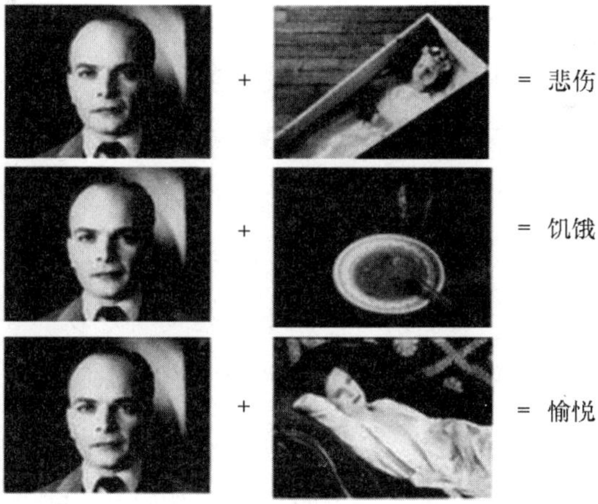

图 3. 13　库里肖夫效应①

视觉符号的双层结构及浮动意义说明了视觉符号的选择和搭配对于视觉表征的意义产生具有很大影响。知识可视化外语学习资源需要通过各类视觉

① 图片来源：https://www.dianyingjie.com/2015/1118/7091.shtml。

表征的应用对外语知识进行呈现，而具体视觉符号（画面视觉元素）的处理会最终影响知识的呈现效果。对于外语学习者而言，由于文化背景的不同，对相同视觉符号的意义解读可能会与目的语母语者存在差异，当涉及的意义层次越高时，产生解读差异甚至误读的可能性就越高。比如“山姆大叔”（Uncle Sam）是美国的五大象征之一，美国人将其视为诚实可靠、吃苦耐劳以及爱国主义精神的代名词，但是在一些国家，这一形象却被与美国霸权主义联系在一起，传达负面形象。因此，在为外语学习资源选择合适的视觉符号表征知识内容时，需要从文化差异的角度出发考虑学习者可能产生的意义解读，避免视觉符号与知识内容的意义冲突，影响正确的解读。

3.2.4.2 观看过程中的意义解读

学习者使用视觉表征的表面过程极为简单，即利用视觉感官对视觉内容进行感知，亦即人们常说的观看。我们每天都会观看各种各样的视觉信息，电视、电影、风景、生活场景等，似乎观看的过程是一个客观的过程，因为我们无法视而不见。但是事实上，观看绝不是完全被动的，这是一个大脑内部非常复杂的信息加工过程。观看也分为许多层次，有表示粗略观看的“瞄”“瞥”“浏览”，也有表示集中精力看的“注视”“凝视”“凝望”，还有表示仔细看的“端详”“察看”“观察”，但不管是何种层次，都涉及人的主观加工过程。俗话说，“情人眼里出西施”“一千个读者眼中有一千个哈姆雷特”，这就说明了个体主观信息加工的差异会带来迥异的解读结果。越是浅层的观看行为，个体间的差异可能越小，比如观看娱乐性的电影，大多数人的观看体验是相似的；越是深层的观看行为，差异则可能越大，比如观看一幅画作，不同经历、不同文化、不同教育水平的人观看的结果可能大相径庭。图 3.14 描绘的是一个生活场景，西方人看了图之后认为他们是在一间屋子内，妇女头上的是窗户，但是来自东非的人看了之后认为他们在一棵树底下，妇女头上的是一个箱子。这一案例说明不同的文化背景会对视觉信息的解读产生重要的影响。

图 3.14　妇女头上的是什么？

对于为学习而设计的视觉表征而言，其使用过程中需要学习者付出主观努力进行解读，但在开发过程中开发人员应对学习者可能进行的解读进行预判，这就要求开发人员对学习者（即观看者）有比较充分的了解。美国学者威廉·米切尔（William Mitchell）认为，“一个表征体系为一个四边形，中间通过两条斜线作为轴线连接起来，一条斜线连接能指和所指，另外一条斜线则把表征的生产者和观看者连接起来。连接能指和所指之间的轴线叫作表征轴，而连接表征生产者和观看者之间的轴线叫作交流轴。”[163]视觉表征同样由生产者、观看者、能指、所指等要素所构成，生产者与观看者之间的知识传播关系体现在能指与所指之间的关系。根据分层传播理论，观看的过程包括视（感觉）、觉（视知觉）、记忆（信息存储）、表象编码（内容加工）和思维形成（意义建构）五个阶段。根据观看的过程，知识可视化视觉表征意义解读的过程为“看见”（即视觉感知，把握视觉表征的形式）、“看懂”（即视觉理解，分析视觉表征的内容）、“看好”（即视觉交流，产生知识传播的效果）（图 3.15），因此，为了促进知识可视化视觉表征的意义解读，需要从学习者观看的角度去考虑设计。[164]

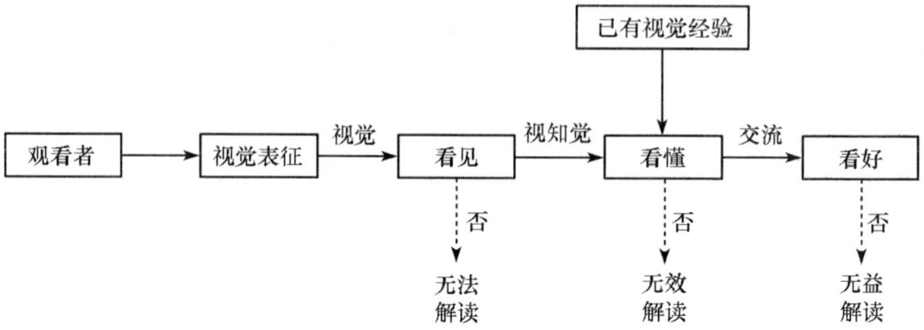

图 3.15　知识可视化视觉表征的意义解读过程[164]

上述知识可视化视觉表征的解读过程同样也暗示着知识可视化外语学习资源本身对于解读过程的影响。图中“已有视觉经验”实际上代表着学习者自身的认知水平和特点，这是决定学习者能否“看懂”可视化内容的关键因素，因此资源开发必须充分考虑学习者的这一特征，遵循最近发展区的原则，过于简单和过于复杂的资源可视化内容都是不可取的。“看好”是知识可视化外语学习资源利用的最终目标，目的是让学习者能够通过思辨努力将已有知识与新知识进行整合，从而形成新的概念、观点、见解等并重构中介语系统。“看好”不仅仅取决于学习者自身的学习水平，还取决于资源在设计层面的科学性和合理性，比如，资源画面在空间处理上能否凸显最关键的信息并传达给学习者，资源画面在进度处理上能否促进学习者的认知过程展开，等等。因此，“看懂”和“看好”分别代表了知识可视化外语学习资源开发的两个重要因素，一是资源所承载的知识内容必须符合学习者的实际认知水平，这是资源是否有效的前提，二是资源的视觉和听觉信息处理应符合学习者的心理和生理特点以及学习认知规律。

3.3　外语知识与视觉表征的匹配

3.3.1　外语知识的适用视觉表征分析

视觉表征与知识的匹配与否影响着知识可视化的效果。针对特定的知识类型，理应有比较优化的视觉表征方法，而使用合适的视觉表征是知识可视化达到预期效果的重要前提。Lengler 和 Eppler 提出了可视化方法周期表，根据可视化复杂度将知识可视化划分为数据可视化、信息可视化、概念可视化、隐喻可视化、策略可视化和复合可视化。[73] 这一周期表对于选择合适的视觉表征具有很好的参考作用，但前提是制作者必须对知识内容的特征有比较好的把握。知识可视化外语学习资源的开发可以制作类似的参照表，通过阐述特定类型外语知识的学习特点与表征要素，分析能较好呈现这类知识的视觉表征，供资源制作团队参考。需要注意的是，一种外语知识可以使用多种视觉表征来呈现，同样，一种视觉表征也可能适用于多种外语知识的呈现，尤其是那些带有较强复合性特征的视觉表征，如动画视频和虚拟现实，但是就目前而言，利用此类视觉表征开发的外语学习资源在成本上要大幅高于其他视觉表征，因此，在视觉表征的选取上，应在资源使用效果与开发成本之间进行平衡。俗话说，“杀鸡焉用牛刀”，在能够使用静态图片来达到学习效果预期目标的情况下，没有必要为了追求形式上的华丽而选择制作费时费力的动画视频；并且，使用过于复杂的视觉表征去表达一个简单的知识点如同大炮打苍蝇，容易使资源的教学目标迷失。尽管如此，没有必要也不可能为某一类知识指定唯一的视觉表征，毕竟视觉表征并不是决定知识表征效果的唯一因素，还与教学方法、学习目标、具体视觉呈现等因素密切相关。

3.3.1.1 词汇知识视觉表征分析

词汇知识对于语言能力发展的重要性毋庸置疑，就像砖块对于房子的作用一样，没有砖块的积累就无法建成任何高楼大厦。英国著名语言学家 Wilkins 曾经说过："没有词汇，人们则无法表达任何东西。"[165]词汇学习主要在于音、形、义三个方面，即学习者需要掌握单词的发音、拼写与意义。一般而言，词汇知识属于陈述性知识和显性知识，因其音形义都能够直接进行描述，也能够直接提取使用。词汇学习是外语学习的一个重点，学习方法也因人而异、各有不同，有人喜欢死记硬背，有人喜欢在语篇中进行学习，但不管是采用何种学习方法，词汇学习的最终效果在很大程度上依赖于记忆。单词的发音源自统一的标准发音体系，掌握这一体系就能从知识理解的层面掌握每个单词的发音，而不需要逐个掌握，因此词汇的发音不是本文讨论的主要对象。词汇的拼写虽然具有一定的技巧，比如利用构词法的知识、词汇联想网络等，但从根本上来说仍然属于记忆的层次，况且很多基本单词的拼写并无什么规律可循。词汇的意义是词汇学习的重点，词汇的音和形只是搭建了由若干个字母组成的骨架，而词汇的意义则是为这个骨架添加了血肉，使其变得生动而灵活。词汇学习是外语教学研究的一个重要方面，有研究者总结出了一些常用的词汇学习方法，比如词表法、图像法、篇章法等。[166]词表法是指单独列出所要学习的词汇列表并提供文字性的解释，让学习者注意音标、词形、词性、词义和搭配，同时提供例句帮助学习者理解词汇的应用，促进词汇的提取。图像法是指在列出目标词汇的基础上配以图片、动画或影像素材，让学习者在注意词形、词性、词义的前提下，进一步激活或丰富大脑中与词汇相关的认知图式，使提取更加迅速。篇章法是一种词汇强化习得的方法，该方法让学习者在进行阅读理解过程中注意目标词，并结合篇章语境加深对词义的理解。除此之外，还有一些提高词汇学习效果的微观记忆策略，如重复策略、联想策略、朗读策略等。从根本上来看，各种词汇学习的策略无非是从四个方面着手：一是帮助学习者注意词汇的音形义，二是促进词汇音形义的记忆，三是加深对词汇意义的理解，四是促进词汇的提取与应用。各种词汇学习策略和技巧的使用归根结底都是服务于这四个方面。值得注意的是，词汇包括多种类型，如名词、形容词、动词等，这些词汇又可以进一步进行分类，如名词还可以分为具体名词（如“house”）和抽象名词（如“desperation”），动词也包括表达具体动作的动词（如“throw”）和表达抽象动作的动词（如“disdain”）。对于不同类型的词汇，在学习策略上理应具有不同的选择优先项。

词汇知识的表征重在知识描述和情境创设，而词汇学习所需创设的情境一般为短时的简单情境，因此推荐以下视觉表征：（1）常规文本。词汇学习的根本在于对描述词汇音形义的陈述性知识的记忆，而常规文本能够清晰完整地对这些内容进行展示，有助于学习者全面、牢固地掌握词汇，打好基本功。在可视化呈现的条件下，常规文本还能够配以词汇的发音，听到的词汇往往比看到的在感觉记忆中停留更久。（2）静态图像。常规文本虽然能够对词汇的意义做出详细的文字描述，但显得枯燥乏味且不够形象。静态图像能够将词汇的意义直观地表现出来，比如为单词“checkout”配上超市收银台的照片。这对于学习那些母语文化和目的语文化存在差异的词汇来说尤为有用，因为缺乏直观的感受和体验，学习者无法真正了解词汇的意义，往往是知其义而不知其物，比如为单词“hippies”配上嬉皮士的图片，能够让中国学习者对母语文化中没有的嬉皮士了解更准确。静态图像同样能够加深学习者对意义的理解，比如配上描写危险场景的图片，学习者能对“dangerous”的意义印象更深刻。（3）动画视频。动画视频的使用能够弥补静态图像对于某些具有抽象意义词汇表现力不足的问题。静态图像往往不能准确表达某些词汇的抽象意义，因为这种意义可能涉及逻辑关系、社会关系、动作关系、心理行为等，需要在一定的动态情境中才能更好地展现出来，比如“critical”“divorce”“blame”“delighted”等词汇，动画视频的使用能够将词汇意义所蕴含的这些关系和行为通过过程性的描述表现出来。用于词汇学习的动画视频一般比较简短，有的甚至只有短短几秒。

3.3.1.2 语法知识视觉表征分析

语法是有关语言使用的一系列系统的语言规则，狭义地讲，语法可以分成两大部分，即词法和句法，词法包括各类词的形态及其变化，句法主要涵盖句子的类型和结构以及遣词造句的规律。语法是保证语言输出正确性的基础，是外语学习过程中一个不可或缺的环节，掌握了语法，就掌握了语言的骨架，也就掌握了语言输出的基本规则。语法就如同计算机编程语言的规则一样，只有遵循这些规则，产出的程序才能被其他计算机所识别与运行。语法教学曾经在外语教学中占据着主导地位，语法翻译教学法将传统语法作为外语学习的基础和主要内容，常见的教学模式为先讲解语法规则和例句，然后在专门的语法练习中运用和巩固。这种方法能够让学习者比较牢固地掌握语法规则，能够胜任阅读分析、笔头翻译等工作，但不能有效提高学习者的外语交流能力，造成了“哑巴英语”的问题，因此传统的语法教学也受到了诸多的诟病。一些语言学家认为专门的语法教学能够帮助学习者获取陈述性知识，但是对于培养在交际中正确使用语法形式的陈述性知识无能为力，这两种知识在大脑中的存在形式是不一样的。[167]当然，语法教学也没有受到完全的否定，只是让人对语法规则的掌握到形成语言能力这一过程存在疑惑。Ellis 认为从形式到功能的掌握是一个相当缓慢的过程，就像掌握任何一种技能一样，需要长时间的操练，而不是仅仅了解几条陈述性的规则而已。[168] Spada 发现，当学习者在交际过程中再次遇到通过正式语法教学而学到的语法规则时，记忆就会加深且驻留时间延长，并且使用这些规则的准确率也明显提高。[169]可见，语法学习除了作为直接了解语法规则的显性学习方式，还可以通过语言交际任务和场景进行内隐式学习。[170]以语篇为基础的语法教学也被认为是学习语法的重要途径之一。除了单个句子，语法结构更多地与语篇结构相连，因此可以向学习者提供丰富的含有语言使用情景的目的语语篇，让学习者通过阅读建立形式与意义的连接。利用语篇学习语法往往需要增强相关文本的突显性，引导学习者注意语言形式。

语法知识的表征重在知识描述、逻辑呈现和语用演示，因此推荐以下视觉表征：（1）常规文本。利用常规文本展示语法知识是传统的语法教学方式，对于夯实学习者的语法基础很有帮助。语法知识涉及很多语言规则，这些规则属于陈述性知识和显性知识，可以通过常规文本进行直接描述，并结合案例说明语法规则的作用。（2）图形图表。语法知识体系性较强，需要学习者从整体上把握。常规文本虽然能够详细地描述语法知识，但长篇累牍的学习容易使学习者抓不住重点、顾此失彼。图形图表类的视觉表征能够将语法知识结构清晰地展示出来，也能够将语法项目的异同点进行罗列对比，比如词形变化的对比、时态的对比、语态的对比，还能够帮助学习者对语法项目进行归纳和总结，比如对句型的归纳总结。图形图表的使用还可以增强语法项的突显性，促进记忆。（3）摄制视频。语法知识学习不能只停留在显性学习方面，即不能满足于了解规则，更重要的是在语言交际中使用规则。对此，学习者需要在一定程度上进入语言交际情境，而观看有关语言交际的摄制视频能够帮助学习者注意到话语中的语法规则，并通过模仿、操练促进语法知识的自动化使用。（4）动画视频。动画视频也能够设计出较为真实的交际场景，虽然现场感不如摄制视频，但是动画视频在画面信息的处理上灵活性更好，能够在呈现语言交际场景的基础上利用画面切换、弹出式信息框等方式对涉及的语法项进行讲解，帮助学习者抓住学习重点。

3.3.1.3　语音知识视觉表征分析

语音位列语言的三要素（语音、语法、词汇）之首，对于掌握一门语言来说是极为重要的。要说好任何一门语言，必须知道几乎 100% 的语音，然而语法只需 50%~90%，词汇只需 10%。[171] 学好语音也对其他方面的外语学习具有帮助，拥有良好的发音能够增强学习信心和学习兴趣，能够提高听力理解能力和词汇记忆效率，能够增强语感和外语交流能力。[172]这里要讨论的不是对音标系统和具体单词音标本身的学习，这些都能够直接通过文字进行描述，对学习者来说并没有太大的难度。讨论的重点在于语音技能的培养，即在了解语音规则的前提下如何正确地发音和辨识语音。语音可以切分为由音素、音节、词、语、句组成的长度各异、强弱快慢相间的音流。音素和音节是语音的基本单位，因而语音教学应从音素、音节入手再到大小音流组织教学和训练。音素和音节好比是语音系统的零件，把这些零件组合成音流从而表达意义是高难度的操作。[173]音素、音节的教学是低层次的显性训练，比较容易掌握，但要真正学好语音还需要将其置于句子和篇章进行训练，如此才能掌握重读、弱读、连读、升调、降调、节奏等高级语音技巧。因此，语音学习同样需要一个基于目的语的交际语境，让学习者感觉、体会、模仿地道的语音。从发音器官来说，语音的根本在于人的唇型、颚部、舌位及气流的变化，仅仅依靠听后模仿有时很难真正掌握发音的技巧，因此可视化的方式逐渐成为语音训练的有效途径之一。可视化语音训练主要分为两种：一种为展现唇型、颚部和舌位运动模型的图片、动画甚至是三维模型，帮助学习者找到正确的发音方式；另一种将学习者的语音波形与标准波形进行对比，帮助学习者对自己的发音进行评估。

语音知识的表征重点在于语用演示，因此推荐以下视觉表征：（1）静态图像。通过常规文本能够描述音标等显性语音知识，但语音知识重在掌握发音技巧，而不仅仅是认识那些语音符号。音素是语音最基本的单位，包括元音和辅音，每个音素对应的唇型、颚部和舌位运动都有所不同，仅仅通过看音标和听声音有时并不能准确地进行练习，而静态图像能够将发音时这些器官所处的位置及气流的走向直观清晰地表示出来，便于学习者进行模仿。（2）动画视频。发音是一个动态的过程，是一种程序性的技能，静态图像只能表现其中某个瞬间的器官位置状态，而动画视频则可以将发音过程完整地呈现出来，并且能够表现更多的细节，发音器官之间的协调运动更加清晰，从而帮助学习者进行深度模仿。（3）摄制视频。语音毕竟存在于人们的语言交际中，脱离交际的语音学习是片面的、不完整的。音素的训练能够为语音质量的提高打下基础，但是做到运用自如还需要从话语中寻找答案。真实的口语交际涉及很多发音技巧，只有向学习者展示母语者地道的交际语言才能让其真正习得这些技巧。摄制视频的表征方式能够还原母语者的交际场景，配合复读、解说等处理手段让学习者注意发音特点并进行操练，使其发音既准确又自然。

3.3.1.4　语篇知识视觉表征分析

语篇是人们工作生活中实际使用的语言单位，是一系列连续的句子或语段所构成的语言整体。语篇知识关注的主要是两个方面：一是语言形式上的衔接，包括词与词之间、句子之间、段落篇章之间的衔接等；二是语义上的连贯，包括语言的切题性、逻辑性、一致性等。对于外语学习者来说，具备良好的语篇知识是用好外语的重要因素。对于经常进行外语阅读和写作的成人学习者来说，语篇知识尤为重要，是增强理解力和表达力的利器。通过语篇学习，学习者可以对语篇宏、微观结构及其交际功能产生更深刻的理解，并将相应知识应用到语言实践中。语篇知识的重点在于行文的原则和方法，既要在形式上符合目的语语言项目的使用习惯，又要在语义上符合目的语文化蕴含的思维习惯。在传统的外语教学中，语篇知识的讲解一般采用文本阅读的方法，学习者需要对全文进行细致的阅读，这样往往会过于关注单词、词组和句子，而没有将文本作为一个整体来看待，对行文结构和意义展开的逻辑把握不足，学习效率较低。语篇体现了语言意义生成的一般过程，语篇的形成存在着一些通用的意义推进策略。张德禄在前人研究的基础上提出了六种语篇连贯的模式：相似性原则、相近性原则、强化原则、冲突原则、密度原则、大小对称原则，并增加了衔接链贯穿全文原则和体裁优先原则。[174]

这类原则的了解和掌握需要学习者系统地对语篇进行分析，理清局部和整体的关系。语篇学习需要了解和分析语篇的主题思想和表达脉络，阐明语篇各部分之间的内在联系和逻辑关系，如递进、对比、并列、转折、因果关系等，也需要了解行文过程中所使用的语言搭配和对意义展开起到关键作用的词汇，如“furthermore”“in contrast”“therefore”“in addition”“nevertheless”等。总之，语篇知识的掌握要求行文技巧和表达逻辑并重。

语篇知识的表征重在知识描述和逻辑呈现，因此推荐以下视觉表征：(1) 常规文本。语篇的原始呈现方式为文本，常规文本视觉表征方式能够将语篇知识学习所需的信息完完整整地呈现给学习者，学习者可以根据自己的进度进行深度的阅读，尽可能全面深入地分析语篇遣词造句的衔接特征以及意义的逻辑结构。然而，常规文本巨大的信息量及其呆板的呈现方式容易让学习者感到无助和乏味，且对学习者阅读能力的要求较高。(2) 图形图表。绘制图形图表是展现事物逻辑结构的有效方法，因而也非常适用于讲究语义逻辑分析的语篇知识学习。一方面，图形图表能够将起到语义衔接作用的词汇、短语和结构进行单独呈现，帮助学习者进行记忆并提高遣词造句的能力；另一方面，图形图表类的视觉表征，如思维导图、概念图等，能够将语篇的语义结构形象直观地描绘出来，帮助学习者快速理解语篇的语义推进方式及其内涵。

3.3.1.5 功能知识/策略知识视觉表征分析

功能知识是有关如何在特定场景中依据语言使用规则进行得体交际的知识。功能知识学习的重点在于了解特定的语言表达在具体交际场景中所具有的功能。外语学习者获取目的语语言功能知识的途径与母语者具有本质上的不同，母语者无须经历有意识的语法知识内化过程就能习得母语，能够在不同语境中得体地使用语言表达进行交际，但外语学习者由于不具备母语者那样的真实自然的语言习得环境，需要先将目的语知识进行内化并转化为语用能力，然后才能将目的语语法和语用两个层面有效连接起来，做到既准确又得体地进行语言交际。[175]语言功能知识最为重要的方面体现在学习者的言语行为能力，即在口头交际中使用恰当的表达实现各种交际目的，包括请求、拒绝、建议、抱怨、恭维、回应、道歉和感谢等。在任何文化中，语言交际都必须遵守一定的语用原则，但对于外语学习者来说，必须考虑到的一个因素就是文化差异。不同文化的社交语用规则有时甚至存在着巨大的差异，给外语学习者带来很大的困难。语用功能知识的学习存在着不同的策略。有学者将语用教学分为显性和隐性两种方式，前者注重元语用信息讲解、记忆和理解，后者提倡通过各种学习活动让学习者自己去发现和掌握规则。[176]显性语用教学能促成学习者短期内更快地掌握相关的语言功能性原则并更准确地使用语言，而隐性语用教学更有助于提升学习者长期的语用意识并促进语言使用自动化。演绎法和归纳法也是常见的语用教学方法。演绎语用教学法指在提供目的语语用信息的基础上让学习者分析案例；归纳语用教学法指提供语料让学习者自己进行分析并发现目的语使用的语用规则。演绎教学的方式对外语语用功能知识具有积极的教学效果，有助于学习者社交语用水平的提高，[177]而当归纳法与语用意识提升和结构输入任务相结合时，与演绎法同样有效。[178]提升语用意识的目的在于帮助学习者意识到如何在特定语境中恰当地使用具体语言形式。

策略知识指的是在外语使用过程中的交际策略知识。有关交际策略的定义有很多，一般归为两类：一类是从交际行为的角度加以界定，认为交际策略是弥补交际中外语学习者语言能力不足的一种手段，比如当会话者无法调用语言结构来表达意义时，会使用其他语言结构来代替；另一类是从心理语言学的角度进行界定，认为交际策略是蕴涵在具体语言行为中的心理现象，是个人在实现特定的交际目的中，遇到困难时采用的潜意识解决方案。[179]交际策略对于外语学习具有积极的意义，能够帮助学习者形成和验证语言假设，促进外语知识的自动化；能够维持交际的进行，帮助学习者获得更多的语言输入；能够增强学习者的自信心，减轻因交际失败而引起的焦虑感。很多学者都对交际策略进行了具体阐释，Corder 根据话语交际意图和交际形式将交际策略分为信息调整和手段扩展两大类：第一类包括话题回避、话题放弃、语义回避、内容缩减，第二类包括转换、借用、创造、转述、副语言策略。[180] 第一类实际上属于一种缩减策略，第二类则属于成就策略。一般认为，交际策略知识是外语知识的重要组成部分，只有学习了交际策略才能在交际遇到困难时利用策略加以解决。教师可以采用显性教学的方式将交际策略传授给学习者，帮助学习者学会在不同的交际场合运用具体交际策略达到交际目的。策略知识与功能知识一样，强调语言在交际中的使用，都是以交际成功为目的，因此两者在很大程度上是相似的。策略知识的教学同样以两种方式为主：一种强调元语言策略的讲解和讨论，另一种强调在语料中进行归纳。

功能知识和策略知识的表征具有很大的相似性，知识的综合性较强，重在知识描述、逻辑呈现、情境创设和语用演示，因此推荐以下视觉表征：(1) 常规文本。语用功能和策略知识的显性学习需要通过文本直接向学习者描述用于各种交际目的的功能性表达和各种情境下的语用策略，为基于交际场景的学习或操练提供必要知识储备；而隐性学习同样需要学习者基于大量的案例文本进行归纳和提炼。(2) 图形图表。语用功能和策略是一个相对成体系的知识域。图形图表能够更加清晰地展示语用功能和策略的分类关系，帮助梳理知识；能够突出显示与某一语用功能和策略相关的语言形式，强化记忆效果；能够将不同效果的语言表达进行对比，提高语用意识。(3) 摄制视频。语用功能和策略知识的隐性学习需要让学习者接触足够量的基于真实语言交际场景的语料，而常规文本在创设情境方面具有先天不足，无法让学习者产生深刻的体验，也无法观察到人的表情、肢体动作等与交际过程密切相关的言外元素，不利于学习者进行模仿练习。利用真人扮演的摄制视频能够高度还原语言交际场景，配合字幕等画面处理方式能让学习者对语用规则和语言表达产生更准确的认识。（4）动画视频。动画视频相较于摄制视频更具表现力和趣味性，通过夸张的场景设计和人物设计能够放大语用效果，吸引学习者增加注意力投入，激发学习者进行模仿的动力。

3.3.1.6　语体知识视觉表征分析

语体是指同一语言品种的使用者在不同场合所典型地使用的该语言品种的变体，是根据不同的活动领域、交际场景和对象而形成的语言结构特点和风格类型。[181]人们在进行口头或书面交际时，都会经意或不经意地注意交际场合，使用符合这一场合的某一类言辞，这就形成了语体的差别。比如正式场合和非正式场合的语言措辞存在一定的区别，在正式场合常使用“inform”和“commence”来分别代替“tell”和“begin”，再如英语学术论文在词汇和语法的使用上较多地使用复杂的名词性短语、非限定性从句和短语、不定式、被动语态等。也有学者把语体称为文体，“文体有广义和狭义之分：狭义的文体指文学文体；广义的文体指包括文学文体在内的各种语言变体。”[182]狭义文体也可指体裁，如记叙文、应用文、散文、诗歌等。语体有多种分类方式，根据使用场合可分为正式语体和非正式语体，前者显得彬彬有礼但可能关系疏远，后者显得亲切热情但可能语言俗气。根据使用领域，可分为法律英语、广告英语、商务英语、旅游英语等。一种语体会呈现该语体特有的表现风格，如新闻语体朴实庄重，科技语体客观准确，广告语体简洁活泼，文学语体抒情达意。母语使用者对于语体的认知比较深刻，能够较为轻松地识别或使用不同的语体，但由于文化差异和语言使用环境的缺失，外语学习者往往很难体会到不同语体的目的语语料在语气、遣词造句等方面的微妙变化，有时虽然掌握了足够多的词汇并且精通语法，但不了解如何在特定的场合恰当得体地使用外语，用词不当、表达生硬的问题时有发生。因此，在教学中融入语体知识很有必要，而学校一般所教的是通用外语，是各种语言变体的核心部分，需要围绕这一核心加上必要的语体知识。语体知识教学需要研究具体语境中语言使用的特点与效果，总结措辞、句型、表达、修辞与叙述等方面的应用规律。[183]但是，语体知识教学并不是将相关知识直接传授给学生，也并不意味着一定要开设语体课程，而是在讲授课文时，在其他语言知识讲解的基础上，帮助学习者了解语篇在词汇、句法、修辞等方面的独特之处。[184]语体知识与语言的应用密切相关，因此在教学中还需要让学习者接触体现各种语体风格的语料，并进行模仿和操练。

语体知识的表征重在知识描述、情境创设和语用演示，因此推荐以下视觉表征：（1）常规文本。语体知识本身就来自对某一类语料的分析和归纳，具有一些可描述的特征，比如科技论文的常用句式、词汇和时态等，使用常规文本可以对这些经过提炼的内容进行清晰的描述。向学习者提供不同语体的文本语料让其主动进行分析归纳也是语体知识学习的有效方式。以书面形式出现的语体一般只能通过文本展现，但是通过配合其他表征方式能够帮助理解。（2）图形图表。语言涉及的领域较多，因此语体的种类也很多，相互之间存在着或多或少的差异。图形图表的使用能够对不同的语体进行对比，加深学习者对语体的认识；同时，图形图表还可以对某一类语体的具体特点进行归纳和呈现，比如将学术英语常用的动词进行分类列举，便于学习者记忆。（3）摄制视频。语体知识是在不同语言使用情境中所应用的知识，以文本呈现的语体知识如果离开了应用就成了“纸上谈兵”，不能真正促进语言应用能力的提高。摄制视频能够将不同语体的使用案例以生动的方式展现给学习者，通过对话人物真实的反应加深其对不同语体使用场景和效果的认识，这对于以口头形式出现的语体尤为重要。（4）动画视频。相较于摄制视频，动画视频虽然在人物和情境表现方面的真实性弱一些，但胜在视觉处理更加灵活，能够抛开客观条件限制，对人物塑造和情境设定进行大胆的想象和创造，从而增强知识表现力，满足学习者的视觉求新心理，提高学习者的学习兴趣。

3.3.1.7　风俗礼仪知识视觉表征分析

语言与文化是密不可分的，都是随着一个社会的长期发展演变而来，语言既是文化的载体又是文化的一个重要组成部分。语言的使用受到所在文化的制约和影响，脱离特定文化氛围的语言是不存在的。从人类学的角度来看，文化具有两种含义：一种是“知识文化”，包括目的语社会的政治、历史、地理、军事、科技、宗教等，这一层面的文化并不会直接影响语言交际，就像母语者也不一定对本民族的正式文化有全面深入的了解一样；另一种是“普通文化”，指目的语社会的风俗习惯、言行规范等，这种文化又称“交际文化”，直接影响人们对语言的理解和语言交际的进程甚至结果。[185]著名语言学家 Lado 曾经说过，“不懂得文化的模式和准则就不可能真正学习语言”。[186]因此，必要的文化知识尤其是交际文化知识对于外语学习者来说是不可或缺的。风俗礼仪知识在交际过程中也扮演着重要的角色，缺乏或忽视目的语的风俗礼仪不仅可能影响交际者的话语得体性，还可能影响交际者的行为得体性。比如，西方人把个人年龄、婚姻、财产、收入、政治倾向、宗教信仰等信息视为个人隐私，很多情况下如果谈话中问到这些话题会让对方感觉非常尴尬；再如，西方人认为“A man’s home is his castle.”（一个人的家就是他的城堡），因此，如果事先没有预约并征得同意却突然造访，房子的主人会感到不快，因为这也是对个人生活隐私的一种侵犯。风俗礼仪等文化知识的教学一方面要重视语言表达层面的文化内涵讲解，比如，与中国文化不同，“dog”（狗）一词在英语中经常带有褒义，如“every dog has his day”（人人都有得意的时候）、“top dog”（优胜者）、“a lucky dog”（幸运儿）等；另一方面也要注重行为层面的文化规约的讲解，比如，西方的餐桌礼仪忌讳大声喧哗和边嚼边说。风俗礼仪知识可以采用显性教学方式，直接将目的语社会的民风民俗和礼仪规则进行描述。在很多情况下，这些知识零散地分布于各种用作其他教学目的的语料中，这时常需要将相关的文化知识点提取出来并结合交际语境单独进行讲解，指出其文化内涵或点明其运用的交际文化规约，帮助学习者在学习语言的同时了解不同民族的文化在语构、语义、语用等方面的差异，并分析不同文化的共性，增强文化包容性和适应性。[187]

风俗礼仪知识的表征重在知识描述、语用演示和文化展示，因此推荐以下视觉表征：（1）常规文本。风俗礼仪知识多为陈述性知识和显性知识，学习者能够通过文本阅读的方式直接获取。专门的风俗礼仪教学通常讲授经过提炼的知识，常规文本能够比较深入清晰地对这些知识进行描述并以超链接的方式将这些知识合理地组织在一起。（2）摄制视频。风俗礼仪属于交际文化的一部分，相关知识的学习目的在于帮助外语学习者成功地进行交际，常规文本能够为学习者了解这些知识做好必要的准备，但很难让学习者产生比较深刻的体验。风俗礼仪知识涉及很多具有当地文化色彩的元素，角色扮演和纪录片类型的摄制视频能够通过人物表演、场景展示等方式给予学习者强烈的视觉冲击和感受，比如配合旁白讲解的餐桌礼仪角色扮演和感恩节游行真实场面的展示。（3）动画视频。配合实景展示讲解风俗礼仪知识能够取得更好的效果，常规文本在这方面劣势明显，而摄制视频虽然真实但在客观条件上却难以一一实现，动画视频能够弥补两者的缺陷，通过使用图片、微视频等各类体现异域文化视觉元素的合理组合，比较全面而生动地传递文化知识。

3.3.2 外语知识可视化视觉表征参照表

上文对每一类外语知识的内涵和学习特点进行了分析，并在此基础上推荐了若干适用的视觉表征，但需要指出的是，由于语言知识相互关联的特性，外语学习资源往往需要在满足主要教学目标的前提下同时呈现其他相关的知识，比如在呈现语用知识的同时一般也需要学习相关的词汇知识，因此，对于知识可视化外语学习资源而言，各类视觉表征的组合使用是更为常见的现象。使用哪一类视觉表征作为首要的知识呈现方式取决于知识点、教学目标等多方面的因素。比如，以词汇识记为目标的外语学习资源可以使用常规文本、静态图像，但不适合使用摄制视频；以篇章结构理解为目标的外语学习资源可以使用常规文本和图形图表，但不适合使用静态图像和摄制视频；以语言表达运用为目标的外语学习资源可以使用摄制视频和动画视频，但不适合使用常规文本和图形图表。此外，资源的性价比同样是需要考虑的因素，这也是体现视觉呈现某种发展趋势的虚拟现实视觉表征并没有得到推荐的原因。虽然虚拟现实在情境创设、文化展示方面具有独特的优势，但就目前而言，开发成本与效益不成正比。一方面，采用虚拟现实视觉表征会大大增加开发成本，且设计和制作难度大，而一般外语教学团队并不具备经费和技术上的实力；另一方面，虚拟现实影像确实能够带来视觉上的新奇感，但在促进语言理解方面不一定比普通影像具有明显优势，容易舍本逐末，造成学习者注重感官上的刺激而非语言内容和思维。虚拟现实目前普遍应用于游戏，游戏化学习固然在某些方面较传统学习方式具有优势，但是并不意味着所有学科和知识类型都适用。外语学习具有丰富的内涵，是语言形式、结构、文化和思维的融合，采用虚拟现实技术的游戏化学习或许对简单的语言教学发挥作用，但随着语言学习的深入，其适用性需要画上问号。

通过对前文论述的整理，本研究制定了外语知识可视化视觉表征参照表（表3.9）。虽然研究为不同类型的外语知识推荐了特定的视觉表征，但在外语学习资源的实际制作过程中并没有绝对意义上的能用或不能用，也没有绝对的好、坏之分，因此，参照表使用五角星的数量来表示推荐程度，从一颗星到五颗星表示推荐程度由弱到强。需要注意的是，视觉表征的选择只是外语学习资源制作前期的一个重要环节，其最终效果还取决于知识内容的具体视觉呈现方式，如果视觉呈现和知识内容配合得当，推荐程度较低的视觉表征同样可以发挥很好的效果，如果配合不当，不遵循二语习得和相关认知规律，即使使用推荐程度最高的视觉表征也无法取得满意的效果。

表 3.9　外语知识可视化视觉表征推荐程度参照表

知识分类	表征类型					
	常规文本	图形图表	静态图像	摄制视频	动画视频	虚拟现实
词汇知识	☆☆☆☆	☆☆☆	☆☆☆☆☆	☆☆☆	☆☆☆☆	☆☆
语法知识	☆☆☆☆	☆☆☆☆☆	☆☆	☆☆☆	☆☆☆	☆
语音知识	☆	☆☆	☆☆☆☆	☆☆☆	☆☆☆☆☆	☆☆
语篇知识	☆☆☆☆	☆☆☆☆☆	☆☆	☆☆	☆☆	☆
功能知识	☆☆☆	☆☆☆	☆	☆☆☆☆☆	☆☆☆☆	☆☆
策略知识	☆☆☆	☆☆☆	☆	☆☆☆☆☆	☆☆☆☆	☆☆
语体知识	☆☆☆☆☆	☆☆☆☆	☆☆	☆☆☆	☆☆☆	☆
风俗礼仪	☆☆☆	☆	☆☆☆	☆☆☆☆	☆☆☆☆☆	☆☆

事实上，上表所示的外语知识与视觉表征的匹配在当前各类外语学习资源中已有应用，但更多的是基于个体经验的因素，没有明确的理论依据，也没有形成可供制作人员参考的经验总结。本研究通过对外语知识的类型和习得特点以及视觉表征的类型和呈现特点进行分析建立了体现两者之间匹配关系的参照表，从而可以为外语学习资源的设计和制作提供理论支持和实践参考。根据外语知识可视化视觉表征推荐程度参照表，研究通过案例收集和制作，为每一类外语知识重点推荐的视觉表征提供参考示例（表 3.10）。

表 3.10　外语知识可视化视觉表征示例

<table>
<tr><th>知识分类</th><th>示例一</th><th>示例二</th><th>示例三</th></tr>
<tr><td>词汇知识</td><td>

静态图像
（案例来自“百词斩”App）</td><td>
动画视频
（案例来自“百词斩”官网）</td><td>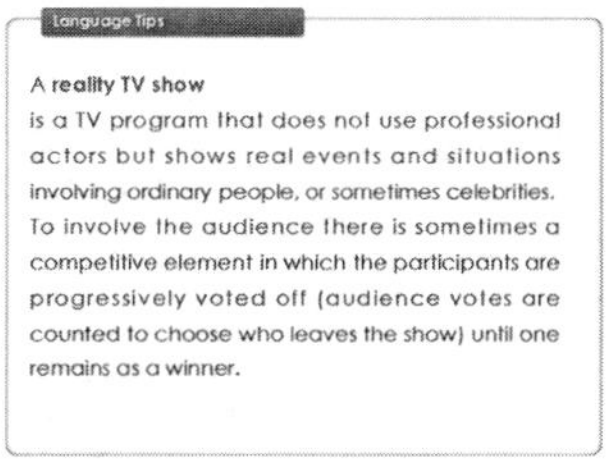

常规文本</td></tr>
<tr><td>语法知识</td><td>

图形图表</td><td>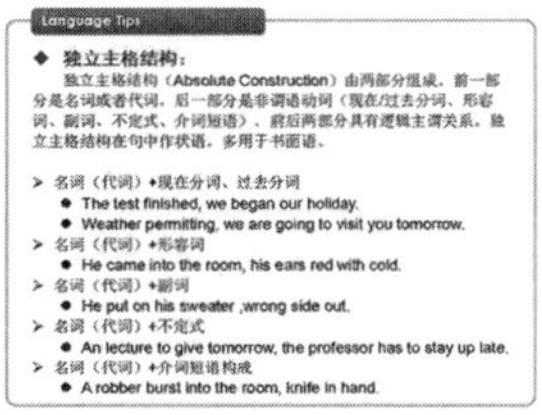

常规文本</td><td>

动画视频
（案例来自“可可英语”网站：www. kekenet. com）</td></tr>
<tr><td>语音知识</td><td>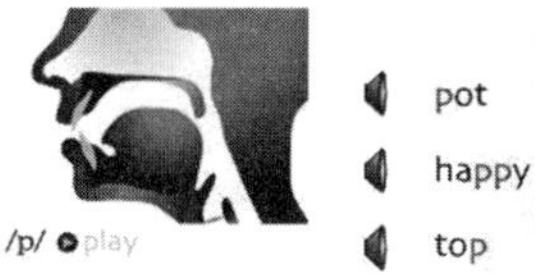

动画视频
（案例来自
“图解学音标 3. 8”）</td><td>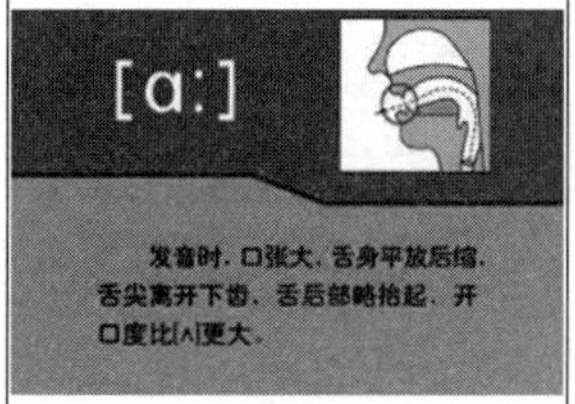

静态图像
（案例来自“巴士英语”网站：http://xiao84. com）</td><td>

摄制视频
（案例来自腾讯视频“每日三分钟英语发音”节目）</td></tr>
</table>

续表

<table>
<tr><th>知识分类</th><th>示例一</th><th>示例二</th><th>示例三</th></tr>
<tr><td>语篇知识</td><td>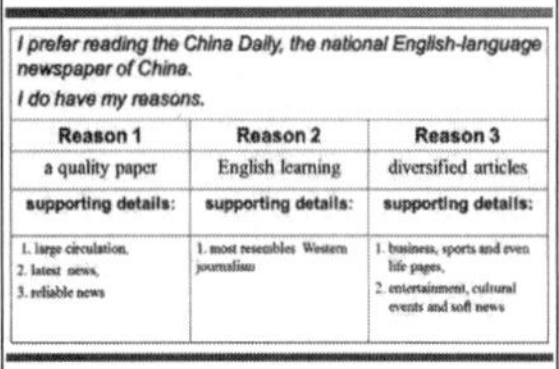

图形图表</td><td>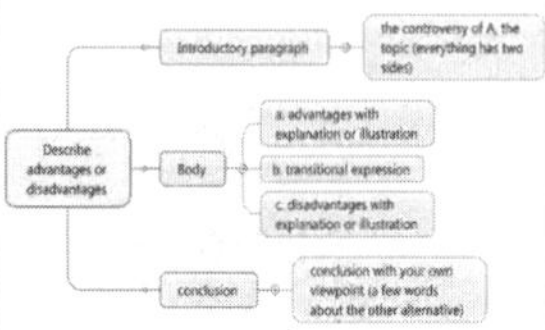

图形图表</td><td>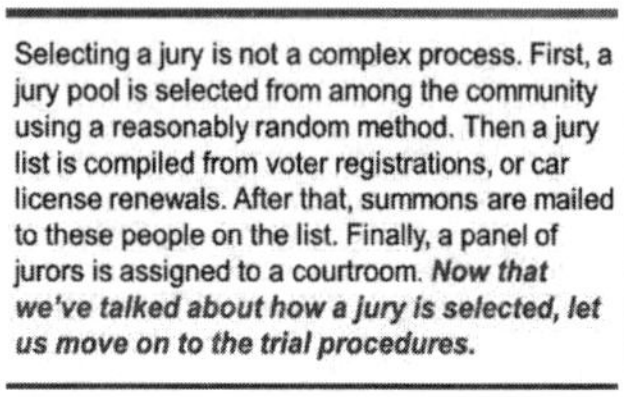

常规文本</td></tr>
<tr><td>功能知识／策略知识</td><td>

摄制视频
（案例来自《新标准大学英语视听说教程 unit 2》）</td><td>

动画视频</td><td>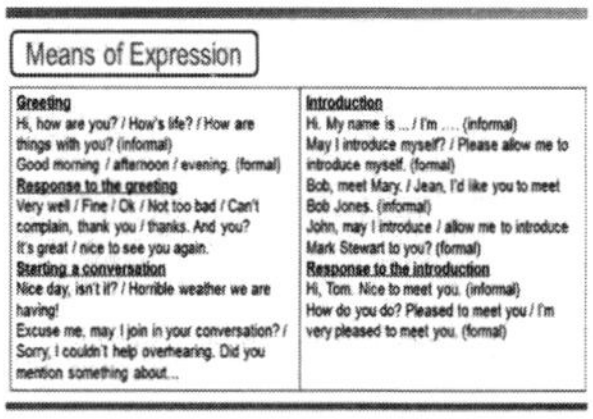

常规文本</td></tr>
<tr><td>语体知识</td><td>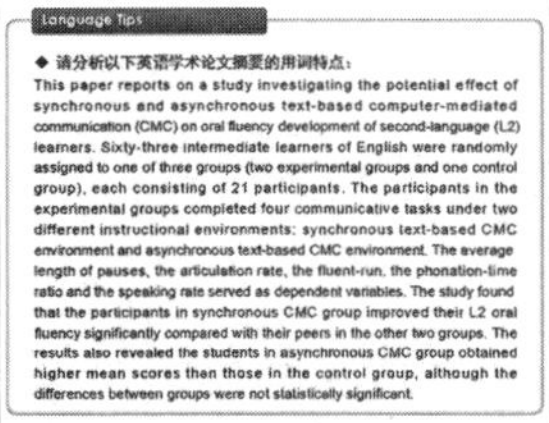

常规文本</td><td>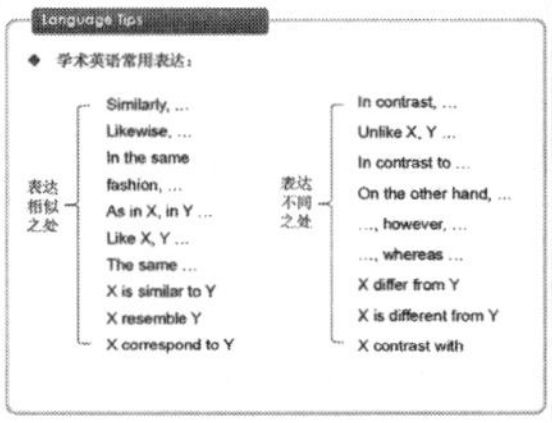

图形图表</td><td>

新闻英语</td></tr>
<tr><td>风俗礼仪</td><td>

动画视频</td><td>

摄制视频
（案例来自《走遍美国》）</td><td>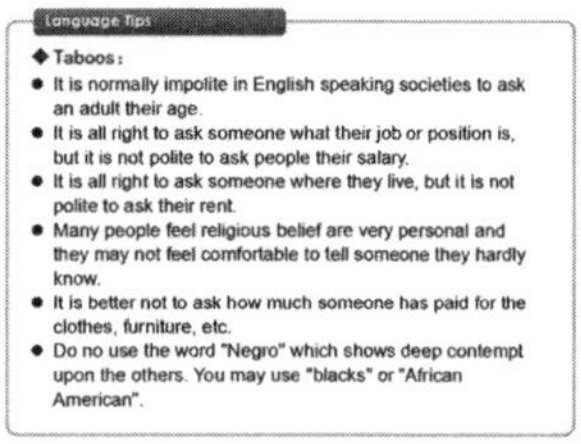

常规文本</td></tr>
</table>

3.4 本章小结

视觉表征是知识可视化的关键要素，而选择何种视觉表征来表达特定的知识与知识的类型密切相关。本章对外语知识的分类、外语知识视觉表征的梳理以及外语知识与视觉表征的匹配进行了深入探讨。首先，研究综合外语学科有关外语能力/知识的分类，将外语知识分为语言基础知识（包括词汇知识、语法知识和语音知识）、语用知识（包括语篇知识、功能知识和策略知识）和社会文化知识（包括语体知识和风俗礼仪知识），然后又从显性知识/隐性知识和陈述性知识/程序性知识两个维度对外语知识进行了进一步的分类，以更加清晰地描述不同类型外语知识的特点。其次，本章通过回顾前人对视觉表征的研究提出了六类适用于外语知识的视觉表征，即常规文本、图形图表、静态图像、摄制视频、动画视频和虚拟现实。在分析外语知识可视化五大表征要素（即知识描述、逻辑呈现、情境创设、语用演示和文化展示）的基础上，研究通过专家会议法确定了六类视觉表征在这五个维度上的呈现能力。最后，研究分析了每一类外语知识的习得特点以及相应的表征要素，并据此向每一类外语知识推荐适用的视觉表征，制定了外语知识可视化视觉表征参照表。

第4章　外语学习资源视觉呈现设计策略

选择恰当的视觉表征是知识可视化外语学习资源设计和制作的初期工作，但这并不意味着资源成品就此能够符合学习者的需求，能够达到预期的学习效果。视觉表征选择决定的是资源的外部表现形式，是方法性的、宏观性的，但从知识可视化的内涵而言，外语学习资源对于学习的作用从根本上来说还是取决于被表征知识的微观视觉呈现效果。学习资源的视觉呈现设计应有相关的理论依据，而不能只依赖主观经验。二语习得理论揭示了外语学习的一些基本规律，对知识可视化外语学习资源的设计和制作具有重要的指导意义，同时，学习者的认知心理规律和现代学习方式的诉求同样具有参考意义。因此，知识可视化外语学习资源的视觉呈现设计策略需要从多个维度进行分析和探讨。本章所使用的表达“外语学习资源”特指“知识可视化外语学习资源”。

4.1　二语习得视角下的外语学习资源设计

二语习得理论对于外语教学的方方面面都具有指导作用，从二语习得的角度来考量知识可视化外语学习资源是提高资源设计合理性和使用效果的必要途径。20世纪70年代以来，研究人员从不同的角度、使用不同的方法对二语习得进行了广泛深入的研究，有的研究偏重对语言本身的描述，有的偏重对习得规律作出假设，有的则通过实验进行证实或证伪。二语习得理论揭示了语言习得的一些基本规律，帮助人们更好地认识外语及其习得过程，促进相关人员在教学或学习过程中根据实际情况进行内容、方法、策略等方面的调整和改进。

4.1.1 Krashen 二语习得理论及其启示

就目前而言，对中国外语教学影响最广的二语习得理论当属美国语言学家 Krashen 的第二语言习得理论。[188] Krashen 长期专注于第二语言习得研究，其80年代初发表的两大专著：《第二语言习得和第二语言学习》(*Second Language Acquisition and Second Language Learning*)（1981）和《第二语言习得的原则和实践》(*Principles and Practice in Second Language Acquisition*)(1982)，以及1982年与特蕾西·特雷尔（Tracy Terrell）合作出版的《自然途径》（*The Natural Approach*）系统地阐述了他的二语习得理论。[189]

4.1.1.1 Krashen 二语习得理论的主要观点

Krashen 的第二语言习得理论主要由以下五个假设组成：“习得－学得”差异假设（the acquisition-learning distinction），自然顺序假设（the natural order hypothesis），监检假设（the monitor hypothesis），输入假设（the input hypothesis），情感过滤假设（the affective filter hypothesis）。[190]

1.“习得－学得”差异假设

习得与学得是二语习得理论研究中的两个重要概念，Krashen 对两者进行了区分，并对两者在学习者二语能力发展过程中的作用提出了自己的见解。语言习得是指在自然条件下的语言交际情境中无意识地习得语言知识，这一过程与儿童习得母语的过程相似，学习者并未意识到自己在进行语言学习，因而是一个潜移默化的过程。语言习得也是有条件的，即语言交际情境必须自然、丰富、真实，学习者并没有感觉到明显的任务性压力，自然而然地掌握一门语言。与语言习得相反，语言学得是一种有意识地学习活动，通常是指在真实的教学环境中通过各种有计划的、系统性的任务学习语言规则与语言形式。Krashen 认为，学得不能直接变成习得，学习者在第二语言或外语学习中所形成的语言能力是习得的结果，而不是学得的结果。根据这一假设，成人学习者是通过截然不同的两条途径习得第二语言能力的：第一条途径类似儿童母语能力发展的过程，是一个下意识的（subconscious）、自然而然的第二语言学习过程；第二条途径即通过在课堂上听教师讲解语言知识，并进行有意识的（conscious）语言练习任务，从而了解或掌握目的语的一些语言规则。通过两种途径所获取的知识是不一样的，通过习得获得的是隐性知识，是一种潜意识的语言能力，而通过学得获得的是显性知识，是对语言结构和规则有意识的掌握。Krashen 认为，只有语言习得才能直接地促进第二语言能力的发展，是首要的、第一位的，但他也并不排斥学得的作用。

2. **自然顺序假设**

Krashen 对英语词素习得的自然顺序做了大胆的推测，提出了自然顺序假设。他认为不管是儿童还是成人，不管是学习母语还是第二语言，不管文化背景如何，学习者都以一种可预测的顺序来习得词素等语法结构知识，也就是说有些语法知识先习得，有些则后习得。Brown 发现儿童将英语作为第一语言时，会优先习得一些语法词素，比如进行时标识“ - ing” （如：He is playing baseball. ）和复数标识“ - s”（如：two dogs）是最早习得的词素，而一般现在时第三人称单数标识“ - s”（如：He lives in New York. ）和所有格“ - s” （如：John’s hat）的习得则要晚很多，一般是半年至一年之后。[191] Dulay 和 Burt 发现第一语言不同的儿童在习得英语作为第二语言的过程中对语法词素同样表现出一种自然顺序，这一顺序虽然与第一语言习得的顺序不同，但在不同组别的第二语言学习者之间确实极其相似。[192 - 193] Bailey 等的研究发现成人二语习得者具有与儿童习得者相似的语言规则习得顺序。[194] 该假设还认为，语言的有些规则很容易记忆，但是要使学习者习得这些规则并非轻而易举，比如名词单复数的规则很容易记住，但在语言交际过程中却经常出错。

Krashen 的自然顺序假设已经被许多的第一/第二语言习得的研究所验证，证明了在语言习得的过程中存在着普遍的、可预测的自然习得顺序，目前对习得顺序的研究主要集中于语法词素、否定句、疑问句、关系从句和定语从句等一些具体语法规则的习得上。[195]

3. 监检假设

监检假设与“习得－学得”差异假设是紧密相连的，体现了语言习得与语言学得之间的内在联系，在一定程度上肯定了学得在语言学习过程中的作用，可以看作“习得－学得”差异假设的补充。Krashen 认为，语言习得与语言学得的作用各不相同，习得是掌握一门语言的唯一途径，能引导学习者使用第二语言进行交际，并直接影响到说话的流利程度，而学得只是起到监检的作用，即对习得系统所产生的口头的或书面的语言在输出前后做出修改和完善。当人们进行言语交际时，话语由习得系统产生，经学得系统监检后输出。Krashen 指出，监检能否发挥作用依赖于三个因素：一是时间，语言使用者必须要有足够的时间才能有意识地、有效地选择和运用语法规则；二是形式，即语言使用者必须集中注意力于所用语言的形式或考虑语言的正确性；三是规则，即语言使用者必须具有目的语的语法概念及语言规则知识。监检的作用对于顺畅的语言交际是比较重要的，但是监检发挥作用的三个因素也决定了监检并不是越多越好。要形成有效的监检，学习者在进行语言输出时需要花费一定的心理资源去关注语言的形式并调用语言规则进行检验，这一过程势必会耗费时间，因此过多地进行监检将影响交际的流畅性，尤其是口头交际。Krashen 指出了三种不同类型的监检使用者：第一类是过度使用者，这类使用者总是有意识地对输出言语进行监检，因此语言流畅性差；第二类是欠缺使用者，这类使用者就算条件允许也不会对输出言语进行有意识的监检，造成错误频出；第三类是理想使用者，这类使用者在不影响交际的恰当时机进行监检，将学得能力作为习得能力的补充。

4. 输入假设

输入假设是 Krashen 五个语言习得假设中最受我国学界重视的假设。该假设的核心观点是：语言习得的实现必须通过读和听来吸收语言输入，而且该输入必须是略微超过学习者目前的水平（“i”）并被学习者所理解，即“i+1”。这一假设体现了 Krashen 对第二语言学习者如何接收和吸收语言输入这一过程的认识，认为在语境（context）和语际信息（extra-linguistic information）的帮助下，学习者只有理解了“i+1”的语言输入才能实现习得并提高语言能力。同时，Krashen 认为，在教学中不必特意去创造“i+1”的语言输入，因为只要交际成功，只要输入的量足够并被理解，即可视输入符合“i+1”的条件，而且学习者的语言产出能力不是教出来的，而是通过理解语言输入而自动出现的。此外，Krashen 还指出理想的输入应具备以下几个特点：可理解性、趣味性和相关性、非语法程序安排和足够的输入量。可理解性是语言输入的最为重要的特征，是实现语言习得的前提条件；不可理解的输入只能成为一种噪声，对习得毫无帮助。趣味性和相关性这一特性针对的是输入内容而不是形式，理想的语言输入应使学习者感觉到有趣并且相关，以至于忘了输入的语料是用另一种语言编码的，从而无意识地习得语言；非语法顺序安排是指对于以“习得”为目的的语言输入材料而言，不一定需要特意按语法顺序进行安排，只需提供足够的可理解输入。足够的输入量是指要真正习得一门新的语言，学习者需要长时间地对大量的可理解输入进行吸收和加工，自然而然地产生语言输出能力。Krashen 强调不要过早地要求学习者去运用语言，许多外语学习者都会经历一个沉寂期，即不愿意尝试开口说英语，学习者在此期间应接收足够的可理解输入。

5. 情感过滤假设

情感过滤假设从心理学的视角对语言习得机理和影响因素进行了分析。该假设认为，大量的可理解的语言输入只是一种客观条件而不是充分条件，语言习得的进程还受很多情感因素的影响。这些因素包括：（1）动力。一般情况下学习者的目的越明确，则动力越大，进步也会更快。（2）性格。几乎所有的相关文献都一致表明，那些自信心强、性格外向、乐于置身于不熟悉的学习环境、自我感觉良好的学习者进步较快。（3）情感状态。主要是指焦虑和放松这两种形成鲜明对比的精神状态，焦虑较少的学习者容易吸收更多的语言输入，同样，精神放松和感觉舒适的学习者在较短的时间内也明显学得更好。情感因素可以被比喻成可调节的过滤器，语言习得机制（language acquisition device）负责处理那部分能够自由通过该过滤器的语言输入，这些输入最终被内化吸收成为语言能力的一部分（图 4.1）。在语言输入到达大脑语言习得机制的过程中，需要经过情感过滤器，因此，情感因素对语言习得起着促进或阻碍的作用。情感过滤程度越低，通过的语言输入越多，学习效果越佳；相反，情感过滤越高，语言输入则越少，学习效果也越差。

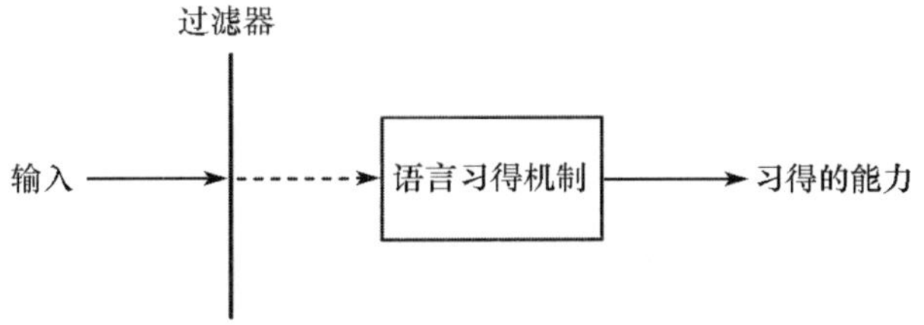

图 4.1　情感过滤器的运作[190]

4.1.1.2　Krashen 五大假设的启示

1. “习得 - 学得”差异假设的启示

Krashen 对于“习得 - 学得”的解读也预见了国内外语学习资源从注重语言基础知识的讲解、事物的纯外语描述到注重语言交际情境的多媒体展现这一转变。在技术条件的限制下，传统的外语学习资源主要以声音和文本的形式出现，难以用生动鲜活的方式描述语言交际的真实情境，学习者也无法切身体验交际的场景，而是带着完成任务的心态将大部分注意力集中于语言形式，忽略了语言的交际用途这一真正目的。这一类资源所创造的语言学习情境式是非自然的、欠真实的，学习者参与感不强，因此不符合 Krashen 所提出的语言习得的一般规律，故无法实现促进语言习得的最终目标。知识可视化外语学习资源为促进外语学习环境下的语言习得提供了新的途径。外语学习与二语学习虽然在本质上并无区别，但不可否认的是，在语言环境方面，外语学习远远不如二语学习。在外语学习环境下，学习者在课堂外、校园外难以找到可靠的语言交际情境，因此对于外语学习者来说，在语言学得的基础上向习得迈进就显得尤为困难。知识可视化外语学习资源在创造可靠的语言习得交际情境方面具有很大的应用潜力。采用图像、视频类视觉表征的外语学习资源能够在一定程度上还原自然的、真实的语言交际场景，从而增强学习者身临其境的感觉，在与资源进行思维和行为层面的交流中下意识地提高自身的英语应用能力，完成习得过程。在现代技术条件下，创造语言习得环境的手段越来越丰富，也越来越成熟，虚拟现实、增强现实、交互式视频、语音识别等技术的应用让基于资源的语言交互成为可能，能够为脱离目的语交流环境的学习者提供可靠的课外习得环境。值得注意的是，“习得－学得”差异假设并非是否定学得的作用，更大意义上说明的是要完全像母语者一样掌握一门语言，最终靠的是习得。

2. 自然顺序假设的启示

自然顺序假设为提高知识可视化外语学习资源内容安排的合理性和体系性提供了参考。语言习得的规律性是客观存在的，也存在着从易到难、从简单到复杂的原则，遵循科学的学习途径有利于提高学习者的学习效率和效果。外语学习资源的开发应充分考虑外语学习的特点和学习者的认知基础，帮助学习者按照最符合习得规律的进度安排进行学习。一方面，在资源的整体设计上，应考虑外语知识的体系性和习得顺序，对知识点进行合理的切割并分别制作成资源，再以明显的标识为学习者提供推荐的资源使用顺序，比如，将不同时态切分成多个知识点并单独开发成资源，再根据知识点的难易程度或者已验证的习得顺序进行编排；另一方面，在单个资源的设计上，应充分利用知识可视化学习资源的交互功能，为学习者提供内部导航，比如，对于现在分词的用法，可以设置导航按钮以帮助学习者根据自身的学习情况选择现在分词做定语、状语、补语、表语等用法；此外，知识可视化外语学习资源还可以与资源个性化推荐技术相结合，通过资源内置的练习判断学习者当前的知识掌握情况，并推荐下一个相关知识点的学习。

3. 监检假设的启示

监检假设针对的主要是外语输出环节，强调了在这一过程中学得的语言知识对于习得的语言能力的支持。该假设实际上也肯定了进行语言基础知识教学的必要性，对于缺乏语言习得环境的外语学习来说，监检假设更加具有意义。从某种角度来讲，提高外语学习者的语言能力很大程度上在于不断地对自身和他人的输出言语进行监检，通过不断练习而尽量接近母语的自动化水平。知识可视化外语学习资源应遵循监检的原则和规律，帮助学习者掌握语言规则等基础知识，同时创造监检输出言语的机会，促进这些知识的内化和吸收。监检的前提因素要求学习者了解语言规则并在交际过程中聚焦于形式，学习资源在知识点内容设计上应在主体任务开始前为学习者提供必要的支架，帮助其学习或回忆规则；在视觉呈现处理上可以恰当使用字幕等视觉文本形式引导学习者的注意力。具有足够的时间也是进行监检的条件，从习得的属性来看，习得水平越高，监检所需的时间越少，但是外语学习者的语言能力主要为学得，因此不可避免需要给予充足的时间，因此，知识可视化外语学习资源应该根据学习者的习得水平预留思考的时间，循序渐进。比如，有关场景对话的学习资源可以在对话学习任务之前列出要学习的表达或者规则，在对话进行过程中可以在呈现听觉文本的同时呈现关键视觉文本内容，对话双方的转换间隔应给予学习者一定的思考时间，并随着学习水平的提高慢慢缩短间隔。

4. 输入假设的启示

在很大程度上，当前外语学习资源的主要作用是为学习者提供语言输入材料，因此输入假设对于知识可视化外语学习资源的制作具有很高的参考价值。首先，可理解性是对知识可视化外语学习资源最为基本的要求。Long曾指出，获得可理解的语言输入是所有成功外语学习者的必然特征，缺乏可理解的语言输入会降低学习效果甚至谈不上学习。[196]儿童习得语言时，依靠的就是周围成人对其进行不断的可理解的语言输入，比如成人会指着苹果对儿童说“Do you want to eat the apple?”，指向苹果的这一姿势和后面吃苹果的行为帮助儿童对这一表达进行理解，这类符合儿童语言发展水平的表达在日常生活中不断被重复，久而久之儿童就能习得。因此保证输入的可理解性是语言习得的前提，这也是脱离人类群体的儿童不能习得语言的原因，也是在没有任何目的语基础的情况下通过听广播无法习得语言的原因。知识可视化外语学习资源能够通过为听觉语言信息配以相应的视觉信息提高输入的情境性和真实性，帮助学习者进行理解，比如对于机场办理登机手续的英语交际用语，可以通过视频短片或者动画尽量真实地再现交际场景，包括机场的英文引导语等，从而创造语境，提高可理解性。其次，趣味性和相关性是知识可视化外语学习资源发挥优势的重要方面。有趣和相关的语料输入能够促使学习者全身心地投入学习，从而提高输入的有效性和处理效率。在有趣的基础上，Krashen还提出了“忘我”（compelling）的概念，即学习材料是如此有趣以至于学习者忘记了目的语的存在，进入了一种“心流”的状态，自我感知消失，沉浸在学习活动中。[197]知识可视化外语学习资源能够通过使用各种媒体手段和交互手段使枯燥的语言输入变得有趣和相关，比如词汇学习被公认为是比较单调乏味的，但知识可视化外语学习资源可以将词汇学习变成一种视觉故事赏析或者一种交互游戏。当前，有的词汇学习软件将一些英语词汇用几秒、十几秒的幽默视频故事进行展现，让学习者寓教于乐、印象深刻。有研究人员将《开心农场》游戏改造成用于英语词汇学习的游戏，让学习者沉浸于游戏，在不知不觉中学得词汇和表达。最后，非语法程序安排和足够输入量的特征为外语学习资源的内容安排提供了参考。面向语言习得的资源不必太关注语法知识点安排的先后问题，但对于面向学得的资源来说，还是需要遵循自然顺序假设，这样有助于提高学习的效率。足够的输入量其实是足够的可理解输入量，这就要求外语学习资源即使采用可视化的方式呈现知识，仍然需要保证足够的语言信息输入，而不能只追求视觉效果和趣味性，忽略了语言学习的本体。

5. 情感过滤假设的启示

情感过滤假设意味着外语教学目标不能仅仅停留在提供可理解的输入，还应创造一个低过滤的环境，即一个能够使学习者精神放松的、降低焦虑的、充满动力的、提高自信的环境。知识可视化外语学习资源能够利用画面和声音效果营造轻松的氛围，提高学习者的自信，吸引学习者的投入，降低焦虑水平。传统的以文本和声音为介质的学习资源在形式上比较单调，会让学习者产生一种压迫感，让其始终处于精神紧张的状态，听力材料尤为如此，个别词汇未能听懂即有可能造成焦虑的瞬间提升，影响后续内容的理解，这也是听力水平较难提高的原因，即受到情感因素的影响很大。在网络自主学习的条件下，缺乏学习目标、学习策略和自我监控能力也会导致焦虑水平的提高，而基于计算机技术的个性化服务、在线学习资源的多维立体输入等因素可以缓解外语学习焦虑。[198]知识可视化外语学习资源能够通过文字、图像、声音等多元化输入加大对学习者的感官刺激，使得在线外语学习变得形象化、立体化、生动化和轻松化，从而降低焦虑。Macintyre 和 Gardner 认为，外语学习焦虑感是学习者在需要使用但又没有足够掌握目的语的情况下所体验的一种疑惧，这种疑惧包括以自我诋毁的认知、忧郁体验和生理反应（例如心跳加快）。[199]因此学习者对自己的外语能力缺乏自信也是造成焦虑的重要原因。知识可视化外语学习资源可以通过任务引导等手段对知识点的难度进行调节，帮助学习者在学习过程中逐步建立自信、消除焦虑。比如，在学习主体内容之前设置难点词汇预习、背景知识简介、学习策略支持等来帮助学习者做好学习准备，在资源操作功能上提供语速调整、语句复读、字幕选择等个性化功能，降低认知门槛。

4.1.2 Swain 输出假设及其启示

4.1.2.1 Swain 输出假设的主要观点

输出假设的提出缘于 Krashen 输入假设存在的一些弊端：首先，输入假设忽视了学习者作为语言习得主体这一因素以及语言的创造性功能，即学习者的语言输出并不会同输入保持完全一致，差异甚至是巨大的；其次，可理解性输入是针对第二语言学习提出来的，在这一环境下，学习者在课堂外能够获得大量的语言输入机会，但在外语学习环境中极其缺乏这样的机会；最后，足够的可理解性输入概念比较模糊，“i+1”没有可操作的阈值或临界值，也难以进行验证，加上情感过滤因素，语言输入量更是难以保证。[200] Krashen 并不是没有提及输出，只是认为输出的作用远远小于输入，并且对语言习得只起间接作用（图 4.2），他认为在会话过程中，甲方说得越多，乙方对他说得也越多（对于甲方来说相当于一种输入）；甲方说得越好，乙方输入的质量也越好。在这一模式中，输出本质上是语言习得的结果，输出只有转化为输入后才能对语言习得产生作用，在很大程度上依然否认了输出对于语言习得的作用，这一观点对于外语学习来说其实是不乐观的，因为在外语学习条件下，缺少这样的会话环境。

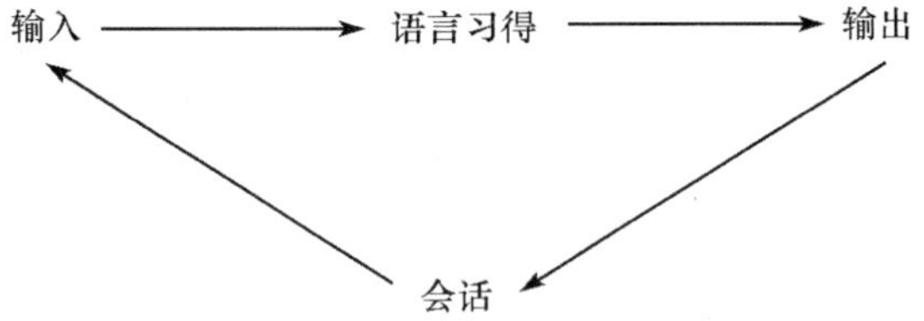

图 4.2　输出对于语言习得的间接作用[190]

在这样的背景下，Swain 于 1985 年提出了可理解性输出假设（comprehensible output hypothesis），认为可理解性输出也是二语习得的一个重要条件。这一假设认为，语言输出有助于学习者检验目的语词汇和句法结构的使用正确与否，促进语言运用的自动化，并最终有效促进语言习得。[201] 输出假设是 Swain 等人在加拿大长期研究法语沉浸式教学的结果，从 20 世纪70 年代开始，对部分母语为英语的学生进行沉浸式法语教学，其目的是既要使学生掌握所学科目的知识，又要达到较高的法语水平。结果表明，这些学生的听力和阅读能力与法语为母语的学生不相上下，但语言输出能力却存在较大差距，即使是高年级的学生，与地道的法语输出仍有一定的距离。Swain 认为出现这一现象的关键原因在于学生在语言方面追求的只是能否理解，没有压力迫使他们去最大限度地运用语言能力并提高语言输出的可理解性和准确性。

Swain 承认可理解语言输入的必要性，但认为这并不是实现语言习得的充分条件，要使学习者达到较高的外语水平，还需要可理解输出。学习者需要被“驱使”去充分利用现有语言资源，对即将输出的语言进行思考，使其更加恰当、准确和容易理解，如此语言学习才能从语义加工过程过渡到句法加工过程。Swain 将可理解性输出在二语习得中的功能归纳为三个方面：一是对语言的注意或触发功能，即目的语的输出能让学习者注意到自己语言方面的一些问题，从而激发产生新知识或巩固已有知识的认知过程；二是对目的语结构与语义进行假设检测的功能，即从学习者的角度而言，输出也是对如何表达自己意图假设的一种检测；三是元语功能，即使用语言来反思他人和自己输出的语言能够调和二语学习。[202] 因此，利用目的语进行口头和笔头的输出练习有利于培养学习者语言运用的流利性和自动性；语言输出迫使学习者从语义加工转移到句法加工，有利于发挥学得知识的监检作用，从而提高语言表达的准确性；语言输出能获得相应的反馈，更加贴近语言的社会交际本质。Skehan 指出语言输出还能够培养学习者的话语能力，帮助建立个人的话语风格和自信心。[203]

4.1.2.2 输出假设的启示

输出理论对于我国外语教学的启示也是巨大的。自 20 世纪 80 年代，Krashen 的输入假设理论为我国外语教学带来了一种全新的理论视角，成为当时教学与研究的焦点，解决了一些实际困惑。然而，到了 20 世纪 90 年代中期语言输入途径与输入量不再是我国外语教学的核心问题时，教学效果仍然不够理想。这时，Swain 的输出假设开始引起我国外语界的注意，但真正得到关注是在 2000 年以后。[204] 卢仁顺认为在我国外语教学应重视语言输出的作用，强化输出训练是解决英语教学“高分低能，哑巴英语，费时低效”问题的有效途径。[205] 如果学习者受到驱动后制造语言输出，并及时获得相关有用的输入，则对语言形式的敏感度会大大增加，这又会促进学习者注意语言形式与意义的关系，改变处理策略使其从注意语义转向注意句法，因此输出有改变学习者处理输入方式的潜力。[206] 从这一角度来看，输出与输入是不可分割的，不能断言两者在二语习得中扮演的角色孰轻孰重。

输出假设说明了学习者进行语言输出练习对于学好一门外语的重要作用，能够给予学习者检验自己语言表达是否正确和有效的机会，从而促进遣词造句和谋篇布局的能力，并逐步达到自动化的程度。如果缺乏输出练习，学习者就无法真正把语言知识转化为交际能力。融合现代教育技术的知识可视化外语学习资源为促进语言输出开辟了新的途径，这主要体现在两个方面。一方面，知识可视化外语学习资源的视觉信息呈现优势能够为语言输出制造良好的语境，刺激学习者进行更多的优质语言输出。首先，生动的视觉画面能够吸引学习者的注意力，促使其更主动地进行思考，比如，描述环境污染的图片或者视频能够激发学习者对这一问题进行思考；其次，结构性或者连续性的视觉画面能够给予学习者更强的叙事感，帮助其理清思路，比如，利用思维导图对事件的脉络或发言要点进行呈现能够帮助学习者进行语篇的组织；再次，视觉画面能够呈现更多的细节，促使学习者进行更加深入的语言描述，比如，对物体进行详细的图像描述甚至是三维描述能够帮助学习者进行更大量、更精确的输出；最后，视觉信息能够提供话语辅助线索，降低学习者在输出练习中的焦虑，比如，在适当的时候呈现与输出内容相关的图片或者词汇，能够帮助学习者开阔思路。另一方面，知识可视化外语学习资源具有实现语言输出练习的潜力。语言输出分为口头和笔头两种，在外语学习中，常见的语言输出练习有问答、对话、讨论、描述、复述、翻译等，从操作功能来看，传统的外语学习资源一般只能在语言输入层面发挥作用，对于输出性练习几乎无能为力。知识可视化外语学习资源能够通过合理的视听设计营造激励学习者进行语言输出练习的预设交际场景；并且，在未来人机交互、语音识别、语义识别等技术的全面支持下，能够集成更加多样的口头或笔头输出练习，如复述、对话、同声传译、角色扮演等；此外，针对学习者在语言输出练习中的表现给予反馈也是增强学习者内省意识、提高语言准确性的有效途径。

4.1.3 二语习得中的吸收及其启示

4.1.3.1 二语习得吸收相关观点

语言输入和输出假设都是从心理层面来描述语言习得过程，如学习者如何建立语言形式与意义的匹配、语言知识如何转变为语言能力等，但没有很好地描述输入是如何内化成语言能力的。外语教学的目标应该是促使学习者对目的语知识进行吸收内化，从而形成目的语机制。Corder 最早对语言输入和吸收进行了区分，他认为输入是学习者可获得的，但呈现给学习者的语言输入不一定能保证被吸收，即使是可理解的输入，也只是具有被吸收的潜在可能，其中仍然有些输入是无法引起学习者注意的“噪声”。[207] Gass 融合了社会语言学和心理语言学的视角，提出二语习得综合模式，即 IIO（Input-Interaction-Output）模式，比较完整地描述了输入和吸收的关系。该模式将习得过程分为五个水平：注意到的或被感知的输入（下文称经注意输入）、被理解的输入（下文称经理解输入）、吸收、整合与输出。Gass 认为，经注意的语言输入是语言习得的第一阶段，决定输入成为经注意输入的因素包括频率、情感、已有知识及注意；而且，不是所有经注意输入都能被学习者理解，影响经注意输入转化为经理解输入的因素是已有语言知识。同样，不是所有经理解输入都被学习者大脑吸收。在显性知识和隐性知识的影响下，吸收向中介语系统转变，并最终构建二语知识，从而使学习者的二语输出成为可能，而可理解性输出又进一步促进了习得。[208] Ellis 将上述思想描述为“二语习得过程链”（图 4. 3）。[209]

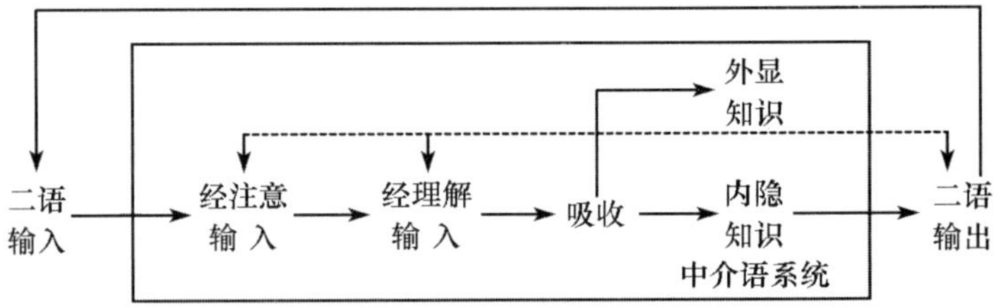

图 4. 3 二语习得过程链[209]

吸收是这一过程链中的关键环节，吸收的语言输入被整合后融入中介语系统，成为学习者隐性知识的一部分。Gass 还认为，有些语言输入如果经过处理后未能融入中介语系统，则会以二语规则等明显的表征储存起来，成为可用来监控语言输出的显性知识。输出虽然是二语习得过程链的最后一个环节，但并不意味着终止。学习者有意识地进行语言输出，会触发周围环境对其再次进行反馈形成输入，从而学习者又回到了“经注意输入”的起始位置。[210] Kumaravadivelu 把吸收定义为全部或部分地经过学习者处理，并已全部或部分地融入了学习者的语言知识和语言发展系统中的抽象语言形式，从数量上说，输出是吸收的一个子集，而吸收又是输入的一个子集（图 4. 4）。[211]

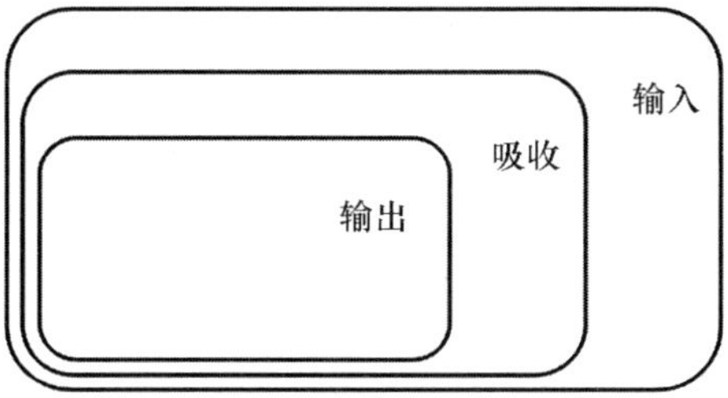

图 4.4　输入、吸收和输出的数量关系[211]

输入转化为吸收的过程受到一定的吸收因素（intake factor）的影响。Corder 认为是学习者本身以及学习者的语言习得机制的特征决定了吸收。[207] Kumaravadivelu 从个体因素、协商因素、策略因素、情感因素、知识因素、环境因素等方面进行探讨。[211] Ito 从语言因素角度进行考虑，认为语言复杂性、语言频率、知觉显著性等对吸收具有直接的影响。[212] 在前人研究的基础上，邓联健和杨烈祥将影响吸收的因素分成了三个部分，构成了一个连续统（图 4.5）。[200] 从图中可以看出，吸收影响因素包括学习者外部因素、学习者内部因素和语言因素，各自又包括诸多子因素。

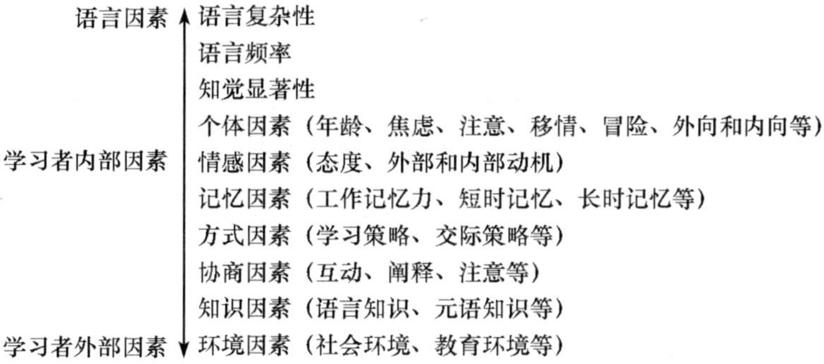

图 4.5　吸收影响因素连续统[200]

4.1.3.2 二语习得吸收的启示

知识可视化外语学习资源相较于传统资源在表现手段方面具有显著的优势，但形式上的改进并不能代表学习效果的必然提升，促进语言知识的吸收和转化是知识可视化外语学习资源的重要目标。虽然吸收在很大程度上决定了利用资源进行外语学习的效果，但这毕竟只是一个内部认知过程。不管怎样，语言输入是吸收的前提，并且在外语学习主体这一变量无法改变的情况下，输入的质量决定了吸收的效果。因此，要促进知识吸收，必须从输入信息（即外语学习资源）这一环节进行优化设计，促进吸收的量尽量接近输入的量，否则，资源设计得再华丽，如果脱离了实际，违背了认知规律，无法被学习者吸收，那也只能成为摆设。吸收影响因素是知识可视化外语学习资源开发必须考虑的变量。环境因素主要应考虑学习者所能获得的学习硬件条件，如上网条件、电脑软硬件配置等；知识因素应考虑语言知识点的设置，如知识点的深度、知识点的衔接等；协商因素应考虑学习资源的交互性，如知识导航、输出反馈等；方式因素应考虑知识点的最佳获取方式，如视觉表征的选择、人机交互方式的选择；记忆因素应考虑学习的一般认知规律，如认知负荷；情感因素和个体因素应考虑资源可能为学习者营造的感觉和氛围，如趣味性、相关性、焦虑水平等；知觉显著性应考虑如何帮助学习者将注意力资源导向关键信息，如重要的画面信息和文本信息；语言频率和语言复杂性应关注资源的难度，尽量做到与学习者的当前语言认知水平相一致。当然，这些吸收影响因素并不是在任何开发过程中都必须逐一考虑，而是需要根据实际情况具体问题具体分析。在大学外语教学背景下，由于校园环境和硬件环境对外语学习资源的使用一般都没有很大影响，学习者外部因素并不是需要重点考虑的因素。知识因素由于课程教学大纲的要求也并无太大调整的余地，因此面向校园外语课程的知识可视化学习资源开发主要应考虑其余这些因素。

4.1.4　中介语的石化及其启示

4.1.4.1　中介语石化的主要观点

中介语具有系统性、可变性、可渗透性及过渡性等特点，但最明显的也是让语言学家最为不解的是它的石化性（fossilization）。Selinker 首先提出中介语石化概念："石化就是母语的词条、规则和词系统倾向保存在与目的语相关的中介语中，不管学习者年龄有多大，也不管学习者接受的解释和指导有多少，这种倾向都不会改变。"[34] Selinker 对石化现象的定义进行重申："语言石化现象是指外语学习者的中介语中一些语言项目、语法规则和系统性知识趋向于固定状态，年龄增长和学习量的变化对改变这种状态不起作用。"[213] Selinker 和 Han 概括了石化的六个方面的特征：（1）石化就是发展的停滞；（2）石化出现在中介语的各个层面，包括语音、词法、句法、语义、语篇和语用等层面；（3）石化是持久的并具有抵抗力；（4）不管二语学习者是成人还是儿童，石化现象都会出现；（5）石化往往表现为语言的回退、固化了的错误、学习高原、典型错误、持久的非目的语语言运用、否定性反馈无法纠正的错误、习惯性错误和长期的自由变异等中介语形式的反复出现；（6）具体的、持久的中介语特征可以通过实证研究发现。[214]

Selinker 将石化现象的成因归纳为五个方面：母语迁移、训练转移、学习策略、交际策略、目的语过度概括现象。[34] 母语迁移是指学习者使用母语的规则去认知目的语规则，从而产生学习者的中介语规则，体现了母语对于目的语认知的潜在影响。当母语的某些语言规则与目的语相似时，往往对目的语的认知产生有益的、积极的影响，这种正迁移（positive transfer）能够促进学习者习得目的语；反之，当母语的某些语言规则与目的语不同时，就会对目的语的认知产生不利的、消极的影响，这种负迁移（negative transfer）会阻碍学习者掌握和运用目的语。由于母语在语言认知过程中的根深蒂固，母语很容易在语音、词法、习惯表达等方面对中介语产生迁移，并造成中介语石化现象。训练转移是指外语教师的教学方式以及学习材料对中介语认知产生的影响。在中国，除少数外教外，外语教师的母语一般为汉语，因此教师在教学过程中也会经常使用其中介语系统中一些不地道的甚至是错误的语言表达，而学习者对教师提供的输入往往全盘接受，造成错误语言习惯的形成并且难以清除。面向教学的学习材料一般由权威机构提供，但其内容服务于学习标准的外语表达，常常脱离语境并拘泥于形式，造成学习者在交际中使用的表达显得生搬硬套，不符合目的语的本土使用习惯。由学习策略导致的石化现象是一种普遍现象。中国外语学习者在学习过程中遇到困难时趋向于采取简化策略，学习者会无意识地将目的语进行简化，单一的句型和简化了的目的语系统虽然不妨碍理解，却使学习者不能自如且创造性地使用目的语，这也是中介语不能成为目的语的原因。交际策略是外语学习者为了克服自身的不足以达到交际目的而采取的交流方法。中国外语学习者常用的交际策略有回避与替代。学习者在遇到交际困难时，往往会消极地回避使用不熟悉的表达，并且大多数情况下会寻找替代的方式。例如，独立主格结构对于中国学习者来说是一个语法难点，因此很多学习者常常回避这一结构，使用相对容易掌握的替代表达，此外，简单句替代复合句也是常用的方法。使用回避、替代等交际策略确实能够达到交际的目的，但也会因此导致学习动力的减弱，而替代表达往往不符合母语者的使用习惯，长此以往就会形成中介语的石化。目的语过度概括，也称目的语知识负迁移，是指学习者将学到的目的语某个规则以类推的方式错误地用在不同的目的语语言现象上，从而创造出目的语中不存在的结构变体。

4.1.4.2　中介语石化的启示

中介语的石化现象成为外语学习过程中一道难以攻克的障碍。石化现象的发生不可避免，但从另外一个角度讲，石化现象的可预测性也为进一步提高外语学习者的语言水平提供了线索。知识可视化外语学习资源应从内容和呈现手法上帮助学习者突破语言石化的瓶颈，向更高的语言水平发展。从内容来讲，要重点考虑那些中国学习者常见的语言石化现象。石化现象可以分为个体石化和群体石化，个体石化体现了个人对目的语的认知特点，而群体石化则体现了某一母语群体在学习目的语中所表现出的一些认知特点，也是一种学习高原现象。[215]某一母语群体在学习一门外语过程中可能经历的石化现象是可以进行预测和归纳的。第一语言（母语）与第二语言共同作用形成石化，Han 建立了选择性石化的分析模型，用以预测不同语言特征发生石化的可能性。[216] Han 使用频率和可变性（或一致性）来描述影响二语学习结果的两个决定性因素，即第一语言的标记性（语言特征有无标记性）和第二语言的输入力度（二语输入力度的大小），频率是指某语言项目在一种语言中的使用次数，可变性体现某语言特征与具体语言系统是否一致。对于第一语言来说，某语言项的频率越高可变性越低则标记性越小；对于第二语言来讲，某语言项的频率越高可变性越低则输入力度越大，综合来讲，第一语言项越没有标记性，越容易造成相应中介语的石化；第二语言项输入力度越大，则越不容易产生石化。这实际上也是一种泛化的现象，对于第一语言来说，经常出现且相对固定的语言项目容易被应用于对第二语言的认知，对于第二语言来说，出现较少且变化较多的语言项目则更容易受到影响，过度的泛化将对第二语言习得产生负面影响。为了消除训练转移造成的负面石化，知识可视化外语学习资源应当充分利用情境营造优势，向学习者提供地道的外语交流场景及交际用语，帮助学习者正确认知外语知识，提高语言应用能力。

从呈现手段来讲，知识可视化外语学习资源应通过各种内容突显方法，帮助学习者注意到自己的中介语与目的语之间的差异，促使他们发现负面石化现象并有意识地进行操练和纠正。Schmidt 的注意假设指出，注意力的功能是找寻认知资源，使语言学习者注意到学习过程和学习内容，否则输入信息的加工提取都不可能发生。[217] Skehan 认为在语言输入阶段，学习者对语言输入的注意程度是影响学习效果的一个关键因素，主要有四个因素对注意程度产生影响：语言输入的质量、语言输入的重点、对任务所提出的要求、学习者的个体差异。[203] Swain 和 Lapkin 认为在输出阶段，学习者触发了“一系列的注意”，学习者必须有足够的认知资源来注意语言形式和语言意义，输出才发挥作用。[218] 知识可视化外语学习资源首先应注重语言输入的质量，包括内容的权威性和声音的清晰度等，防止学习者接受错误的语言项而难以纠正；其次应通过多样化的呈现手法突出语言输入所强调的重点，尤其是那些常见的可预测的石化现象，帮助学习者克服障碍、消除负面石化，加快信息处理的流程；再次应合理设计不同要求的学习任务，帮助学习者分配有限的注意力，通过执行任务有效地促进习得过程；最后应考虑学习者的差异，尤其是不同学习群体之间的差异，比如，不同年龄群体之间的差异以及不同学习水平群体之间的差异。Han 提出充分的交际机会也是克服中介语石化的条件之一，[219] 因此，知识可视化外语学习资源也应利用技术优势，让学习者融入资源情境，体验到强烈的社会临场感和角色感。总之，应合理利用声、光、电、形、色、图、文等现代外语电化教学手段刺激学习者的注意力，激发学习外语的兴趣与欲望；以鲜动生活的画面、声情并茂的情境传递语言教学信息，促使学习的内容、情境与认知过程相一致；多模态的呈现促使学习者眼、耳、口、手等多感官并用，全身心地投入学习中。[220]

4.1.5 二语习得视角下的资源设计要素

上述二语习得理论从习得环境、语言输入、语言输出、语言吸收、学习心理、习得过程等方面对外语学习的一些重要规律进行了探讨，作为当代外语学习的重要内容，外语学习资源同样应遵循这些规律。综合以上论述，研究认为二语习得理论视角下的知识可视化外语学习资源设计应注重以下五个方面。

1. 营造良好的语言习得环境

Krashen等语言学家认为，二语是习得的，而不是学得的，这或许揭示了语言学习的本质，也揭示了为什么我国外语学习总是显得费时、费力、低效，常年的学习却难以带来应有的外语应用能力。课堂始终是我国外语教学的主要场所，课外的语言学习环境不足以支撑学习者进行足够强度的语言实践，学习者几乎没有接触真实、权威的外语交际环境的机会。现有的大部分课外学习资源主要是面向学习外语显性知识和陈述性知识，是对课堂内容的补充，但会给学习者造成任务性压力，无法弥补语言习得环境方面的不足。习得环境缺失是外语学习的先天劣势，虽然可以得到改善，但当前以知识讲授为主的学习资源对此作用并不显著，无法帮助学习者下意识地、自然而然地习得外语。知识可视化外语学习资源应充分利用多元化的知识表征手段，营造接近真实的、自然的语言习得环境，促进外语知识的内化和应用能力的提高。

2. 提高语言输入内容的有效性

语言输入是形成语言能力的前提，是每一个人习得一门语言不可或缺的元素。在外语学习环境下，语言输入并不像在母语环境中一样自然，大多数情况下来自为了学习之用而特别制造的学习资源。这样的语言输入其有效性受到很多因素的影响，比如制作资源的媒体工具、学习内容的选择、制作者的经历等。从输入假设的要求来看，语言输入应具备足够的量、可理解、有趣、相关等特征，这样有利于学习者沉浸于学习，充分利用输入信息进行语言知识的建构。现有的很多资源以还原课堂教学场景为主，在内容上和形式上都比较单调乏味，可理解性一般，因此难以激发学习者的学习欲望，有效性不容乐观。知识可视化外语学习资源应充分利用多媒体手段，以生动活泼的方式表达知识，比如为语言文本配以相关的图片、角色扮演视频、动画等，以此提高学习资源的可理解性、趣味性和相关性，增强学习者的学习动力，增加语言信息的实际输入量。

3. 改善学习者的学习心理状态

学习者在学习过程中的心理状态对学习效果有着重要的影响。情感过滤假设认为，动力、性格和情感状态等情感因素会影响语言输入的实际接收量，负面的情感因素会导致更多的语言输入被过滤，而正面的情感因素则会让更多的语言输入进入工作记忆进行处理。学习动力和性格主要由学习者内因决定，而情感状态则可以在很大程度上受到外部因素的影响，其中，学习资源的知识呈现方式是一个重要因素。根据情感过滤假设，情感状态主要包括焦虑和放松两种状态，前者是负面的，后者是正面的。外语学习资源的知识视觉呈现效果会对学习者的焦虑水平产生较大影响。焦虑源自很多因素，包括资源难度、信息量、学习干扰、节奏、任务引导等，这些因素可以在资源设计层面进行改善，优化的知识视觉表征和呈现方式能够降低这些因素的负面影响。知识可视化外语学习资源应合理利用各种视觉元素，在涵盖学习内容的前提下适当减小资源的信息量，尽量避免视觉干扰因素，降低认知难度，把控学习节奏，增强对学习任务的引导，从而减少学习者的认知负荷，帮助学习者以放松的状态从容地进行学习。

4. 提高学习资源的交互性

外语学习强调基于语言交际环境的交互，学习者需要在学习中感觉自己是一个真实的交际者。输出假设强调了语言输出在学习中的重要作用，同时也认为学习者需要被环境“驱使”进行输出，而交互就是一股重要的“驱使力”。交互是一个双向的过程，当学习者处于交互的环境中时，会不自觉地增强语言输出的力度，但这也取决于交互性的强度，交互性越强，输出就越多。在基于资源的在线学习的情境下，交互性是外语学习的一大弱势，以课堂呈现为主的学习资源往往给人以疏远的感觉，资源使用者像是一个可有可无的旁观者，难以融入情境。问题的根源在于学习者在学习过程中体验不到作为“真实的人”与资源进行互动的感觉，与教师的交互、语言交际语境、思维层面的互动以及人机交互体验都比较差。知识可视化外语学习资源应利用各种视觉表征、视觉元素和媒体手段，着力优化资源的交互性，让学习者身临其境，感受到教师的指导、与资源思想上的碰撞和操作层面的交互，从而提高语言学习效果。

5. 促进语言输入信息的吸收

从二语习得过程来看，语言输入是语言习得的一个前提条件，关键还在于吸收，经吸收的语言知识经过内化成为个人中介语系统的一部分。然而，并不是所有输入的信息都能被吸收，首先需要经过“注意”这一环节，而经注意输入也只有一部分能够最终被吸收。从这一过程看，信息是否被注意是一个关键因素，决定了语言信息是被选择进入下一加工环节还是被舍弃，如果关键语言信息没有被学习者注意到，则会影响下一步的吸收过程，进而影响整体学习效果。因此，知识可视化外语学习资源应通过视觉手段，配合听觉通道提高关键语言信息的视觉突显性，从而引导学习者的注意力，帮助其注意到重要的语言文本信息，并帮助其理解重要的语义信息，从而使学习者能够分清主次，从容地观看资源，增加二语习得过程链中的有效输入，提高学习效率和效果。

4.2　多维视角下的外语学习资源设计

4.2.1　认知负荷视角

4.2.1.1　二语习得中的认知负荷

从二语习得的相关理论可以看出，知识可视化外语学习资源应注重改善学习者的学习心理状态。学习者的情感状态对于语言输入的注意、处理和吸收都具有很大的影响。负面情感，比如动力不足、自信心缺乏、高水平焦虑等会加强语言输入的情感过滤，进而影响信息的吸收和整合等过程，最终降低学习效果。导致学习者负面情感的因素有很多，其中与学习资源相关的认知负荷水平是一个重要方面。人类的记忆主要包含工作记忆和长时记忆，其中工作记忆是信息加工的主要场所且容量极为有限；长时记忆是储存信息的场所，其容量可视为无限，但其信息必须被提取到工作记忆中才能被加工。[221]因为工作记忆的容量有限，当学习者在处理学习任务或内容时，就会产生认知负荷。过于复杂的任务会造成过高的认知负荷水平，学习者就会陷入自信心受挫、高水平焦虑等负面情感状态。

澳大利亚新南威尔士大学的认知心理学家 Sweller 于 1988 年正式提出认知负荷理论（cognitive load theory）。[222]认知负荷是指在学习任务的完成过程中，信息资源所耗费的认知资源的总量。Sweller 把认知负荷分为内在认知负荷、外在认知负荷和关联认知负荷三类。其中内在认知负荷（intrinsic cognitive load）是由学习材料的难度水平带来的负荷，是知识本身所带来的认知负荷，由学习材料中包含的概念或元素的数量、相互关系及学习者的经验水平决定；外在认知负荷（extraneous cognitive load）是由学习无关活动引起的，不是学习者建构图式所必需的，比如因为信息呈现和教学处理不当而造成与教学目标无关的认知负荷；关联认知负荷（germane cognitive load）是指不是必需但又有利于图式建构的认知负荷，源于学习者有能力投入额外的认知资源来促进图式的建构，与关联认知负荷相关的因素包括学习材料的熟悉度和学习活动对学习者的要求等。由此可知，认知负荷水平与学习资源的信息量、知识点难度、任务要求、呈现方式等因素密切相关。

4.2.1.2 认知负荷视角下的资源设计要素

认知负荷理论预示着知识可视化外语学习资源应充分利用多通道、多媒体、交互性等优势，合理调整学习者在使用资源过程中的认知负荷水平，促进语言认知进程。从三种认知负荷的定义和作用看，知识可视化外语学习资源应将内在认知负荷控制在合适的水平，降低外在认知负荷，并提高关联认知负荷。内在认知负荷的高低取决于学习者对学习资源难度的感知，而这一主观感知源自学习者自身的认知水平与学习资源所蕴含的知识特征之间的关系。知识点的难度超过学习者的认知水平太多会造成内在认知负荷的超载，而低于学习者的认知水平太多又会造成内在认知负荷过低。两种情况都不利于发挥资源的使用效果，前者会让学习者产生焦虑情绪，资源的可理解性也大打折扣，进而影响语言的实际输入量，降低学习效果；后者会让学习失去挑战性，无法让学习者获得实际上的进步，造成学习投入的浪费。外语学习资源内在认知负荷的控制关键在于学习内容（知识点）的安排以及任务的设置，要求资源设计制作人员较好地了解学习者的知识水平和能力，遵循二语习得“i + 1”和可理解的原则。学习资源包含知识的信息量也会影响内在认知负荷水平。在自主学习的情境下，学习者的注意力保持能力有限，信息量过大会造成内容拥挤、资源篇幅过长，从而使学习者在完成学习之前感到疲劳，失去学习的兴趣。外在认知负荷与学习资源的学习任务设计和视觉信息处理方式密切相关。认知负荷理论认为，如果学习内容的设计和呈现方式不当，容易给学习者造成较高的外在认知负荷，干扰其正常学习，例如，在介绍目的语某一习俗时，过多的文字描述会增加外在认知负荷，如果采用图像配合精简的文字描述，则负荷降低，学习效果会更好。语言是一个内部相互关联的符号系统，不存在完全独立的语言符号，因此，在对某一外语知识进行表征时，不可避免地会牵涉其他语言知识，但如果偏离了主题，过多地呈现了教学目标之外的语料，则会增加文字篇幅和外在认知负荷，容易让学习失去方向和重点。丰富的视觉信息呈现是当前在线学习资源的一大特征，虽然各种静态、动态的图示、图像能够提升认知效果，但是增加视觉信息也会提高学习者的认知资源投入，如果视觉信息取舍不当，次要信息呈现过多，就会增加外在认知负荷水平，影响对重点学习内容的处理。因此，外在认知负荷的控制可以通过改变学习材料的设计和呈现方式而实现。[223]关联认知负荷与学习资源的友好性有关。外语学习资源应该“以人为本”，重视各种人性化的设计，帮助学习者顺利使用资源开展学习。在缺乏教师指导的在线学习条件下，教师课堂授课所需要提供的必要帮助主要由学习资源承担，其中对学习任务的引导和提示是一个重要方面。如果外语学习资源缺乏必要的任务介绍和知识准备，直接进入任务过程，容易引起学习者的不安情绪，也容易让学习者不知所措，影响学习进程；如果缺乏合理的学习策略支持，学习者也无法充分发挥学习资源的作用。因此，外语学习资源应给予学习者必要的指导，从而提高关联认知负荷，帮助学习者构建图式。

从上述分析可以看出，知识可视化外语学习资源的认知负荷主要取决于以下几个要素：一是单个资源的信息量，过多的信息呈现会让学习者的大脑产生疲劳，造成语言信息溢出，降低工作记忆的信息处理效率；二是学习资源对完成学习任务所提供的提示和指导，有效的任务提示和指导能够帮助学习者做好充分的学习准备，避免在自主学习过程中面对资源无所适从；三是资源画面的相关性，与知识内容密切相关的画面内容能降低认知难度，而过多的无关画面则会影响学习者对重点的把握，不利于知识建构；四是提供的学习参数自定义选项，具备这一功能的学习资源能够帮助学习者在知识水平与资源难度不符时将任务难度调整到适合自己的水平，避免认知超载。

4.2.2 视觉注意视角

4.2.2.1 二语习得中的视觉注意

根据对二语习得理论的分析，知识可视化外语学习资源应促进对语言输入信息的吸收，而吸收离不开经注意输入的语言信息。学习者的注意对于语言习得（尤其是学得）来说是极其重要的一个因素。注意是语言输入信息被学习者进行处理和吸收的前提，并且也是学习者对语言输出进行有效监控的必要条件。Robin 指出，注意是长时记忆进行编码的必要条件，并且个人不同的注意力资源分配会影响学习内容的注意程度，进而影响二语学习的效果。[224]然而，注意并不完全由学习者自身决定，在很大程度上还取决于语言输入信息对于注意力的引导能力。传统的外语学习资源缺乏对学习者注意的引导，在大量的语言材料面前学习者容易迷失学习的方向和重点。注重外语知识视觉呈现的学习资源应加强对学习者视觉注意的引导。

Sternberg 认为注意是人类积极地通过感觉器官、存储的记忆或其他的认知过程获得大量信息的手段，从而利用有限的认知资源对有意义的刺激作出快速和准确的反应，其中一个功能就是进行选择性注意，即有目的地注意或忽略某些刺激。[225]选择性视觉注意是人类信息加工中的一项重要心理调节机制，是从外部输入的信息中选择和保留有用信息，拒绝无用信息的意识活动，这种意识活动在某种程度上指导着人类的行为。[226]在图像阅读中，"注视是一种选择行为。我们的视线总是在忙碌，总是在移动，总是将事物置于它的事物链中，构造出呈现在我们面前的状态"。[227] Schmidt 界定了影响学习者注意的六个因素，分别是频率、突显性、指示、信息处理能力的个别差异、准备程度以及任务难度，其中频率、突显性、指示、任务难度这四个因素可以根据教学的具体情况进行人为调节，而视觉突显性又是影响输入强化的一个关键性因素。[217] Skehan 认为注意力能够促进工作记忆与长时记忆的整合与转换，并强调外语学习者在处理信息的过程中，既要注意语言的意义（focus on meaning），也要注意语言的形式（focus on form），从而使言语产出更加准确、流利和复杂。[203]

4.2.2.2 视觉注意视角下的资源设计要素

视觉注意理论表明，知识可视化外语学习资源应充分发挥视觉信息呈现的优势，遵循人类的视觉注意规律，帮助学习者将注意力集中到重点知识内容，提高学习效率。知识可视化外语学习资源包含的元素丰富多样，视觉信息输入量大，尤其需要对重点信息进行引导，鉴于语言学习的特性，需要从突显性、指示、频率等因素进行考虑，其中突显性是核心因素。突显性是认知语言学中的一个重要概念，被广泛应用于语言学的各个研究领域。突显性最早由丹麦心理学家埃德加·鲁宾（Edgar Rubin）于1915年提出，他使用了著名的“人脸－花瓶”的案例（图4.6）来说明“图形－背景”理论。我们无法同时看到人脸和花瓶，说明两者是分离的，但其中的一方为突出显示另一方起到了不可或缺的作用。美国认知语言学家Talmy首次提出将“图形－背景”理论应用于语言学研究，并将图形和背景的分离作为语言信息组织的基本原则。[228] Ungerer和Schmid认为，相较于背景，图形让人感觉更加突出，并且心理学研究已经证明了图形更加容易被识别和记住，并与意义、感觉和审美价值相关联。[229] Langacker从认知语言学的角度提出了结构突显的概念（即某些语言结构相对于其他结构在语义上具有突显特征），并主要阐释了两种类型的结构突显：基体（base）和侧面（profile）、射体（trajector）和界标（landmark）。[230]语言单位的意义取决于基体和侧面的关系，基体是描述的出发点，而侧面是被突显的基体的一部分，是注意焦点也是语言单位的意义所在，比如“Milky Way”如果只关注基体则会翻译成“牛奶路”，而其真正的意义来自利用基体性状对“银河系”所进行的比喻；射体和界标的关系本质上就是图形和背景的关系，在语言单位中具有特殊突显价值的参加者称为“射体”，其他的则叫作“界标”，一般而言，射体通常是主语，而界标一般是宾语，比如“Brazil defeated Germany in finals!”与“Germany was defeated

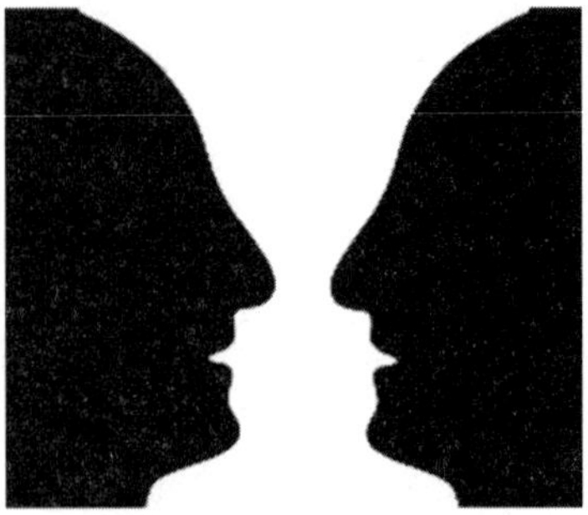

图4.6　人脸－花瓶

by Brazil in finals!”这两句话虽然深层结构相同，但其实意义并不完全相同，前者强调 Brazil，而后者强调 Germany。[231]

从语言突显性的理论来源和认知语言学的发展来看，应从两个方面着手增强语言的突显性。一方面是从语言信息的文字组织入手，提高文本信息重要字段的突显性，比如新闻报道通常将最能吸引读者兴趣的字眼置于标题语法结构的显要位置。另一方面，可以回归“图形－背景”理论的本质，通过合理呈现文字之外的视觉元素帮助学习者去识别和理解语言单位的基体和侧面以及射体和界标。突显性对于知识可视化外语学习资源的设计制作具有重要参考价值。语言文字符号是外语学习的一个重点，外语学习资源不可避免地会呈现很多以文字为主的画面，而文字的形态特征让学习者无法快速地辨别信息要点，在视觉信息呈现时间有限的情况下，不利于学习者获取知识。外语学习需要关注语言的意义，也需要关注语言的形式，但在注意力资源有限的条件下，学习者优先处理的是意义，然后才是形式，而与意义相关的语言形式会得到优先处理。[232]因此，有必要将描述重点知识内容和表达及传递意义的语言信息进行突显，帮助学习者关注语言形式。指示手段能够从语言表达内部和语言信息外部提升语言成分的突显性。内部手段主要指通过语法标记词汇和指示词来突显语言单位的某个部分，外部手段主要指通过其他视觉元素指出语言单位的重点表意部分，下划线、箭头、形状、颜色等都可以成为指示手段，使用图像辅助也是有效的意义指示方法。语言表达出现的频率是语言习得的一个重要影响因素，重复能够增强语言突显性，促进语言认知。儿童在习得语言的过程中，需要周围的照看人不断地对其重复各种语言表达，在不断形成假设、检验假设的过程中理解语言表达的意义并相对固化下来。成人学习外语时，如果重复遇到同一个语言表达，也能够帮助其巩固假设和促进记忆。

从上述分析可以看出，知识可视化外语学习资源对视觉注意的引导主要取决于以下几个要素：一是突出显示内容的标记手段，各类标记手段能够提高语言文本信息的视觉突显性，引导学习者依次阅读信息，也能帮助学习者抓住阅读重点，促进识记和理解；二是提示性的视觉文本信息，这类信息配合听觉文本在恰当的时间点出现，能够帮助学习者关注语言信息的重点和难点，辅助学习者进行理解；三是提示性的图像信息，这类信息为语义信息营造了生动的同步情境，能够提高意义的呈现效率和深度，从而帮助学习者注意到所蕴含的语义信息并促进理解；四是语言信息出现的频率，高频出现的语言信息更容易引起学习者的注意并加深记忆和理解，有助于改善中介语的石化问题。

4.2.3 社会临场感视角

4.2.3.1 二语习得中的社会临场感

根据二语习得理论的启示，知识可视化外语学习资源应营造良好的语言习得环境并提高学习资源的交互性。二语习得理论强调了语言的社会性功能，不管是习得-学得差异假设还是输出假设，利用目的语进行社会交际都被看作是语言学得和习得的目标和必然途径，也是获得真实的语言输入和进行语言输出的一种方式。很多外语教学法也都提倡鼓励学习者通过语言交际提高外语能力，比如交际教学法。然而，语言交际需要良好的社会情境予以支撑，需要让学习者亲身经历或产生类似的体验，否则学习者难以融入语境，难以对语言输入有更加深刻的理解，也难以激发语言输出的欲望，这也是二语学习环境与外语学习环境的本质差别所在。基于学习资源的在线外语学习本质上也是一种计算机中介交流（computer-mediated communication），一些真实的社会线索会被过滤，导致在线交流情感的缺失，从而使学习者产生孤独感和隔离感。社会临场感（social presence）能够促进计算机中介交流过程中的社会性交互，增强学习者的归属感，社会临场感是描述虚拟学习环境中社会性交互的最好概念之一。[233]

社会临场感，又称社会存在感，最初由 Short 等于 1976 年提出，用于解释信息传播环境中媒体在维持人际关系与互动方面所起到的作用，具体指在以媒体为中介进行交流的过程中，个体被视为“真实的人”的程度及与他人联系的感知程度。[234] Gunawardena 认为，社会临场感不仅是媒体的属性，也是人与媒体交互过程中产生的一种心理感知。[235] Garrison 等认为，社会临场感是指在网络媒体环境下，社区参与者试图在社交和情感上把自我投射为真实的人的能力。[236] Tu 认为社会临场感受到社会情境、在线交流和交互三个因素的影响，其中交互是社会临场感的基础。[237] 王广新认为社会临场感应该包括面对面与达意程度、互动性、非语言信息、亲切感、真实感等五个因子。[238] 有研究表明，社会临场感对学习效果具有显著影响，Wei 和 Chen 认为，用户界面对社交线索具有显著影响，两者又对社会临场感具有显著影响，同时，社会临场感对学习交互具有显著影响，进而影响学习效果。[239]

4.2.3.2　社会临场感视角下的资源设计要素

社会临场感理论要求面向外语交际能力的知识可视化学习资源应注重提高学习者体验到的社会临场感，促使其融入资源所营造的社会语境。语言学习强调在一定的社会情境中进行语言交际，创造接近真实的交际体验，有助于提升知识可视化外语学习资源所带来的社会临场感。从社会临场感的定义和影响因素可以看出，外语学习资源社会临场感的提高需要从亲切感、真实感、互动性等方面进行考虑，归根结底是要让学习者感觉并不是一个人在孤独地学习，而是有教师的指导和学伴的交流。具有亲切感是外语学习资源产生社会临场感的必要因素。百度词典对“亲切”一词的释义为“人态度亲爱和善、态度亲切”，可见亲切感来源于人，就外语学习资源而言，亲切感来源于主讲教师。资源播放的教师声音能够让学习者感觉到教师的存在，语音内容的合理处理能够让学习者感觉到亲切，但如果学习者只能闻其声不能见其人的话，亲切感会大打折扣，因为人的表情、动作等肢体语言也是对他人感觉产生影响的重要因素。当前，在线学习资源中教师图像的呈现方式及其对学习效果的影响也是资源开发研究的一个重要方面，社会临场感是其中的一个重要切入点。真实感要求学习者感觉正作为真实的人参与学习过程。首先，真实感是课堂参与的真实感，即学习者应具有坐在教室听课的感觉，知识内容的呈现有如课堂讲授的再现。真实感主要不是来源于知识本身的呈现，更多的来自学习资源对学习过程的引导性支持，满足学习者对学习指导的诉求。其次，真实感是学习过程中语言交际的真实感。语言是一种用于社会交互的符号系统，语言的使用总是离不开语境，外语教学的目的在很大程度上就是培养学习者在特定语境中利用目的语进行交际的能力，因此，外语学习资源需要创造良好的语境来提升交际真实感。互动性包括教师与学习者的互动和学习者与资源的互动两个方面。在基于外语学习资源进行自主学习的情境下，教师与学习者的互动主要来自预设的教师授课语言，包括言语和非言语手段。言语手段主要是基于学习进度和任务要求对学习者进行口头引导，如果对学习者的心理期望预测准确，则会产生较强的互动感；非言语手段包括教师的表情、手势、肢体动作等，非言语手段的合理呈现能够促使资源与学习者产生行为和情感上的互动。学习者与资源的互动一方面是操作层面的互动，要求学习资源界面友好，导航按钮布局合理、层次分明、逻辑性强，操作步骤一目了然并且给予及时的反馈；另一方面是思维层面的互动，要求学习资源所呈现的内容与学习者相关并且有趣，能够激发学习者在思维层面产生共鸣，从而积极地与学习内容进行互动。

从上述分析可以看出，知识可视化外语学习资源的社会临场感主要取决于以下几个要素：一是教师图像的呈现，在资源中嵌入教师的图像尤其是动态图像能够弥补资源交互性不足的问题，让学习者感受到教师的指导，增强类似现场学习的体验；二是资源所营造的语境，语境是语言交际不可缺少的元素，利用图片、视频等视觉手段能够创设更加强烈的语境，帮助学习者更好地融入语言交际场景，成为参与其中的一分子；三是学习者与资源在思维层面的互动，利用具有感染力的配图等视觉元素能够激发学习者产生共鸣，与资源进行思维层面的交流互动；四是学习者与资源在操作层面的互动，利用计算机技术和媒体技术增强学习资源在操作层面的交互功能可以改善在线学习缺乏学伴的问题，通过导航、反馈等方式协助学习者顺利完成学习任务。

4.2.4　现代学习方式视角

信息技术的发展促生了新一轮的学习方式与教学模式变革，无线网络技术与移动智能终端的发展让学习可以遍布人们工作生活的每个角落和空隙。在这一背景下，碎片化学习、微型学习、泛在学习、移动学习、翻转课堂等理念应运而生。外语学习同样接受着这一场变革的洗礼，外语学习阵地已经逐步从课堂向网络发展，从固定网络终端向移动终端发展，这种变化势必会对知识可视化外语学习资源提出新的要求。因此，应牢牢抓住信息技术促进教育变革的契机，开发支持现代学习方式的外语学习资源。

现代学习方式的特点与现代社会人类的行为环境和方式密切相关，比如技术环境、媒体环境、时间管理、兴趣爱好、知识需求、社交方式等。总体来说，现代学习方式主要体现出以下几个特点：（1）自主性。在线进行是现代学习的一个重要趋势，学习者可以在任何时间、任何地点，利用任何设备进行自主学习。随着网络技术在外语教学中的广泛运用，促进在线自主学习已经成为指导外语教学改革的一项重要原则。[240]学习者需要根据自身的情况去安排学习，也基本上依靠自觉性去主动进行探索和思考，学习效果和学习进度往往需要自己去把握。因此，学习自主性要求学习者具有主体意识和内在动力，具有独立发现、分析及解决问题的能力。（2）探究性。现代学习方式需要学习者基于资源所创造的学习情境去发现和探究问题。学习者凭借自己的洞察力去发现材料中蕴含的探究性问题，通过积极投入去感受学习的乐趣与魅力。静态知识的掌握不再是衡量学习效果的唯一标准，学习过程中的问题探究能力和问题解决能力同样重要。从建构主义的角度考虑，外语学习离不开社会文化背景，即“情境”。基于情境的外语学习可以激发学习者的联想力和探究动力，促使其利用自己原有知识和经验去同化和顺应当前学习到的新知识，建立新旧知识之间的联系，并赋予新知识以某种意义。[241]（3）碎片化。在现代学习方式下，集中式的学习已经不再是一成不变的模式，碎片化成为一种流行趋势。学习者，尤其是成年学习者，可以利用工作生活中闲散的碎片化时间，在各种不同的物理空间进行学习，将学习内容化整为零，对知识点进行逐个消化、吸收、重组，进而完成学习目标。随着国家对外交流的日益频繁，人们学习一门外语（主要指英语）的热情前所未有，这成为新生代年轻人的一种学习常态。社会学习者往往利用日常工作学习之余闲散的、碎片化的时间来学习外语，在公交车上、候车厅里、餐桌旁等各种场合，通过智能手机、平板电脑等移动终端来浏览外语在线学习资源。然而，这种“忙里偷闲”式的碎片化学习无法处理大型的学习任务，因此，需要面向这类学习人群开发碎片化的在线学习资源。外语学习的碎片化主要体现在三个方面：一是学习时间的碎片化，二是知识内容的碎片化，三是学习空间的碎片化。[242]（4）个性化。个性化是现代学习相较于传统学习的一大优势，赋予了学习者根据自己的学习特点和学习水平进行针对性学习的机会。个性化是因材施教理念的体现，尊重学习者之间的差异性，为每个学习者提供适合自己的资源，培养学习者独立学习的能力。《大学英语课程教学要求》指出，“应以现代信息技术，特别是网络技术为支撑，使英语的教与学可以在一定程度上不受时间和地点的限制，朝着个性化和自主学习的方向发展。”[39]由此可见，外语在线学习事实上承担着将传统外语教学模式引入个性化之路的重任，而在线学习资源作为这一过程的关键因素，对实现个性化起着关键作用。

从上述分析可以看出，知识可视化外语学习资源对现代学习方式的支持主要取决于以下四个要素：一是对自主学习的支持，自主学习是学习资源的重要应用情境，利用多媒体手段能够增强资源的易用性，帮助学习者把控学习进度，顺利完成学习过程；二是对探究学习的支持，通过多样化视觉元素的运用能够创设更加丰富和引人入胜的情境，促使学习者主动探究语言的意义和使用规则；三是对碎片化学习的支持，对知识点进行合理的切割、减小单个资源的长度有利于现代学习者充分利用闲暇时间对知识点进行完整的学习，提高学习的深度；四是对个性化学习的支持，利用交互技术能够为学习者提供多样化的学习路径，帮助其结合自身的学习水平和进度选择学习内容，同时提供学习参数的自定义功能可以使资源更好地符合学习者的认知水平和风格。

4.3　外语学习资源使用效果影响因素分析

4.3.1　研究设计与实施

1. 研究目的、方法和假设

本研究目的在于探索影响外语学习资源使用效果的各项因素，从而为后续提出视觉呈现设计策略提供依据。研究使用结构方程模型方法来探索影响外语学习资源使用效果的影响因素。前文从二语习得的视角分析了知识可视化外语学习资源的设计要素，并由此引出认知负荷、视觉注意、社会临场感、现代学习方式等多个视角对设计要素进行了更加深入的多维分析。根据前文分析结果，研究初步构建外语学习资源使用效果影响因素模型（图4.7）。

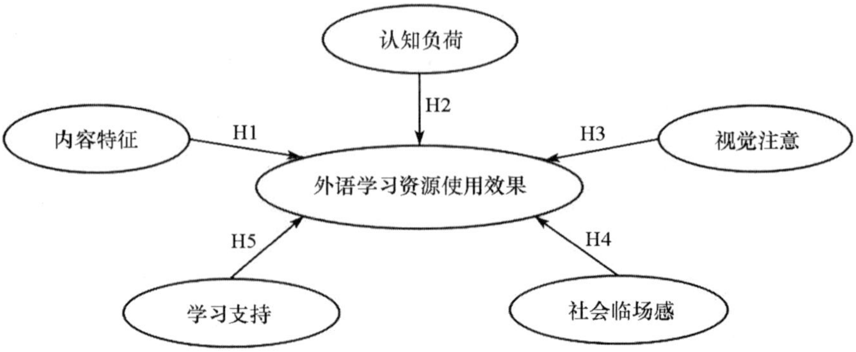

图 4.7　外语学习资源使用效果影响因素

根据该模型，影响外语学习资源使用效果的因素来自内容特征、认知负荷、视觉注意、社会临场感、学习支持五个维度。“内容特征”源自对语言输入内容有效性的要求，“认知负荷”源自改善学习者学习心理状态的要求，“视觉注意”源自促进语言输入信息吸收的要求，“社会临场感”源自营造语言习得环境以及提高资源交互性的要求，“学习支持”源自支持现代学习方式的要求。依据前文对各个维度设计要素的具体分析，研究为每一个影响因素（潜变量）设置了 4 个观测变量并进行了解释（表 4.1）。

表 4.1　外语学习资源使用效果影响因素变量

潜变量	观测变量	观测变量含义
内容特征	a1 信息输入量	资源提供的目的语相关信息输入量
	a2 可理解性	资源内容对于学习者而言可理解
	a3 趣味性	资源内容生动有趣
	a4 相关性	资源内容与学习者自身经历相关
认知负荷	a5 信息量	单个资源内容的信息量
	a6 任务指导	提供学习任务提示和指导
	a7 画面内容	画面无关视觉信息数量
	a8 自定义选项	学习者能够自定义学习参数

续表

潜变量	观测变量	观测变量含义
视觉注意	a9 内容标记	使用标记方法突出显示重要的视觉信息
	a10 文字提示	使用文字提示信息导向重要的语言信息
	a11 图像提示	使用图像提示信息导向重要的语义信息
	a12 出现频率	增加语言项目出现的频率
社会临场感	a13 教师图像	呈现教师图像
	a14 语境创设	使用图片、视频、动画等创设语境
	a15 思维交互	资源内容能引起学习者思想上的共鸣
	a16 人机交互	资源具有良好的人机交互功能
学习支持	a17 自主学习支持	为自主学习提供策略支持
	a18 探究学习支持	为探究学习创设情境
	a19 碎片化学习支持	将学习内容进行碎片化处理
	a20 个性化学习支持	为个性化学习提供支持

根据上述模型，研究提出如下假设：

H1：外语学习资源的内容特征对使用效果具有影响；

H2：外语学习资源带来的认知负荷水平对使用效果具有影响；

H3：外语学习资源的视觉注意引导对使用效果具有影响；

H4：外语学习资源产生的社会临场感对使用效果具有影响；

H5：外语学习资源对现代学习方式的支持对使用效果具有影响。

2. 研究工具及实施过程

研究根据初步提出的模型以及设定的变量制定了调查问卷（见附录 2）。问卷包括 5 个潜变量，共 20 个题项，采用里克特五级量表形式，选项“非常不同意”“不同意”“不确定”“同意”“非常同意”分别记为 1 至 5 分。问卷通过“问卷星”编写并发放。在正式实施问卷调查前，先进行了小范围的预测，共调查了二年级大学英语课程的 37 名学生。使用 SPSS 19.0 对问卷整体及各个维度进行信度分析，计算克朗巴哈系数（Cronbach's α），问卷整体的信度为0.974，各个维度的信度如表4.2所示。通过信度分析可知，问卷整体及各个维度的信度均高于0.7，可见该问卷信度良好。

表4.2 《学习资源使用效果影响因素调查问卷》信度分析

维度	Cronbach's α
内容特征	0.919
认知负荷	0.894
视觉注意	0.921
社会临场感	0.909
学习支持	0.896

问卷调查正式实施时的调查对象为具有在线外语学习资源使用经历的学生。研究向某高校内部在线课程平台的英语类课程用户发放，该平台共有三门英语类课程：大学英语（口语）、大学英语综合以及大学英文写作。问卷发放对象为大学英语课程刚刚结课的大三学生。问卷通过“问卷星”生成链接发放，调查周期为7天，共返回问卷549份，其中有效问卷478份，有效率为87.1%。问卷数据使用SPSS 19.0及Amos 21.0进行分析。

4.3.2 结果分析

1. 描述性分析

利用SPSS 19.0对问卷中所有题项的调查结果进行描述统计分析，计算各题项的平均值和标准差，结果如表4.3所示。

表 4.3　《外语学习资源使用效果影响因素调查问卷》数据描述

维度	题项	平均值	标准差	平均值（整体）	标准差（整体）
内容特征	a1 信息输入量	4.11	1.056	17.10	3.448
	a2 可理解性	4.25	0.991		
	a3 趣味性	4.42	0.928		
	a4 相关性	4.31	0.953		
认知负荷	a5 信息量	3.87	1.078	15.99	3.446
	a6 任务指导	4.18	0.947		
	a7 画面内容	3.83	1.185		
	a8 自定义选项	4.12	1.008		
视觉注意	a9 内容标记	4.23	0.930	16.89	3.382
	a10 文字提示	4.18	0.958		
	a11 图像提示	4.29	0.895		
	a12 出现频率	4.19	0.945		
社会临场感	a13 教师图像	4.04	1.010	16.74	3.424
	a14 语境创设	4.27	0.922		
	a15 思维交互	4.32	0.903		
	a16 人机交互	4.12	0.990		
学习支持	a17 自主学习支持	4.16	0.955	16.62	3.449
	a18 探究学习支持	4.21	0.911		
	a19 碎片化学习支持	3.99	1.102		
	a20 个性化学习支持	4.26	0.926		

注：$N=478$。

从表中可以看出，所有题项的得分都高于或接近 4 分，说明学习者在这些方面的外语学习资源期望都比较高。其中内容特征维度得分最高，说明资源内容是学习者最为关注的因素，其中又以 a3（趣味性）最为突出，说明在线学习情境下学习者比较关注资源是否有趣。视觉注意、社会临场感、学习支持等维度的得分比较接近，其中视觉注意维度 a11（图像提示）的得分最高，说明学习者偏好观看图像类视觉元素，a9（内容标记）得分也较高，说明学习者需要通过各类标记手段引导注意力；社会临场感维度 a15（思维交互）得分最高，说明学习者注重与资源内容思维层面的互动，a14（语境创设）得分也较高，这与有关互动的诉求是一致的，因为良好的语境可以改善互动体验；学习支持维度 a20（个性化学习支持）得分最高，说明学习者对于个性化学习的期望很高，a19（碎片化学习支持）得分相对较低，说明学习者期望能够获得短小精悍又不失系统性的学习资源。认知负荷维度整体得分相对略低，说明学习者对于认知负荷的关注不如其他维度，这或许是因为他们所使用过的外语学习资源难度并未超过大学英语课程大纲，所以对认知负荷因素并没有深刻的感受，该维度 a6（任务指导）、a8（自定义选项）得分最高，这也与学习者对于学习支持的期望相一致。

2. **模型拟合分析**

研究采用验证性因子分析（confirmatory factor analysis，CFA）进行模型拟合分析，验证性因子分析是结构方程模型的一种次模型，验证性因子分析包括一阶验证性因子分析和二阶验证性因子分析，本研究选择 AMOS 21.0 来进行验证性因子分析。研究首先利用 AMOS 软件建立一阶验证性因子分析假设模型（图 4.8）。

在 AMOS 21.0 中选用极大似然法（maximum likelihood）估计参数假设，模型拟合度不佳。根据修正指数及估计参数对模型进行修正，依据实际情况对观测变量残差项之间建立了相关关系。修正后的模型及标准化路径系数如图 4.9 所示。

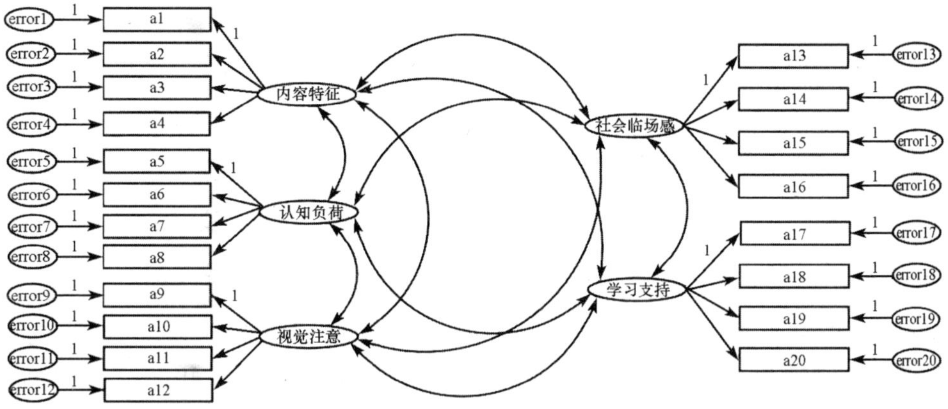

图 4.8　一阶验证性因子分析假设模型

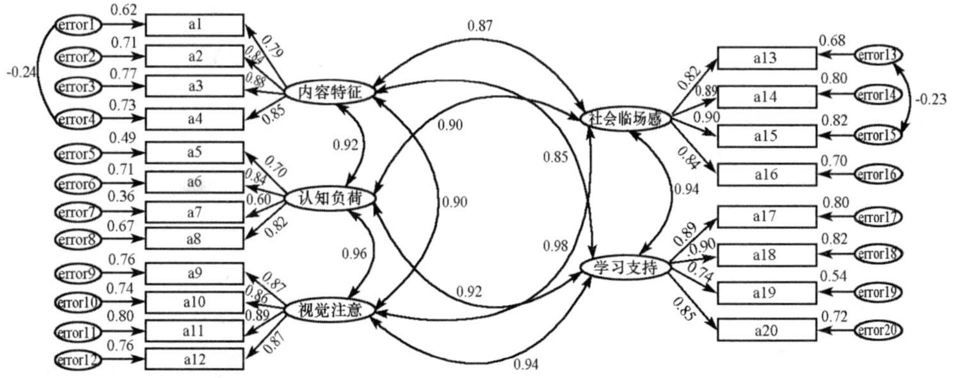

图 4.9　一阶验证性因子分析修正模型

修正后的模型中所有标准化路径系数均处于取值范围，拟合路径系数如表 4.4 所示。

表 4.4　一阶验证性因子分析修正模型拟合路径系数

路径	估计值	标准误差	临界比	*P*
a10 < --- sjzy	0.859	0.039	26.289	***
a9 < --- sjzy	0.873			
a6 < --- rzfh	0.838	0.058	17.787	***
a5 < --- rzfh	0.710			
a1 < --- nrtz	0.790			
a3 < --- nrtz	0.879	0.045	21.715	***
a4 < --- nrtz	0.854	0.051	19.014	***
a7 < --- rzfh	0.600	0.073	12.747	***
a8 < --- rzfh	0.816	0.062	17.337	***
a11 < --- sjzy	0.896	0.034	28.713	***
a12 < --- sjzy	0.872	0.038	27.049	***
a13 < --- shlcg	0.829			
a14 < --- shlcg	0.892	0.039	25.093	***
a15 < --- shlcg	0.906	0.042	23.478	***
a16 < --- shlcg	0.832	0.044	22.377	***
a17 < --- xxzc	0.894			
a18 < --- xxzc	0.900	0.032	30.035	***
a19 < --- xxzc	0.738	0.047	20.286	***
a20 < --- xxzc	0.856	0.035	26.776	***
a2 < --- nrtz	0.844	0.049	20.606	***

注：* $P<0.05$，** $P<0.01$，*** $P<0.001$；nrtz = 内容特征，rzfh = 认知负荷，sjzy = 视觉注意，shlcg = 社会临场感，xxzc = 学习支持。

由表 4.4 可知，由于 a1 < --- nrtz、a5 < --- rzfh、a9 < --- sjzy、a13 < --- shlcg和 a17 < --- xxzc 的未标准化回归系数设定为固定参数 1，所以这五个参数不需要进行路径系数显著性检验，标准误差、临界比和显著性

P 值均为空白。其他标准化路径的临界比均在标准范围内，参数估计值达到 0.001 的显著水平，表示回归系数显著不等于 0；潜变量与观察变量之间的因子负荷量均在建议范围内，表明该模型拟合良好。参照模型适配指数（表 4.5），可以认为该模型拟合情况可以接受，说明外语学习资源使用效果影响因素模型的变量设置较为合理。

表 4.5　一阶验证性因子分析模型适配指数

统计检验量	建议的标准或临界值	检验结果数据
绝对适配度指数		
χ^2 值	显著性概率值 $P>0.05$	377.036
GFI 值	>0.9 以上	0.925
RMR 值	<0.05	0.023
RMSEA 值	<0.05（良好）<0.08（合理）	0.055
增值适配度指数		
NFI 值	>0.9 以上	0.961
IFI 值	>0.9 以上	0.976
TLI 值（NNFI 值）	>0.9 以上	0.971
CFI 值	>0.9 以上	0.976
简约适配度指数		
卡方值与自由度的比值 NC（χ^2/df）	NC<2（严谨），NC<3（普通）	2.432（377.036/155）
PCFI 值	>0.5 以上	0.796
PNFI 值	>0.5 以上	0.784

在一阶验证性因子分析的基础上，研究又对模型进行了二阶验证性因子分析。首先在 AMOS 软件中建立二阶验证性因子分析假设模型，选用极大似然法参数估计方法，拟合结果如图 4.10 所示。

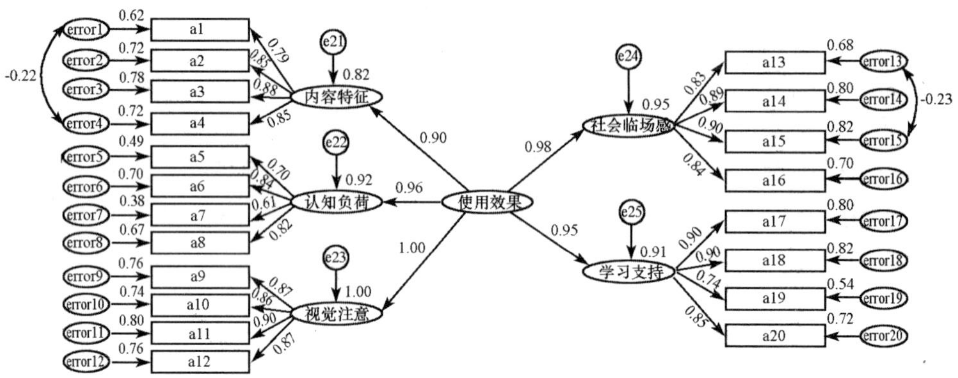

图 4.10　二阶验证性因子分析假设模型拟合结果

二阶验证性因子分析假设模型拟合的标准化路径系数如表 4.6 所示。

表 4.6　二阶验证性因子分析假设模型拟合路径系数

路径	估计值	标准误差	临界比	*P*
sjzy < --- syxg	0.998	0.055	19.571	***
xxzc < --- syxg	0.952	0.056	19.124	***
shlcg < --- syxg	0.974	0.060	18.045	***
rzfh < --- syxg	0.963	0.064	15.156	***
nrtz < --- syxg	0.905			
a10 < --- sjzy	0.860	0.039	26.337	***
a9 < --- sjzy	0.873			
a6 < --- rzfh	0.836	0.059	17.570	***
a5 < --- rzfh	0.705			
a2 < --- nrtz	0.847	0.048	20.785	***
a1 < --- nrtz	0.790			
a3 < --- nrtz	0.880	0.045	21.645	***
a4 < --- nrtz	0.848	0.051	18.923	***

续表

路径	估计值	标准误差	临界比	*P*
a7 < --- rzfh	0. 611	0. 074	12. 880	***
a8 < --- rzfh	0. 817	0. 064	16. 908	***
a11 < --- sjzy	0. 896	0. 034	28. 744	***
a12 < --- sjzy	0. 871	0. 038	27. 035	***
a13 < --- shlcg	0. 827			
a14 < --- shlcg	0. 894	0. 040	25. 000	***
a15 < --- shlcg	0. 903	0. 042	23. 366	***
a16 < --- shlcg	0. 832	0. 044	22. 291	***
a17 < --- xxzc	0. 893			
a18 < --- xxzc	0. 901	0. 032	29. 935	***
a19 < --- xxzc	0. 737	0. 047	20. 215	***
a20 < --- xxzc	0. 854	0. 035	26. 592	***

注：* $P<0.05$，** $P<0.01$，*** $P<0.001$；nrtz = 内容特征，rzfh = 认知负荷，sjzy = 视觉注意，shlcg = 社会临场感，xxzc = 学习支持。

二阶验证性因子分析假设模型的适配指数如表 4. 7 所示，可以判断该模型拟合情况可以接受。

表 4. 7　二阶验证性因子分析假设模型适配指数

统计检验量	建议的标准或临界值	检验结果数据
绝对适配度指数		
χ^2 值	显著性概率值 $P>0.05$	430. 132
GFI 值	>0. 9 以上	0. 917
RMR 值	<0. 05	0. 025
RMSEA 值	<0. 05（良好）<0. 08（合理）	0. 059
增值适配度指数		

续表

统计检验量	建议的标准或临界值	检验结果数据
NFI 值	>0.9 以上	0.955
IFI 值	>0.9 以上	0.971
TLI 值（NNFI 值）	>0.9 以上	0.966
CFI 值	>0.9 以上	0.971
简约适配度指数		
卡方值与自由度的比值 NC（χ^2/df）	NC<2（严谨），NC<3（普通）	2.688（430.132/160）
PCFI 值	>0.5 以上	0.818
PNFI 值	>0.5 以上	0.804

以上数据分析结果表明，模型整体上合理，研究提出的五项假设成立，外语学习资源使用效果受到内容特征、认知负荷、视觉注意、社会临场感、学习支持等五个维度因素的影响。

4.3.3 讨论

数据分析表明，研究提出的外语学习资源使用效果影响因素模型是可行的，这也验证了资源的设计需要遵循二语习得规律和认知规律，同时也要考虑现代在线学习情境的特点，多管齐下提高外语学习资源的有效性。

内容特征在所有维度中得分最高，说明这是学习者最为关注的方面，这与资源的基本属性和功能是一致的，即作为知识的载体，外语学习资源需要通过视听信息内容来表征知识并传递给学习者。内容特征包括资源的语言信息输入量、可理解性、趣味性和相关性等四个方面，来自二语习得输入假设对学习资源的基本要求。足够的语言输入量体现了语言习得的一个重要特征，即只有在一定的信息量积累的基础上，学习者才有可能获得实质性进步，这对资源文本信息与图像信息的平衡提出了要求；可理解是对学习资源所传达信息的最基本的要求，是在学习过程中建立中介语模型并与现有中介语系统相融合的前提，也是能否产生学习效果的前提；趣味性和相关性是资源内容的附加特征，这两项在该维度的得分最高，说明在在线学习的情境下，学习者偏好有趣和相关的内容，具有这两个特征的资源能够激发学习者的学习兴趣并使其保持持久的学习热情。

认知负荷在所有维度中得分虽然相对偏低，但较高的绝对得分值仍然说明该维度受到了学习者的重视。认知负荷体现的是学习资源带给学习者的一种心理感知，属于效果层面的因素。研究将外语学习资源的认知负荷归因于信息量、任务指导、画面内容、自定义选项等四个方面。信息量指的是单个资源的信息量，人类的工作记忆有限，资源篇幅过长、信息量过大势必会造成工作记忆的超载，影响信息的处理效果；任务指导和提示针对的是在线自主学习过程中缺少教师指导和学伴帮助这一劣势，帮助学习者在使用资源的过程中做到心中有数，最大限度地利用资源，避免因无所适从而产生的焦虑；画面内容是指资源中与知识主题无关的画面信息，生动的画面能够吸引学习者的注意力，但这也是一把双刃剑，无关的画面内容会因为占用有限的注意力资源而对学习效果产生负面影响；自定义选项允许学习者对学习参数进行调整，从而改变学习资源的难度，使其更加符合学习者的水平，也使认知负荷保持在适当水平。

视觉注意在所有维度中得分排名第二，说明该维度的重要性得到了学习者的认可。视觉注意体现了外语学习资源的视觉呈现形式对学习者生理因素的影响，是学习资源设计层面的直接特征。外语学习资源中的视觉注意可以从内容标记、文字提示、图像提示、出现频率等四个方面展开。内容标记是指使用标记手段突出显示重要的视觉信息，对于注重视觉呈现的学习资源而言，通过标记手段提高重要信息的突显性很有必要，视觉文本信息较多的外语学习资源尤为如此；文字提示是视听类外语学习资源帮助学习者理解听觉文本信息的有效手段，弹出式的文本能够将学习者的注意力导向重点、难点语言信息，促进整个语义段落的理解；图像提示与文字提示有着异曲同工之处，但图像的视觉冲击力更强，包含的语义信息更加丰富、更加形象，能够使学习者对陌生的概念和事物理解起来更加容易；出现频率主要是指增加重点学习语言项的出现次数，促使学习者增加对这一内容的注意力投入，增强记忆和理解。

社会临场感同样是影响外语学习资源使用效果的重要维度。同认知负荷类似，社会临场感也是属于效果层面的因素，体现的是学习资源带给学习者的一种心理感受。研究认为外语学习资源的社会临场感来自四个方面：教师图像、语境创设、思维交互和人机交互。教师图像是指主讲教师的动态影像在资源中的呈现，能够模拟课堂教学的场景，增强学习参与感，是让学习者感受到教师指导和教学交互的直接途径；语境创设即利用视觉手段创造良好的语言环境，语境是语言能够产生特定意义不可或缺的因素，基于语境进行学习是外语学习的一个重要特点，能够增强语言交际的真实感，让学习者感同身受；思维交互是指学习者与学习资源产生思维层面的互动，让学习者有所感悟，有所思考，达到思想共鸣的效果；人机交互是指学习者与学习资源在操作层面的互动，这种互动可以是双向的，学习者在做出选择性操作的同时，资源也可以给予相应的反馈，在一定程度上扮演学伴的角色。

学习支持是对外语学习资源有效性的一种判断，是以上多个维度特征的延伸和结果，对资源的设计具有导向作用。根据现代学习方式的主要特点，学习支持可从四个方面进行考虑，包括对自主学习的支持、对探究学习的支持、对碎片化学习的支持以及对个性化学习的支持。自主学习是当前在线学习的一个重要环节，在很多时候学习者只能基于学习资源开展学习，原本由教师和学伴提供的各种指导和帮助只能依靠资源提供，因此学习资源设计需要考虑如何引导学习者顺利完成学习过程；探究学习是发挥在线学习有效性的重要途径，外语学习同样需要探究，在资源创造的学习情境中不断地形成假设和检验假设并最终内化成新的语言知识；碎片化学习已逐渐成为当代学习者（尤其是成人学习者）的一种学习习惯，外语学习资源需要将系统化的知识进行分解，让学习者能够有效利用每一次短暂的闲暇时间逐步构筑知识大厦；个性化学习是该维度学习者最为关注的一个方面，外语学习资源需要在学习内容、任务难度、学习路径、呈现风格等各个方面满足学习者的个性化需求。

4.4　视觉呈现设计策略分析

外语学习资源使用效果的影响因素分析表明，外语学习资源的视觉呈现设计策略可以从资源内容特征、认知负荷、视觉注意、社会临场感和学习支持等五个维度进行分析，每个维度又包括了多个需要考虑的子项。结合前文对资源设计要素进行的探讨，研究提出以下几个方面的视觉呈现设计策略。

4.4.1　优化资源视觉内容

视觉内容是在线学习资源的主要组成部分，外语学习资源中的视觉内容对于配合听觉文本，帮助学习者识记语言形式、理解语言意义、运用语言规则具有重要作用。面向语言学习的资源视觉内容本质上也是一种语言输入，同语言文本信息共同承担着语义传递的任务，因此，视觉内容同样需要遵守二语习得理论有关输入的假设。据此，知识可视化外语学习资源的视觉内容处理可以参考以下策略：（1）合理分配各类视觉元素的比例。外语学习资源根本上服务于语言学习，脱离语言就难以真正学习，因此文字符号是学习的首要内容，需要保证代表语言本体的文字符号信息的输入。知识可视化注重静态、动态图像的应用，但是过多地使用这类视觉元素，忽视目的语文字符号的呈现容易造成舍本逐末的结果，使得资源形式上华丽却又浮夸，内容上丰富却又空洞。同时，外语学习也强调语义的理解和目的语文化的感知，对此，文字符号表达会显得枯燥苍白，而图片、视频等视觉元素具有明显的优势，能够配合文字符号促进理解和认知。(2) 注重视觉元素的趣味性和相关性。文字符号的内容主要取决于知识点和学习目标，但是配合文本内容出现、促进理解的其他视觉元素却是浮动的，具有很大的选择空间。二语习得输入假设认为，输入应有趣并相关，视觉元素的选择也应满足这一要求，在与语义保持一致的前提下尽量选择对学习者来说有趣和相关的内容。有趣和相关的内容能够吸引学习者增加学习投入并保持专注力。趣味性需要考虑特定社会文化背景下人们的价值观、审美观等因素，避免出现想定为有趣的内容却被学习者所排斥的情况；相关性需要考虑特定学习者人群的一般经历，选择他们关注的内容。(3) 注重视觉元素可理解性。输入假设特别强调可理解性，认为这是语言习得的前提条件。提高可理解性能够提高学习的效率和效果。对此，既需要考虑人们对视觉元素的一些普遍认知，也需要考虑学习者的具体认知情况。不同文化对于同一事物的理解存在差异，视觉元素的选择应避免因文化差异而造成理解偏差甚至是错误。不同的学习者对视觉元素的理解能力也有差异，一方面要考虑学习者的年龄层次，使用与其认知水平相符的视觉元素；另一方面要考虑学习者的外语水平，使用学习者能够快速解读的视觉元素，避免因视觉元素过于复杂而对整体语义的理解产生负面影响。

4.4.2 控制认知负荷水平

知识是以图式结构存储在长时记忆中的，要促进图式的获得，应该适当减少问题解决和学习中的认知负荷，学习材料的组织形式需要减少因信息来源的分散而进行的不必要的心理整合。[243] 为了将认知负荷控制在合理水平，知识可视化外语学习资源可以参考以下五个策略：(1) 控制单个资源的信息量。由于语言的功能特性，外语学习资源容易走向语言信息轰炸的极端，而忽略内容的教学性，然而信息量过大将会让学习者觉得无所适从、不得要领。因此，应将教学内容进行合理切分，编制有针对性的文本内容，提高重点内容的比重，比如，在呈现医院交际用语时，可以将场景按照不同的交际目的

（如询问、挂号、就诊）进行分解，减小单个资源的长度和信息量。（2）选择符合学习者认知情况的视觉元素。无论是个体间还是群体间，学习者的认知差异都是客观存在的，脱离学习者的实际情况会造成认知超载，学习效果大打折扣。因此，在选择配合知识点讲解的视觉元素时，应充分考虑学习者的认知情况，尽量选择学习者熟悉和易于理解的视觉元素，帮助其更加高效地理解语言规则、语言意义等内容。（3）提供任务提示和指导。基于知识可视化外语学习资源的学习一般情况下属于自主学习，缺乏教师的指导和学伴的帮助，因此，有必要将任务提示和指导性信息嵌入学习资源，引导学习者顺利完成任务，比如为即将开始的视听任务提供内容提示、词汇提示，为重点难点语言信息提供同步图片释义，为学习路径提供导航等。（4）控制画面信息量。一方面需要对视觉信息进行合理取舍。知识的视觉呈现是知识可视化外语学习资源一大优势，然而，视觉信息处理不当（如背景干扰元素过多）反而会影响学习者的认知过程。比如，呈现餐桌礼仪知识点的资源应将画面内容集中于用餐时涉及礼仪的情节，而不宜将其淹没在过多的背景内容中。另一方面，可以对画面内容进行分批显示，比如对讲解的文本段落进行逐句显示，避免学习者在众多的视觉信息中迷失学习的重点。（5）设置自定义学习参数的功能。学习者的外语水平可能参差不齐，当资源的难度超过学习者的自身水平时，会造成认知负荷加重，影响学习效果。对此，可以通过向学习者提供学习参数自定义的功能选项，帮助学习者找到最适合自己的学习推进方式，比如语速调整、双语字幕选择等，目前这些功能往往需要资源所在平台的功能支持。

4.4.3　引导视觉注意

知识可视化外语学习资源集视觉信息和听觉信息，语言信息和图像信息为一体，目的在于将包含知识点的关键语言信息及其所蕴含的语境知识、文化知识等传递给学习者，并触发其在目的语框架下做出相应的情感层面或交际层面的回应。知识可视化外语学习资源在画面处理方面应遵循选择性视觉注意的一般规律，突出显示重点视觉信息或导向重点学习内容。为此，可以考虑以下四项策略：（1）使用标记突出显示视觉信息。在视觉文本内容较多的情况下，可以采用标记手段将需要强调的信息进行突出显示，常见的有下划线、字体变化、颜色变化、文字动画、模拟光笔等，在配有听觉文本的情况下，这些标记手段需要与语音同步出现，比如课文字体的颜色根据语音的进度逐句变化，对于重难点词汇或关键表达还可进一步进行突出显示。（2）使用提示性线索定位重要信息。外语学习者的一个通病就是不管是什么样的语料，常常强迫自己去努力读懂、听懂每一个词汇，但结果往往适得其反，尤其是在听力练习中，这样做往往会造成顾此失彼、因小失大的现象。提供相关的提示性线索能够帮助学习者把注意力放在真正需要掌握的重点信息上，提供同步的关键词、配图、动画等都是常见的方法，既能够提醒学习者注意当前的语义内容，又可以帮助学习者理解语义。（3）突出显示话语行为主体。外语学习资源常常涉及两个甚至两个以上个体间的对话，如果以全景显示整个对话场景，学习者则会产生疏远感，以至于无法将注意力集中于每个人的话语，但如果利用特写镜头表现正在说话的主体，则可以增强交际的真实感，也可以增加对话语内容的注意力。（4）提高重要学习内容的出现频率。对于重复出现的视觉内容，人们往往能够留下更加深刻的印象，更加容易进行记忆。很多商业广告采取重复策略让消费者记住产品的品牌和优势来产生购买欲望，从而促进产品的流通。外语学习资源在某种意义上也是一种产品，而使用资源的学习者相当于消费者，两者之间是一种知识的流通。采用重复策略的外语学习资源同样能够帮助学习者将注意力集中于重复出现的重点内容，促进记忆和吸收。

4.4.4 提高社会临场感

知识可视化外语学习资源与传统资源不同，不再是静态和单向的。计算机中介交流的特点使得这类资源具有帮助学习者基于社会情境进行交互的潜力，而社会临场感是提高这一潜力必须考虑的因素。知识可视化外语学习资源应将提高社会临场感作为一项原则，促进学习者融入资源所体现的语言交际社会情境，激发学习者利用目的语进行思维层面和交际层面的互动。对此，结合社会临场感和语言习得特点，提出以下四项策略：（1）创设视觉化语境。系统功能语言学理论认为，语境可分为文化语境和情景语境两类。文化语境是整个语言系统的语境，情景语境是语言运用的具体语境，是文化语境的具体体现。[244]在语言学习、理解和使用的过程中，语言和语境不可分割，语言形式的正确使用需要有恰当语境知识的支撑，语言与语境知识的有机结合是语言能被正确、恰当、流利使用的前提。[245]外语知识可视化应利用图片、动画、情景演示等手段将视觉化语境因素融入资源创作，对于弱语境要求的知识点（如词汇），提供一定的语境线索帮助记忆；对于强语境要求的知识点（如会话交际），尽量创设能够还原真实语言使用场景的语境，让学习者能够学以致用，而不是脱离生活的死记硬背。（2）促进学习者与资源思维层面的交互。语言是表达情感和观点的社会交际工具，不管学习资源的内容多么丰富，画面多么精美，脱离思想交流这一目的的语言学习必然会显得枯燥无味。促进学习者与资源思维层面的交互需要在学习资源的主题设置上进行考虑，在涵盖知识点的前提下尽量选取有趣且与学习者相关的主题，同时，尽量选择感染力强的视觉元素进行辅助表达，激发学习者产生思想上的共鸣，忘我沉浸在学习之中。（3）提升学习者的人机交互体验。社会临场感既来自人与人之间的交际，也来自人与媒体资源互动所产生的心理感受。在在线自主学习的条件下，外语学习资源本身并不能带来真实的人际间的交际，但其界面设计、学习路径、功能设计等方面却能够增强人机交互体验。在界面设计上，可以增加学习任务介绍、学习导航按钮、操作提示、卡通人物代理等，让学习者产生被人接待的感觉，引导学习者完成学习任务；在学习路径上，可将学习内容进行非线性安排并提供个性化的学习路径选择；在功能设计上，应充分利用信息技术优势，尽可能地提供具有交互体验的功能，比如超链接文本、角色扮演对话、自定义头像、节选回放、即时反馈等。（4）提升学习者的人际交互体验。在生活中，人们之所以感觉自己是一个“真实”的人，根本原因在于个人与其周围人们的交互，不管是语言上的、表情上的，还是肢体上的，这也是在线学习中产生社会临场感的重要基础。外语学习资源以社会交互的关键工具——“语言”为对象，这一特征势必要求资源能够给予学习者足够的人际交互体验，由此才能成为“真实”的人，才能真正提高社会临场感。从人际的角度来讲，学习资源的交际双方为讲解知识的教师和使用资源的学习者，因此有必要让学习者感受到教师一方的存在，而嵌入教师授课的动态影像是有效的途径，可以营造真实的课堂学习体验。此外，感受到教师指导的存在也是重要因素，预设互动环节将学习者融入交际语境也有助于提升人际交互体验。

4.4.5 支持现代学习方式

信息技术支持下的外语学习既具有现代学习方式的特点，同时又具有语言学习自身的特性，知识可视化外语学习资源开发应同时考虑以上两个因素，参考以下几项策略：（1）为自主学习提供策略支持。Holec 认为，在外语学习中，自主性是学习者自我控制学习的能力，包括设定学习目标、选择学习方法、确定内容和进度以及进行自我学习评价。[246] 知识可视化外语学习资源的设计应帮助学习者完成上述这些步骤。学习目标应在资源的起始处进行明确说明，一方面帮助学习者进行取舍，另一方面让学习者对整个学习过程有所预判。学习方法应内化于整个学习资源，在资源的适时引导下，学习者不知不觉中应用学习方法完成学习。学习内容和进度的安排应根据外语知识点特征提前规划和切分，并为学习者提供内部导航，便于其做出选择。对于缺乏监督的自主学习来说，学习评价是一个难点也是一个重点，在知识可视化外语学习资源中，可以利用预设练习或交互技术在某个学习点内置一定数量的习题，帮助学习者检验和巩固学习成果。（2）为探究学习创设情境。由于语言的社会性，外语学习相较于其他学科更需要情境的支持，只有在情境中的语言才是生动和深刻的，才能唤起学习者探究和分析的兴趣，否则，语言学习只能是肤浅的，并停留在对规则的掌握上，难以朝着习得的目标迈进。知识可视化外语学习资源应针对知识点内容，创设与其主题相关的、接近真实场景的情境，通过直观生动的形象推动学习者去主动探究语言的意义、文化内涵和应用潜势，并更新相关的认知图式。在情境创设手段上，应根据学习内容的特点进行选择，一张图片、一段动画、一段录像都能够帮助学习者融入情境。（3）将学习内容进行碎片化处理。碎片化学习需要碎片化的资源，也意味着知识的碎片化，对于外语学习资源而言，需要将外语知识进行合理切分，比如按词汇进行切分、按句法类型进行切分、按语用功能进行切分等。通过切分，使得包含知识点的资源长度控制在合理的范围之内。有研究表明，资源长度最好控制在 10 分钟以内，这样更符合视觉驻留规律和学生的认知特点。[50]知识形式上的碎片化并不意味着整体上的零散化和无序化，只是为学习者提供了更好的微型学习机会，只要学习者坚持完成整个资源体系的学习，对碎片化的知识进行有效的加工和整合，就能够完成学习目标。（4）为个性化学习提供支持。个性化是各种新型学习方式强调的一个重要特征，知识可视化外语学习资源应以人为本，为学习者提供个性化的知识套餐。首先，可以从资源外部组织形式考虑个性化，为基于知识点的短小精悍的资源绘制知识地图、设置资源标签，帮助学习者选择更加适合自己的资源；其次，可以在资源内部元素处理方面进行考虑，如设置导航栏指向不同的学习任务，提供字幕选择、语速调整等难度自定义功能；最后，还应考虑外语学习者的学习偏好和认知风格差异，采用不同的视觉呈现方案，比如视觉文本与其他视觉元素的配重、色调的选择、教师图像的位置和比例等。

4.5 本章小结

视觉表征的确定为知识可视化明确了基本的方向，但可视化的效果最终取决于学习资源的视觉呈现设计，而视觉呈现设计需要遵循具体学科知识的习得特点及认知规律。本章梳理了主流二语习得理论有关语言学习的主要观点，分析了这些观点对知识可视化外语学习资源设计的启示，并由此引出认知负荷、视觉注意、社会临场感、现代学习方式等视角，对知识可视化外语学习资源设计进行进一步的分析，提出了资源应具有的一些重要特征和设计应考虑的重要因素。在以上理论分析的基础上，研究建立了外语学习资源使用效果影响因素模型，并通过结构方程模型方法进行了验证。最后，研究从优化资源视觉内容、控制认知负荷水平、引导视觉注意、提高社会临场感、支持现代学习方式五个方面提出了知识可视化外语学习资源的视觉呈现设计具体策略。优化资源视觉内容策略包括：合理分配各类视觉元素的比例；注重视觉元素的趣味性和相关性；注重视觉元素可理解性。控制认知负荷水平策略包括：控制单个资源的信息量；选择符合学习者认知情况的视觉元素；提供任务提示和指导；控制画面信息量；设置自定义学习参数的功能。引导视觉注意策略包括：使用标记突出显示视觉信息；使用提示性线索定位重要信息；突出显示话语行为主体；提高重要学习内容的出现频率。提高社会临场感策略包括：创设视觉化语境；促进学习者与资源思维层面的交互；提升学习者的人机交互体验；提升学习者的人际交互体验。支持现代学习方式策略包括：为自主学习提供策略支持；为探究学习创设情境；将学习内容进行碎片化处理；为个性化学习提供支持。

第 5 章　视觉呈现设计策略教学实践检验

本章采用准实验研究法对前文提出的外语学习资源视觉呈现设计策略进行检验。研究采用团队设计制作的能够体现设计策略的四个资源作为实验材料，分别以词汇知识、语篇知识、功能知识和风俗礼仪知识为对象，同时，制作了相应的未采用策略的但知识内容完全相同的资源。研究采用问卷调查、访谈和测试的方式收集实验数据，测量认知负荷水平与社会临场感水平，了解学习者的使用体验和学习效果。根据实验结果，分析本实验资源在策略使用上的问题并提出相应的改进建议。

5.1　研究设计

5.1.1　研究目的、方法和对象

本研究目的在于检验上文所提出的知识可视化外语学习资源视觉呈现设计策略的有效性。研究采用准实验法，对实验组和对照组进行不同的教学介入，学习过程结束后，通过问卷调查、访谈和测试等方式收集数据。利用 SPSS 19.0 软件对数据结果进行分析，对比两个组在认知负荷、社会临场感、学习体验和学习效果等方面的差异，检验实验假设是否成立并深入探讨实验结果背后的原因，从而为进一步改善策略提出建议。研究对象为来自某高校同一学院的 63 名本科三年级非英语专业学生。根据上一学期的大学英语课程

期末成绩排名，将排名后序号为双数和单数的学生分别作为实验组和对照组，由于对照组一名学生临时请假，另一名学生迟到较长时间，因此将这两名学生从对照组中删除。研究又对两个组的英语四级统考成绩进行了两独立样本 T 检验，结果显示 $P=0.769>0.05$，两组之间没有显著差异，因此根据大学英语成绩和四级统考成绩可以认为两个组的学生英语水平没有差异。学生分组和成绩对比情况如表 5.1 所示。

表 5.1　学生分组和成绩对比情况

<table>
<tr><th rowspan="2">分组</th><th colspan="3">人数</th><th colspan="4">大学英语成绩</th><th colspan="4">英语四级成绩</th></tr>
<tr><th>男</th><th>女</th><th>合计</th><th>平均值</th><th>标准差</th><th>t</th><th>Sig.
(2 - tailed)</th><th>平均值</th><th>标准差</th><th>t</th><th>Sig.
(2 - tailed)</th></tr>
<tr><td>实验组</td><td>30</td><td>1</td><td>31</td><td>76.29</td><td>6.528</td><td rowspan="2">-0.560</td><td rowspan="2">0.578</td><td>531.39</td><td>51.948</td><td rowspan="2">0.296</td><td rowspan="2">0.769</td></tr>
<tr><td>对照组</td><td>29</td><td>1</td><td>30</td><td>77.13</td><td>5.124</td><td>527.63</td><td>47.047</td></tr>
</table>

5.1.2　实验材料

实验组和对照组教学介入的差异在于实验材料的不同，即学生所使用的外语学习资源不同，因而实验材料实际上也是本研究的自变量。实验组采用研究团队设计制作的能够体现视觉呈现设计策略的外语学习资源，对照组所使用的资源包含的外语知识点内容与实验组完全相同，但未采用研究所提出的策略，因此自变量存在两个值：体现特定策略和未体现特定策略。实验组共使用 4 个体现设计策略的外语学习资源，资源的具体信息如下：

（1）资源一

知识类型：词汇知识（陈述性知识）；

学习目标：了解与服饰有关的词汇；

视觉表征：静态图像；

资源时长：5 分 26 秒；

资源截图：图 5.1。

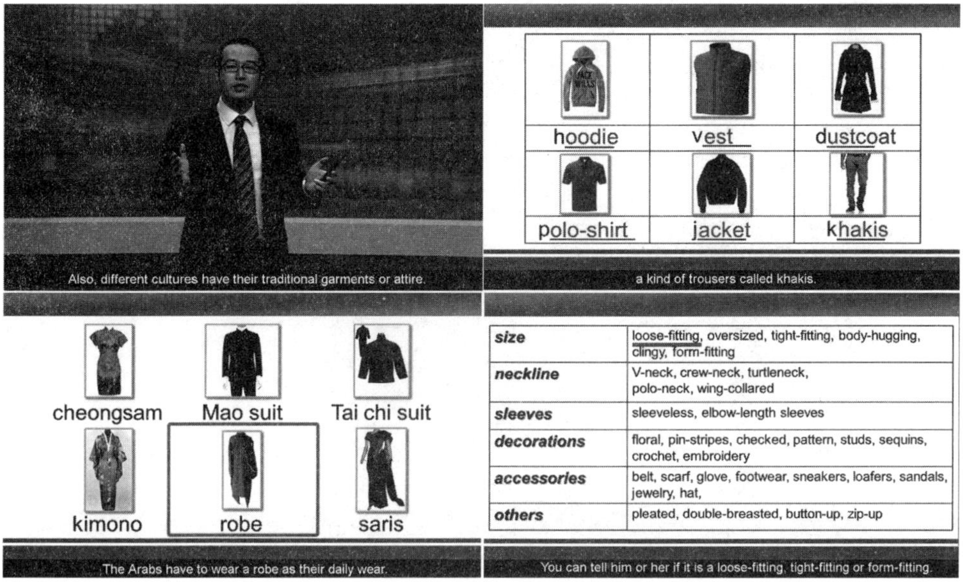

图 5.1　资源一截图

（2）资源二

知识类型：语篇知识（程序性知识）；

学习目标：学会制定英语作文大纲；

视觉表征：图形图表；

资源时长：6 分 06 秒；

资源截图：图 5.2。

（3）资源三

知识类型：功能知识（程序性知识）；

学习目标：学会如何在图书馆咨询借书；

视觉表征：动画视频；

资源时长：3 分 42 秒；

资源截图：图 5.3。

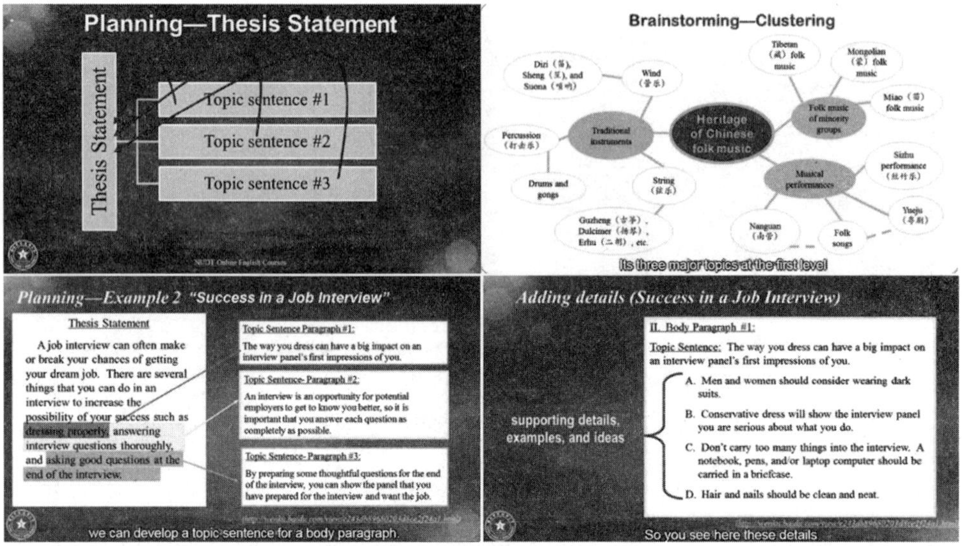

图 5.2　资源二截图

图 5.3　资源三截图

（4）资源四

知识类型：风俗礼仪（陈述性知识）；

学习目标：了解英国文化；

视觉表征：动画视频；

资源时长：6 分 45 秒；

资源截图：图 5.4。

图 5.4　资源四截图

以上资源使用视觉呈现设计策略主要体现在以下五方面。

1. 优化资源视觉内容

（1）合理分配各类视觉元素的比例。以上资源的视觉内容根据知识的类型进行不同的设置，总体来说安排合理，文本和图形图像的篇幅比例恰当，能够很好地满足对语义理解的需要。（2）注重视觉元素的趣味性和相关性。资源三、资源四基于语言交际内容设计了相应的动画，大大提高了资源的趣味性，且内容以图书馆借书和留学生活感悟为主，与学习者的学习生活相关。（3）注重视觉元素可理解性。资源中所使用的视觉元素都是根据语言内容特别选取或设计的，容易为学习者所理解。比如资源三中的“Information Desk”“Reserve Request Form”“Returns Box”等动画元素，以及资源四中有关英国伦敦交通工具和皇室家庭的图片都是人们在生活和新闻阅读中经常见到的事物，可理解性强。

2. 控制认知负荷水平

（1）控制单个资源信息量。以上四个资源时长都在7分钟以内，有助于学习者保持学习兴趣和专注力。（2）选择符合学习者认知情况的视觉元素。资源一以常见的服饰图片和风格作为文本配图，资源二以大学生关心的“job interview”（求职面试）为主题举例说明作文大纲的制定，资源三设计了传统大学图书馆卡通背景，这些符合学习者认知的元素都有助于降低理解的难度。（3）资源为学习者提供了必要的视觉提示和指导。主要体现在为一些重点、难点语言表达配以图片提示，比如在资源三中，当说话者提到“returns box”（图书归还箱）时，配上相应的图片，资源四为“tube”（地铁）、“double - decker”（双层大巴）、“afternoon tea”（下午茶）等语言点配上原汁原味的图片。（4）分批显示画面信息。资源一在讲解看图猜词练习的答案时，随着讲解逐个显示相应的单词，资源四在讲解英国饮食文化时，配合对话内容逐个显示食物的图片。（5）以上所有资源都提供了字幕，可以帮助学习者理解语义。

3. 引导视觉注意

（1）使用标记突出显示视觉信息。资源一使用方框突出显示与单词意义相匹配的图片，资源一、资源四使用下划线突出显示与语音相符的文本，资源二采用不同字体底纹颜色区分语义层次。（2）使用提示性线索定位重要信息。资源二采用动画箭头、大括号等强调画面文本内容之间逻辑关系，资源三、资源四采用弹出式图片帮助学习者抓住并理解重要的语言信息点。

（3）突出显示话语行为主体。资源三、资源四在动画中对话语主体进行特写，促使学习者将注意力导向话语本身。

4. **提高社会临场感**

（1）创设视觉化语境。资源三、资源四根据对话内容分别创设了图书馆和教学楼的物理语境，增强学习者身临其境的感觉。（2）提升人机交互体验。资源一的猜词练习采用单词局部延缓出现的方式加强与学习者思维的互动，匹配练习采用彩色动画连接线增强互动。（3）提升人际交互体验。所有资源都融合了教师图像，学习者既能闻其声又能见其人，教学真实感较强，为对话内容设计了动画人物，营造真实交际氛围。

5. **支持现代学习方式**

（1）促进自主学习。学习资源在教师教学用语设计、任务引导等方面体现出对自主学习的支持。（2）促进学习探究。学习资源利用图片、动画创设了丰富的语境，能够激发学习者主动探究语义的意识。（3）促进碎片化学习。资源对知识点进行了很好的切分，每个资源的长度都在 7 分钟以内，有助于学习者进行碎片化学习。

相较于研究所提出的策略，由于制作工具和技术的限制，实验组资源在执行策略方面仍然存在一些不足。首先，并不是所有的策略都得到了充分体现。资源都为普通的视频格式，学习者无法对资源进行复杂的操作，导致自定义学习参数、人机交互等功能无法一一实现，也间接影响到了对现代学习方式的支持能力。其次，某些策略执行的深度不够。学习任务的提示和指导主要依托教师的教学用语和简单的文字、图片，形式偏简单且力度不足；突显标记的使用主要为少数形状、矢量符号和下划线，没有充分发挥多样化视觉元素的作用；对重复策略的考虑不足，体现这一策略的语言点极少且不够明显。最后，对现代学习方式的支持停留在表面，由于客观条件的限制，没能从学习过程的角度进行深度设计。

对照组所使用的资源没有考虑视觉呈现方面的设计策略，没有使用图片、动画等视觉元素，形式上比较单调，如图 5.5 所示，与实验组的资源相比存在如下异同点：

相同点：（1）两组资源的主讲教师相同；（2）两组资源的知识点和学习目标相同；（3）两组资源的格式都为 MP4 视频且长度相同；（4）两组资源的音频内容完全相同，即听觉文本和背景音相同。

不同点：（1）实验组资源采取教师图像与讲课内容交替出现的方式，而对照组资源没有教师图像；（2）实验组资源中的对话内容采取“动画 + 字幕”方式呈现，而对照组资源采用大篇幅文本方式呈现；（3）实验组资源采用了下划线、箭头等视觉引导标记，对照组资源没有；（4）实验组资源为某些语言知识点增加图片等元素进行辅助表达，对照组资源没有；（5）实验组资源配置了与听觉文本一致的字幕，对照组资源没有。

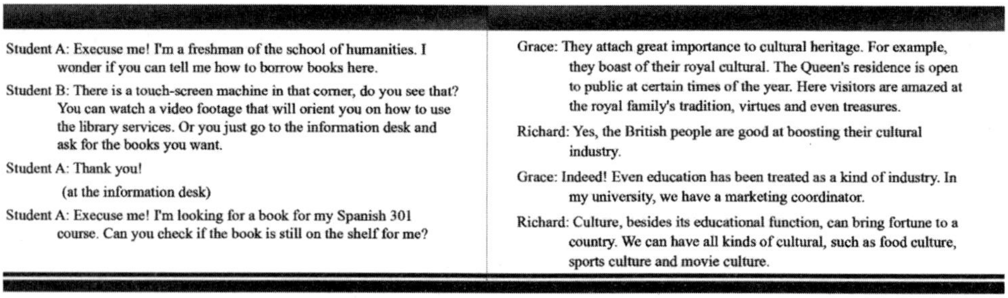
Student A: Execuse me! I'm a freshman of the school of humanities. I wonder if you can tell me how to borrow books here.
Student B: There is a touch-screen machine in that corner, do you see that? You can watch a video footage that will orient you on how to use the library services. Or you just go to the information desk and ask for the books you want.
Student A: Thank you!
(at the information desk)
Student A: Execuse me! I'm looking for a book for my Spanish 301 course. Can you check if the book is still on the shelf for me?

Grace: They attach great importance to cultural heritage. For example, they boast of their royal cultural. The Queen's residence is open to public at certain times of the year. Here visitors are amazed at the royal family's tradition, virtues and even treasures.
Richard: Yes, the British people are good at boosting their cultural industry.
Grace: Indeed! Even education has been treated as a kind of industry. In my university, we have a marketing coordinator.
Richard: Culture, besides its educational function, can bring fortune to a country. We can have all kinds of cultural, such as food culture, sports culture and movie culture.

图 5.5　对照组资源截图

5.1.3　数据收集

1. 问卷

本研究目的在于检验外语学习资源视觉呈现设计策略的有效性，因此问卷和访谈主要从视觉呈现设计策略的五个维度进行设计，即内容特征、认知负荷、视觉注意、社会临场感和学习支持。研究采用自编问卷进行学习资源使用体验调查（见附录5），共有 20 个题项，其中 1 ~ 4 项针对内容特征维度，

5～8项针对认知负荷维度，9～12项针对视觉注意维度，13～16项针对社会临场感维度，17～20项针对学习支持维度。问卷采用里克特五级量表，选项“非常不同意”“不同意”“不确定”“同意”“非常同意”分别记为1～5分。问卷预测的Cronbach's α值为0.887，说明问卷信度较好。研究又测量了认知负荷和社会临场感的水平，其中认知负荷的测量采用Paas和Van Merriënboer于1994年编制的认知负荷自评量表[247]，该量表的内部一致性信度为0.74。问卷共有两个题项（见附录3），要求被试对学习过程中的心理努力和任务难度两个维度进行主观评价，采用9分制，得分越高，说明被试体验到的认知负荷越高。社会临场感的量表源自Kim和Biocca编制的社会存在感自评问卷[248]，本研究采用杨九民对该量表进行修订后的版本（见附录4），该量表内部一致性信度为0.73[249]，本研究对表述进行了不影响语义的微小改动，并调整了个别题项的顺序，使属于相同因子的题项排列在一起。问卷共有8个题项，1～5项表示个体处于中介环境，6～8项表示个体不处于中介环境。问卷选项分为7个等级，包括“非常不同意”“比较不同意”“不同意”“说不清楚”“同意”“比较同意”“非常同意”，在数据分析时，分别记录为1～7分（针对1～5题项）和7～1分（针对6～8题项），得分越高表示社会临场感越高。

2. 访谈设计

由于问卷同时面向实验组和对照组，调查的是资源使用体验以及认知负荷和社会临场感方面的差异，而造成差异的视觉呈现具体因素并不能被直接挖掘，因此需要采取访谈的形式，深入了解学生在问卷调查中做出主观判断的缘由。访谈采取焦点小组座谈会的形式，为实验实施过程的最后一个环节，安排在问卷和测试数据分析结束之后进行。根据问卷调查和测试结果从实验组和对照组各选取4名学生参与座谈，在参与座谈前让这8名学生使用并熟悉另外一组的学习资源。访谈主要依据《学习资源使用体验调查问卷》的题项进行，旨在更加深入地了解实验结果产生的原因并为提出策略改进建议提供参考。

3. **测试**

本研究根据外语学习的特性，从布鲁姆教育目标分类法的识记、理解和运用三个层面考查学习效果。测试题严格根据资源的知识点内容进行设置，设置了客观题（1~7 题）和主观题（8~11 题）两类。1~7 题属于识记层面，每题 1 分；8~9 题属于理解层面，其中第 8 题 3 分（每小题各 1.5 分），第 9 题 2 分；10~11 题属于运用层面，其中第 10 题 4 分（每小题各 2 分），第 11 题 4 分，总分 20 分。试题具有较好的区分度，其值为 0.44。

5.1.4 研究假设

（1）实验组资源比对照组资源能带来更低的认知负荷。

（2）实验组资源比对照组资源能带来更高的社会临场感。

（3）实验组资源比对照组资源能带来更好的学习体验。

（4）实验组资源比对照组资源能带来更好的学习效果。

5.1.5 实验过程

实验在某高校外语训练中心的多媒体教室进行，实验组和对照组各自使用一个教室，每个学生位都配有台式计算机，学习资源在实验开始前已拷贝至每一台计算机。被试进入教室后首先领取了个人唯一的实验编号并了解实验基本流程，然后开始利用学习资源进行自学，4 个资源总时长约为 22 分钟，自学过程共 40 分钟，资源播放完全由学生自己控制，可进行暂停、回放等操作。学习过程结束后，被试填写认知负荷问卷、社会临场感问卷以及学习资源使用体验调查问卷，最后进行了学习效果测试（测试时间 25 分钟），以上步骤共耗时约 110 分钟，问卷和测试全部以匿名方式进行，但要求学生填写实验编号。两个组的问卷回收率和有效率都为 100%，测试卷两个组各有两人没有提交，因此实验组回收测试卷 29 份（93.5%），对照组回收测试卷 28 份

(93.3%)。客观题阅卷由 1 名老师单独完成，根据标准答案进行打分，主观题阅卷由两名老师共同完成，一致性系数为 0.82。访谈在实验结束后的第三天进行，采用焦点小组座谈的形式，根据问卷和测试数据分析结果从实验组选取了 4 名学生参加座谈：1 名认知负荷较高的学生、1 名社会临场感较高的学生、1 名使用体验打分较高的学生以及 1 名识记题得分较低的学生；从对照组同样选取 4 名学生：1 名认知负荷较低的学生、1 名社会临场感较低的学生、1 名使用体验打分较低的学生以及 1 名识记题得分较高的学生。根据实验编号通知学生参加座谈，座谈时学生首先观看了另一组的学习资源，然后根据《学习资源使用体验调查问卷》进行讨论，整个过程耗时约为60 分钟。

5.2　结果分析

5.2.1　认知负荷数据分析

研究对认知负荷的问卷调查结果进行两独立样本 T 检验，结果如表 5.2 所示。从表中可以看出，$P>0.05$，因此实验组和对照组在认知负荷水平方面没有显著差异，再从平均值可以看出，两组的认知负荷水平几乎相同。这也说明实验组资源相较于对照组资源在降低认知负荷水平方面没有优势，研究假设 H1 不成立。根据访谈情况，造成这一结果的可能原因是对照组资源虽然没有字幕，但是大段呈现了对话的内容，而对话内容也是资源的主要知识点所在。这种文本呈现方式虽然单调，但给予了学习者更多的阅读线索和缓冲时间，或许相对更符合一些学习者的学习习惯。而实验组资源更新较快的全字幕方式有可能让学习者的阅读速度难以跟上，造成心理焦虑水平的提高。此外，部分实验组资源频繁切换的画面信息占用了大量的注意力资源，干扰了语言信息的理解，也会造成认知负荷的增加。

表 5.2 认知负荷数据结果

组别	人数	平均值	标准差	t	Sig. (2 – tailed)
实验组	31	10.16	2.115	0.115	0.909
对照组	30	10.10	2.040		

5.2.2 社会临场感数据分析

研究对社会临场感的问卷调查结果进行两独立样本 T 检验，结果如表 5.3 所示。从表中可以看出，$P<0.05$（效应量 Cohen's d 为 0.56），因此实验组和对照组在学习过程中所感觉到的社会临场感具有显著差异，再从平均值可以看出，实验组的社会临场感明显高于对照组的社会临场感。这也说明实验组资源相较于对照组资源在提高社会临场感方面优势明显，研究假设 H2 成立。结合访谈的结果来看，实验组资源的社会临场感在形式上主要来自两个方面：一是教师动态影像的呈现，配合教师的声音让学习者感到了比较强烈的亲切感；二是对话动画场景的呈现，为学习者创造了很好的语境。在效果上，社会临场感主要来自学习者所体验到的与资源在思维层面的交互。

表 5.3 社会临场感数据结果

组别	人数	平均值	标准差	t	Sig. (2 – tailed)
实验组	31	24.90	7.850	2.171	0.034
对照组	30	20.83	6.727		

5.2.3 使用体验数据分析

研究对学习资源使用体验的问卷调查结果进行两独立样本 T 检验，结果如表 5.4 所示。从表中可以看出，各个变量的 P 值都大于 0.05，因此实验组和对照组在这几个维度的使用体验没有显著差异，但是从平均值可以看出，实验组使用体验还是要优于对照组的使用体验。这也说明实验组资源相较于对照组资源在改善使用体验方面具有一定的优势，研究假设 H3 基本成立。其中，内容特征和视觉注意维度两个组的平均值差距最大，这说明了实验组资源在这两个维度的优势最为明显。访谈中，学生也明确表示实验组资源的呈现方式更加有趣，更加友好，并为资源的使用设置了更多的视觉引导元素。值得注意的是，认知负荷维度“画面内容”是实验组得分唯一低于对照组的观察项，这与学习者的访谈结果是一致的，即资源动画中的一些图片画面切换过于频繁，占用了很多注意力，影响了对文本信息的理解。

表 5.4　使用体验数据结果

调查维度	观察项	实验组（$N=31$）		对照组（$N=30$）		t	Sig. (2 - tailed)
		平均值	标准差	平均值	标准差		
内容特征	信息输入量	3.52	1.092	3.33	1.028	0.673	0.504
	可理解性	3.52	0.996	3.30	0.915	0.882	0.381
	趣味性	2.77	1.055	2.50	0.820	1.130	0.263
	相关性	2.81	1.167	2.47	0.730	1.358	0.180
	变量整体	12.61	3.537	11.60	2.836	1.231	0.223
认知负荷	信息量	2.74	1.094	2.47	0.973	1.037	0.304
	任务指导	3.45	0.961	3.03	0.850	1.799	0.077
	画面内容	3.55	0.961	3.70	0.837	−0.656	0.514
	自定义选项	3.77	0.920	3.60	1.102	0.671	0.505
	变量整体	13.52	2.631	12.80	2.759	1.038	0.304
视觉注意	内容标记	3.29	0.973	3.00	1.083	1.102	0.275
	文字提示	3.52	0.890	3.07	0.828	2.041	0.046
	图像提示	3.52	0.811	3.20	0.887	1.454	0.151
	出现频率	3.45	1.060	3.43	0.858	0.074	0.941
	变量整体	13.77	2.334	12.70	2.781	1.636	0.107

续表

调查维度	观察项	实验组（$N=31$）		对照组（$N=30$）		t	Sig. (2 - tailed)
		平均值	标准差	平均值	标准差		
社会临场感	教师图像	2.42	0.923	2.27	0.740	0.712	0.480
	语境创设	2.90	1.012	2.77	0.817	0.579	0.565
	思维交互	3.32	1.222	3.00	0.830	1.202	0.234
	人机交互	2.97	0.912	2.80	1.031	0.674	0.503
	变量整体	11.61	3.138	10.83	2.743	1.032	0.306
学习支持	自主学习支持	3.03	1.080	2.87	0.937	0.639	0.525
	探究学习支持	3.06	1.124	2.97	0.964	0.364	0.717
	碎片化学习支持	3.55	0.995	3.40	1.102	0.553	0.583
	个性化学习支持	3.65	1.018	3.23	1.104	1.515	0.135
	变量整体	13.29	3.057	12.47	3.411	0.994	0.324

5.2.4 学习效果数据分析

研究对两个组的测试成绩进行两独立样本 T 检验，结果如表 5.5 所示。从表中可以看出，总分以及三种题型的 P 值都大于 0.05，因此实验组和对照组在学习效果方面没有显著差异，且从平均值可以看出，对照组在识记题方面的表现甚至要略微优于实验组。这说明实验组资源相较于对照组资源在提高学习效果方面没有优势，研究假设 H4 不成立。这个结果与认知负荷的测量结果是一致的。客观题（识记）与资源对话内容是密切相关的，而对照组资源的呈现方式有利于学习者完整阅读整个对话内容，实验组资源的全字幕方式则会引起学习者的焦虑，并且对画面内容的处理虽然有助于提高趣味性，却会影响语言细节的记忆。主观题（理解、运用）的解题则受到学习者英语先前知识的影响较大，这与外语知识的特征有关，学习者的水平取决于中介语，而 20 多分钟的语言输入对中介语系统的影响是微乎其微的，不足以造成相关语言知识的重构。

表5.5　学习效果测试数据结果

类型	组别	人数	平均值	标准差	t	Sig.（2 - tailed）
识记	实验组	29	3.52	1.353	-0.822	0.415
	对照组	28	3.82	1.442		
理解	实验组	29	3.362	1.2740	0.017	0.986
	对照组	28	3.357	0.8591		
运用	实验组	29	4.362	2.4817	0.008	0.994
	对照组	28	4.357	2.1163		
总分	实验组	29	11.241	4.0014	-0.304	0.762
	对照组	28	11.536	3.2573		

5.3　讨论

本次实验的数据结果表明，研究假设H1和H4不成立，H2和H3成立，即实验组资源并没有带来更低的认知负荷和更好的学习效果，但带来了更高的社会临场感和更好的使用体验。研究对实验结果进行了进一步的分析，认为导致研究假设不成立的可能原因主要在于实验组资源字幕的设计和画面的干扰，同时也与学习者的学习策略、外语知识的特点以及学习情境等多个因素有关。因此，研究认为，两个假设不成立与本研究个案有关，不代表研究提出的视觉呈现设计策略没有适用性，社会临场感和使用体验方面的优势已经证实了设计策略的有效性；并且，针对本次实验出现的预期之外的问题，提出相应的改进建议能够改善实验组资源在降低认知负荷和提高学习效果方面的表现。

5.3.1 实验结果的解读

5.3.1.1 认知负荷实验结果解读

实验结果表明实验组资源相对于对照组资源并没有带来更低的认知负荷，原因可能在于资源字幕的设计、画面的干扰以及学习者的学习策略习惯。实验组资源与对照组资源在音频内容方面完全相同，差异在于视觉呈现，即画面内容的安排，而其中字幕的设置方式以及对话内容的表现方式可能是影响认知负荷的关键。实验组资源采用了全字幕的方式同步显示听觉文本内容，但这样的字幕方式或许反而增加了学习者的文本阅读难度，造成焦虑水平的提高。焦虑情绪对外语学习效果具有很大的影响，当焦虑水平较低时，学习者精神放松，此时语言输入效果较好并促进语言学习，反之，当焦虑水平较高时则会阻碍语言的理解和吸收。[250] 在访谈过程中，有实验组的学生反映"字幕的更新频率太快了，根本来不及读完""我一般是争取每个单词都能够抓住，觉得每个单词都很重要"，这一问题与学习者的视听材料学习策略具有很大的关系。以英语为例，我国大学英语教学虽然强调视听信息输入，但是并没有给予学生足够的策略指导，很多大学英语学习者总是不自觉地想要逐字逐句地了解全部信息，在有字幕的情况下，对字幕的依赖性就会增加，万一遗漏了个别单词，往往会造成焦虑水平的瞬间提升。实验组资源采用了逐字逐句同步呈现听觉文本内容的完整字幕，也就是字幕的呈现时间相当于那段文字的朗读时间，但是一般外语学习者的文本阅读理解所需时间明显多于朗读时间，这就造成了实验组的字幕文本阅读速度落后于资源播放速度的情况。此时，学习者的工作记忆需要同时处理视觉和听觉两种语言信息，而语义理解跟不上信息更新的步伐，从而导致焦虑和认知负荷水平的提高。而对照组的资源虽然没有设置字幕，但是学习内容的关键部分（如对话、语言知识点）都是以大段文本的形式出现，没有展示的主要为占用篇幅较小的教师补充讲解和课堂用语，且用词相对简单。因此，对照组的学生在处理听觉文本的同时，能够观看相应的视觉文本；并且，由于是大段地呈现，上下文之间的语义关系更加清晰，有助于理解；此外，视觉文本的呈现时间较长，学生可以更加从容地去观看和理解。在访谈中，有实验组的学生表示“对话挺难的，希望一次能够多呈现一些字幕”，这也说明了对于处于特定水平的外语学习者来说，利用文本来支持视听理解是必要的，只是辅助文本不应带来太多额外的认知负荷。值得注意的是，实验组资源大量使用动画、图片等内容，虽然可以增加资源的趣味性，但是有些视觉内容的切换频率过快，导致占用了大量的注意力资源，干扰了语言信息的理解，也会造成认知负荷的增加。

5.3.1.2　学习效果实验结果解读

实验结果表明实验组资源相对于对照组资源并没有带来更好的学习效果，原因可能在于试题的特点、外语知识特征和学习情境的影响。首先，实验组与对照组的学习效果测试得分差异主要体现在识记题，实验组低了 0.3 分，理解题和运用题两个组几乎没有区别，实验组略高但差距极其微小，都为 0.005。识记题为 1 ~ 7 题，都为选择题，对该部分成绩的进一步分析发现，两个组的得分差距主要源自 5 ~ 7 题（多选题）的答题情况，从卷面情况看，实验组学生在答题过程中出现了更多的漏选情况，但错选情况并不多。这三道题都来自视频资源中的对话内容，因此学习者在抓信息要点方面同样存在上文所提到的情况，即实验组资源的字幕给学生造成了跟不上的问题，因此识记语言细节方面不如对照组。同时，实验组资源为对话内容设计了卡通动画场景，这些画面信息虽然能够增强语境效果，帮助学习者理解对话的意义，但是需要付出额外的注意力资源，也会影响到语言细节内容的识记，比如，有学生反映“讲解英国文化的那个视频图片画面切换太快，有点顾不过来”。其次，外语知识在语言理解和运用方面并没有绝对的会与不会，具有相同语言基础的人在这两个方面的表现不会受到短时语言输入的太多影响，更多的是取决于先前知识的情况。Ellis（1993）认为，显性的陈述性知识经过语法教学可以转变成隐性的陈述性知识，而隐性的陈述性知识通过交际实践又可以转变成隐性的程序性知识。[251] 实现语言的自动化是一个长期的过程，需要大量的复现性输入。测试中的理解题和运用题都属于语言输出的题型，学习者的中介语系统是决定语言输出的关键，而中介语系统的发展并不是观看几个资源就能实现的，还需要更大量的语言输入以及输出性练习。第10题要求学习者写出特定语境下的功能性表达，但从卷面情况看，学习者并没有使用视频资源中的表达，而是根据自己的已有知识答题，比如，很多学生会写“Thank you for your help!”，但只有个别学生根据资源加上了“Have a nice day!”。在访谈中，有学生表示“最后一题的大纲写作题与以前的考试作文题没什么差别，学不学都知道这个套路”，这也说明观看资源对这一题型的得分影响不大。最后，本研究所提出的策略主要面向的应用情境是在线自主学习，其很多优势只有在在线自主学习的情境下才能真正发挥出来。学习体验的数据表明，实验组资源在各方面都具有一定的优势，正如学习者在访谈过程中所说“实验组的资源有趣多了”“对照组的资源让人感觉特别乏味，时间久了受不了”“如果是让我在线自主学习的话，我还是会选择实验组的资源”。然而，在实验情境下，霍桑效应是存在的，对照组为了完成实验任务并不会因为资源使用体验不好而降低学习动力，这也会导致实验组资源促进学习的优势无法真正得到体现。

5.3.1.3 社会临场感实验结果解读

实验结果表明实验组资源相对于对照组资源能够带来更高的社会临场感，原因主要在于教师图像的呈现以及图片和动画的应用。不管是采用何种教学模式，不管是扮演主体角色还是主导角色，教师一直都是真实课堂中不可或缺的重要角色。从互动的角度来讲，师生互动也是教学互动的重要组成部分，是知识传授过程中的必备因素。当动态的教师图像嵌入多媒体学习资源中时，能够作为一种社会线索增强学习者的交互体验，同时也可以促使学习者的学习态度更加认真。[252]基于学习资源的外语在线自主学习同样离不开师生之间的互动，不同的是互动的空间由教室搬到了网络，互动的双方由一对多变成了一对一，互动的方式由双向变成了单向，互动的内容由随机变成了预设。在这种情景下，教师图像的呈现以及教师的教学用语需要进行更加周密的设计，肢体语言、学习者的预期反应以及图像与学习内容之间的空间和时间关系都是需要考虑的因素。关于学习资源中教师图像的呈现方式如何影响社会临场感以及学习效果的问题目前仍然存在争议，并且有的研究表明有教师图像呈现比没有教师图像呈现的社会临场感要低，这或许与学科类型以及具体的呈现方式有关。[253]外语作为一门语言，其价值体现在人与人之间的交际关系，外语教学过程不仅是一个一般意义上的教学过程，也是一个基于目的语的交际过程，因此教师图像的呈现能够使这个过程更加的真实和流畅。教师图像的呈现方式多种多样，本研究中实验组学习资源主要采用教师特写镜头与学习内容交替呈现的方式，学生认为“与教师的互动感比较强烈，能够感受到一定的学习引导”，对提高社会临场感贡献较大。图片和动画已经成为当前外语学习资源的重要内容，能够提供丰富的语境线索，从而将视觉、听觉文本内容与画面所呈现的形象性内容联系起来，促进语言输入的可理解性。语境是语言交际过程发生的必然背景，只有将语言置于一定的语境才能真正理解、掌握和使用语言知识，也只有在学习资源中融入必要的语境才能真正达到学习外语的目的。实验组学习资源采用了大量的图片来表达语言点的内容，也采用了动画来呈现对话的场景，创造了鲜活生动的语境，让学习者感受到了语言的真实性以及更好的参与性。有访谈学生表示，“动画确实创造了比较好的语境，尤其是图书馆借书的那个动画跟现实中的比较接近”“动画中的卡通人物设计得不错，对话显得比较自然，比较友好”，可见图片和动画等视觉元素的使用提高了社会临场感。

5.3.1.4 使用体验实验结果解读

实验结果表明实验组资源相对于对照组资源能够带来更好的学习体验，并且几乎在各个维度的所有调查子项中都具有优势。在内容维度，实验组资源在各个子项的使用体验都要优于对照组，其中又以趣味性和相关性优势最为明显。原因可能在于多样化视觉元素在实验组资源中的应用，生动的图片和动画要比对照组资源单调的视觉文本信息更能调动学习者的学习兴趣，并且所创设的视觉场景能够让学习者联想到自身的经历，比如资源三所呈现的图书馆场景能够让学习者感觉资源内容与自己的学习经历密切相关。访谈结果也说明学习者在在线自主学习情境下，会偏向使用内容生动有趣的资源。在认知负荷维度，除了画面信息这一子项，实验组资源在其他子项的得分均高于对照组资源。实验组资源画面信息得分略低于对照组资源的原因在前文中已经有所解释，即切换过于频繁的画面信息占用了学习者较多的注意力资源，干扰了对语言信息的识别和理解，从而增加了认知负荷。在该维度的任务指导子项，实验组资源的优势最大，从访谈情况来看，这与教师图像的呈现关系较大，学习者习惯于接受教师的指导，而教师图像能够带来这一感觉。在视觉注意维度，除了出现频率，实验组资源其他子项的得分优势都较为明显，这得益于各种标记手段以及文本、图片提示线索的应用，访谈学生表示，这些在恰当时机出现的视觉元素能够帮助他们注意到讲解的重点。出现频率子项得分几乎没有差异的原因在于这一策略在两组资源中都没有明显的应用。在社会临场感维度，两组资源具有显著差异，前文对此已经进行了分析解读，需要补充的是，从使用体验调查结果来看，两组资源在思维交互子项的得分差异较大。思维交互实际上是资源所营造的一种效果，教师图像和语境的呈现都可以增强思维交互体验。在学习支持维度，个性化学习支持子项的得分差异最大，实验组优势明显，这实际上是各个维度优势的综合体现，实验组资源视觉内容丰富，形式多样，对学习的引导性更强，因而更加符合当代学习者的学习偏好。总之，实验组资源的使用体验优势体现在多个方面，而这些方面并不是相互割裂的，而是存在着相互影响甚至是因果的关系。

5.3.2 策略改进建议

数据分析结果表明，实验组所使用的资源在降低认知负荷和提高学习效果方面并没有发挥预期作用，这与字幕的呈现、学生学习策略以及学习情境有关。对此，研究在前期所提出策略的基础上，进一步提出如下建议：

一是合理设置字幕，避免因字幕而带来额外的认知负荷。从实验结果可以看出，实验组资源所采用的全字幕方式给学习者带来了更高水平的焦虑和认知负荷，原因在于字幕内容过多而呈现时间太短，学习者过多地依赖字幕却又来不及阅读完整的字幕。事实上，学习者在一段文本中难以理解的词汇比例并不大，因此可以采用关键词字幕的方式。关键词字幕既能提供主要的听觉文本信息，也能减少视觉文本的阅读量，从而释放部分注意资源用于语音和画面信息处理，提高学习效率。[65]关键词字幕还可以促使学习者摆脱对字幕的依赖，促进语义的主动分析和理解，深化学习效果。但是，关键词字幕需要资源制作者对学习者的水平比较了解，能够定位重点难点词汇。字幕的位置和表现形式也可以多样化。通常情况下字幕位于屏幕的下方，观看字幕势必会对其他画面内容处理产生很大的影响，造成资源所营造的语境线索无法很好地发挥作用。因此字幕不一定出现在屏幕的下方，也不一定以一般的文本形式出现，在关键词字幕的模式下，可以采用各种艺术字体来提高其视觉突显性。对于对话形式的内容，可采用对话框的形式出现在说话者的头部附近，而重点难点词汇可以通过改变字体属性（大小、斜体、颜色、下划线等）的方式增强视觉突显性。此外，从实验结果可以看出，画面背景信息的处理会影响到学习者语言细节的识记，因此字幕的设置也需要考虑其与画面背景信息之间的空间关系。画面背景信息应恰到好处，不宜喧宾夺主占用学习者太多的视觉注意资源，影响学习任务的完成。

二是合理安排画面信息，避免对语义理解造成干扰。听觉文本和视觉文本之外的画面信息是知识可视化外语学习资源的重要视觉内容，能够为文本信息创设视觉化语境或提供提示性线索，进而促进学习者对语义的理解。然而，画面信息会占用学习者较多的注意力资源，且具有较强的视觉掩蔽效应，过于复杂的画面信息容易给学习者带来更高的认知负荷，造成顾此失彼甚至是两头落空的问题。从实验结果可以看出，在认知负荷维度，学生对于实验组资源的画面处理并不太满意，从访谈结果来看，学生认为动画中针对听觉文本的提示性图片切换频率过高，有点疲于应付，这也造成了学习者对重点文本信息的注意不够。可见，画面信息的处理会影响到学习者对语言细节的识别、记忆和理解，从而影响外语学习效果。因此，画面信息的安排应恰到好处，不宜喧宾夺主，占用学习者太多的视觉注意资源，影响学习任务的完成。合理安排画面信息可以从以下几个方面进行考虑：一是提高画面视觉元素与语言信息的相关性，使用相关性强的视觉元素能够减少信息匹配时间，提高理解效率；二是注意视觉元素的更新节奏，给予学习者足够的时间完成视觉信息的辨识和理解，避免因理解滞后而造成的焦虑；三是尽量降低视觉元素的复杂性，复杂的事物会增加认知的难度，使用经过简化的视觉元素能够使学习者一目了然，比如使用对事物细节进行简化处理的卡通图片来代替实物；四是需要考虑画面信息与字幕等文本信息的时间和空间关系，促进互补，防止冲突。

三是增加语言练习以适应在线自主学习情境。有访谈学生认为，“观看那么久的视频，有时也不知道学习的重点在哪，如果能够有针对性地设置一些练习就好了”，这其实是在线自主学习最为常见的问题之一。现在一些在线学习平台（比如“中国大学 MOOC”）提供了在视频播放中间嵌入练习的功能，但是在没有教学平台提供相关功能的情况下，当前的学习资源本身一般不具备练习功能，开发具有人机交互功能的资源对于一般制作人员来说难以实现且成本较高。本研究认为，通过变通的方法，在学习资源中设置练习也是可行的。对于外语学习而言，练习的重点在于两个方面，一是以识记和理解为主的陈述性知识，比如词汇、语法规则、文化知识等，二是以运用为主的程序性知识。对于陈述性知识，可以在练习题题干画面与参考答案画面之间预留足够的时间（或提示进行“暂停”操作）让学习者进行思考并给出自己的答案，参考答案画面不是单独显示答案，而是在题干画面的基础上添加答案，这样便于学习者进行对照。对于程序性知识，可以采用多种方式促进学习者进行语言输出。语言输出练习能够使各项语言技能得到锻炼，促进语言运用的自动化，促进知识表征系统的重构以更加接近目的语系统。[254]在学习资源输出练习设计上，可以使用问答、启发式图片、角色扮演对话等方式，但在资源的操作上需要给予学习者明确的提示，加强教师对学习者的引导，帮助其顺利完成学习任务。值得注意的是，在当前的技术条件下，交互式视频的应用越来越广泛，其在外语学习资源中的应用具有很大的潜力，能够帮助设计出更加丰富的练习，并在自定义学习路径、增强输出练习的真实感、提供反馈等方面发挥重要作用。

5.4　本章小结

本章将研究提出的知识可视化外语学习资源视觉呈现设计策略付诸实践进行检验。采用准实验研究法，按照大学英语课程期末成绩进行分组，设置实验组和对照组。教学介入的差异在于学习资源，实验组使用团队设计制作的能够体现设计策略的视频资源，而对照组使用的视频资源与实验组的资源在教学内容和音频内容方面完全相同，但未采用相关视觉呈现设计策略。实验采用问卷、访谈和测试的方式收集数据，实验结果表明，相较于对照组的资源，采用策略的实验组资源并没有降低认知负荷，但带来了更高的社会临场感以及更好的使用体验。同时，两个组的测试成绩并没有显著差异，在识记题上，对照组得分甚至略高于实验组。原因可能是多方面的：一是实验组字幕的设置不合理，不利于学习者阅读和理解，且切换过于频繁的画面占用了大量的注意力资源，干扰了语义的理解，造成了额外的认知负荷；二是外语知识的特性决定了短时的输入并不足以造成学习者中介语体系的改变；三是实验性学习情境会造成霍桑效应，实验组资源的主要优势在于改变学习者进行在线自主学习时的行为和状态，而在实验情境下，实验组和对照组都会拿出比较好的状态进行学习，导致学习资源对学习效果没有明显的影响。基于发现的问题，本章最后提出了三条改进视觉呈现设计策略的建议：一是合理设置字幕以避免带来额外的认知负荷；二是合理安排画面信息，避免对语义理解造成干扰；三是增加语言练习以适应在线自主学习情境。

第 6 章　结论与展望

6.1　研究结论与创新

无论是移动学习、碎片化学习还是泛在学习，无论是微课、慕课还是翻转课堂，学习资源始终是新型学习方式和教学模式的核心建设内容。学习资源的开发手段和理念随着社会文化和科学技术的进步在不断更新和进化。在信息化时代，由于网络技术、媒体技术、用户终端技术等的发展，人们的阅读习惯发生了巨大的变化，图形图像等视觉元素成为人们在线阅读的主要内容，读图时代已经悄然来临，并深刻影响着人们的工作、生活和学习。在这样的背景下，视觉学习成为当代学习潮流的一种新趋势，学习资源建设也呈现新的动态，不再束缚于文字内容，而是采用多样化的视觉元素提高资源的质量和使用效果。作为教育技术的重要应用阵地，外语学习也秉承这一趋势，视觉型学习资源成为外语在线学习项目的重点建设内容。然而，学习资源中简单的图形图像拼凑并不能真正促进学习，这对融合多种视觉元素的学习资源的设计和制作提出了更高的要求。本书将知识可视化理念应用于外语数字化学习资源的设计和制作，提出了系统、有效、实用的策略。本书研究的主要结论包括以下四个方面：

第一，分析了外语知识可视化的理论基础，探讨了外语知识可视化的作用机制。研究从符号学、心理学以及多媒体学习等相关理论视角对外语知识可视化的理论基础进行了分析。符号学（多模态符号学）理论论述了符号与世界和知识的关系，承认符号的多样性和社会性，说明了使用文字符号之外的视觉符号来表征意义的科学性和可行性。心理学之双重编码理论论述了大脑中的非语言系统在信息处理过程中的重要作用，认为语言信息与经由视觉通道输入的图解信息共同作用能够提高人类的认知效率。图式理论则论述了知识在大脑中的图式存储方式以及图式在人类认知世界中的作用特点，说明了采用图解视觉信息表征知识能够促进图式的建构及已有图式在理解过程中的调用。多媒体学习理论从信息处理的角度论述了多媒体学习资源在学习过程中的作用机制，说明了合理融合视觉信息和听觉信息的学习资源能够促进认知过程，帮助在长时记忆中建立图式。上述理论为外语知识可视化奠定了理论基础，说明了其可行性、必要性和有效性。基于上述理论基础分析，研究将资源的开发和使用过程看作一个整体来探讨外语知识可视化的作用机制，同时，引入中介语概念并制定了外语知识可视化作用机制示意图。符号的社会性原则限制了视觉符号应用于知识可视化过程的随意性。知识可视化外语学习资源的制作者需要对学习者的目的语水平和认知情况进行评估，然后确定资源知识内容并同时使用文字和图像符号编码知识，制作成视觉、听觉双通道传递的多媒体学习资源。学习者使用资源的过程遵循多媒体学习的一般规律，建立相应的言语模型和图像模型，但最终影响的是学习者个体已有的中介语系统，这一影响对于资源制作者来说是可预测的。因此，外语知识可视化的作用机制关键在于三个方面：一是制作者对于潜在学习者的了解，二是知识的表征方式和视觉呈现设计，三是中介语模型的建立及其与现有中介语系统的融合。

第二，在外语知识多维分类的基础上建立了外语知识可视化视觉表征框架。从知识可视化的定义可以看出，视觉表征本身就是知识可视化的主要研究内容。视觉表征的选择决定了知识可视化的操作方向和结果，而知识的类型又是选择视觉表征的重要依据。目前，知识分类方法多种多样，各有侧重，从多种分类方式角度对外语知识进行分类能够更加精确地描述某一类型外语知识的特点，包括相应的教学策略。研究从学科知识、显性/隐性知识、陈述性/程序性知识等知识分类角度对外语进行多维分类。在学科知识角度，研究综合了国内外有关外语知识/能力构成的观点，提出了适合于外语学习资源开发的分类方式，将外语知识分成语言基础知识、语用知识和社会文化知识，其中语言基础知识包括词汇知识、语法知识和语音知识，语用知识包括语篇知识、功能知识和策略知识，社会文化知识包括语体知识和风俗礼仪知识。在此基础上，研究又从另外两个维度分析外语知识的特点，认为语言基础知识和社会文化知识主要属于显性知识和陈述性知识，而语用知识主要属于隐性知识和程序性知识。然而，鉴于外语知识学用一体的特点，研究认为并没有边界绝对清晰的分类，显性知识特征和隐性知识特征有可能共存，陈述性知识和程序性知识也是如此。对于外语知识可视化视觉表征，研究在总结现有研究成果的基础上，提出了六类适用于外语知识可视化的视觉表征类型并对其进行了定义和描述，即常规文本、图形图表、静态图像、摄制视频、动画视频和虚拟现实。同时，研究又提出了外语知识可视化的五大表征要素，即知识描述、逻辑呈现、情境创设、语用演示和文化展示，并通过专家会议法确定了六类视觉表征在这五个维度的呈现能力，使用雷达图进行描述。研究还从视觉符号意义和观看过程两个角度对视觉表征的解读进行了分析。最后，研究对不同类型外语知识的教学特点进行了分析，并结合五大表征要素为每一类知识推荐相应的视觉表征，进而制定了外语知识可视化视觉表征参照表。

第三，从二语习得理论出发，结合多个理论视角提出外语学习资源视觉呈现设计策略。二语习得理论是开展外语教学的重要参考依据，外语学习资源的设计和制作同样需要遵循二语习得的相关规律。研究对当前主流的二语习得理论进行了概述，包括 Krashen 有关二语习得的五大假设（“习得－学得”差异假设、自然顺序假设、监检假设、输入假设、情感过滤假设），Swain 的输出假设，Gass 的二语习得综合模式以及 Selinker 的中介语石化理论，并分析了这些理论对于知识可视化外语学习资源开发的潜在启示：一是应营造接近真实的、自然的语言习得环境，促进外语知识的内化和应用能力的提高；二是应提高语言输入内容的有效性，充分利用多媒体手段，以生动活泼的方式表达知识，以此提高学习资源的可理解性、趣味性和相关性，增强学习者的学习动力，增加语言信息的实际输入量；三是应改善学习者的学习心理状态，合理利用各种视觉元素，在涵盖学习内容的前提下适当减少资源的信息量，尽量避免视觉干扰因素，降低认知难度，把控学习节奏，增强对学习任务的引导，从而减少学习者的认知负荷，帮助其以放松的状态从容地进行学习；四是应提高学习资源的交互性，让学习者感觉身临其境，感受到教师的指导，感受到与资源思想上的碰撞，也感受到操作层面的交互；五是应促进语言输入信息的吸收，引导学习者的注意力，帮助其注意到重要的语言文本信息，并帮助其理解重要的语义信息，从而使学习者能够分清主次，增加二语习得过程链中的有效输入。结合二语习得的启示，研究进一步从认知负荷、社会临场感、视觉注意以及现代学习方式的视角更加系统地分析知识可视化外语学习资源的设计要素。基于以上理论分析，研究利用结构方程模型探索了外语学习资源使用效果的影响因素，并据此从优化资源视觉内容、控制认知负荷水平、提高社会临场感、引导视觉注意、支持现代学习方式等五个方面提出了详细的视觉呈现设计策略。

第四，采用准实验研究检验了视觉呈现设计策略的有效性。研究采用准实验研究法，以大学英语课程面向的大三学生作为对象，以学习资源作为自变量，以问卷、访谈、测试作为数据收集手段，对研究所提出的知识可视化外语学习资源视觉呈现设计策略进行了检验。研究结果表明，所提出的策略能够使学习者产生更好的资源使用体验，但是并没有达到降低认知负荷和提高学习效果的预期目的，而在提高资源的社会临场感方面效果显著。研究对实验结果进行了解读，认为字幕设置不合理和学习策略影响是造成认知负荷方面没有优势的主要原因，学习者对字幕过于依赖且阅读和理解的速度又跟不上字幕的更新频率，同时，切换速度不合理的画面信息对语义理解的干扰也是一个重要原因。试题特点、外语知识特征和学习情境等因素则是造成学习效果没有优势的主要原因。识记题与字幕的关系很大，实验组学生无法跟上字幕的转换速度以及对画面信息付出额外的注意力造成语言细节识记效果不佳，而对照组资源大段的文本呈现有利于学习者抓住更多的信息；理解题和运用题受先前知识（中介语）影响较大，而中介语系统不会受到短时语言输入的明显影响；实验情境又造成实验组资源促进在线自主学习的优势无法发挥，而对照组同样会使用资源认真学习，付出的努力不会低于实验组。研究针对实验中发现的问题，提出了三项改进策略的建议：一是合理设置字幕，避免因字幕而带来额外的认知负荷，包括使用关键词字幕、灵活改变字幕呈现形式，以及避免字幕与画面信息之间的注意力资源争夺；二是合理安排画面信息，避免对语义理解造成干扰，包括提高画面视觉元素与语言信息的相关性、注意视觉元素的更新节奏、降低视觉元素的复杂性、考虑画面信息与字幕等文本信息的时间和空间关系等；三是增加语言练习以适应在线自主学习情境，包括针对陈述性知识的识记理解练习以及针对程序性知识的输出性语言运用练习。

本书研究的创新之处主要在于以下三个方面：

第一，将知识可视化理念应用于外语数字化学习资源开发，促使外语学习资源设计思路由还原课堂教学情境转变为注重知识的表达和传播，有助于提高资源的有效性。当前很多外语在线学习项目将资源建设的重点放在基于教材的课堂教学场景再现，以期在线学习者获得与现场听课的学习者相同的学习体验和效果。然而，在线学习情境与传统课堂学习相差甚远，传统课堂的再现并不适用于在线学习，这种方式存在一些固有的弊端，注重教学的形式，却忽视了对知识本身的表征和传播以及教学过程中的交互因素，因此学习者更像是一个学习的旁观者而不是参与者。知识可视化理念的引入能够帮助纠正这一资源建设方向上的偏差，转变资源设计思路，让外语学习资源能够真正承载知识，真正达到向学习者传播知识的目的。

第二，建立了外语知识可视化视觉表征参照表，并提出了具体的视觉呈现设计策略，对外语学习资源开发具有一定的实践指导意义。当前外语学习资源在使用视觉元素表达知识方面存在一定的随意性，没有充分考虑不同类型外语知识的习得特点以及视觉元素的具体处理方式对认知的影响，产生这一问题的一个重要原因在于缺乏可参考的依据。本书从显性/隐性知识、陈述性/程序性知识等角度对外语知识进行了多维分类，梳理分析了外语知识可视化的视觉表征类型和特点，并基于各类外语知识的习得特点和表征要素提出了视觉表征参照表，有助于明确外语学习资源的基本设计思路。同时，在理论分析的基础上，本书利用结构方程模型建立了外语学习资源使用效果影响因素模型，并由此提出了具有较强针对性的视觉呈现设计策略。

第三，将外语学习资源设计与二语习得理论结合起来，并从认知负荷、视觉注意、社会临场感、现代学习方式等多个角度系统地分析外语学习资源的设计要素，使资源更加符合二语习得规律、认知规律和现代学习方式的要求，有利于改变经验主义的资源开发倾向。从服务于二语习得这一属性来说，外语学习资源需要接受二语习得理论的指导，从服务于学习这一角度来看，外语学习资源同样需要遵循相关的学习认知规律。而当前的外语学习资源对这两个方面的因素考虑不足，资源设计依靠主观经验居多，缺少从相关理论中寻求指导，导致资源的整体使用效果不容乐观。本书深入探讨了二语习得理论对于外语学习资源开发的启示，并由此引出多个视角对外语学习资源的设计要素进行了分析，为所提出的策略打下了扎实的理论基础。

6.2 研究不足与展望

本书比较系统地提出了外语数字化学习资源的视觉表征与视觉呈现设计策略，对于指导实践具有较好的参考意义，但研究仍有一些不足之处。首先，研究对于视觉表征的梳理和分析是基于当前常用的数字媒体开发手段，对于技术发展背景下的视觉表征新特点讨论不足。其次，研究从二语习得和人类认知心理的普遍规律出发进行分析，在研究过程中没有考虑学习者个体的认知风格因素，所以没有针对不同认知风格群体提出差异性策略。最后，研究整体上比较宏观，没有专门针对特定视觉表征或知识进行更为深入的研究。本领域研究内涵丰富，意义深远，未来拟在以下方面开展进一步的研究：

第一，研究视觉表征在技术发展背景下的新特征及其对外语学习资源设计的新要求。信息技术的发展为外语学习资源的开发开辟了新的途径、提供了新的思路。首先，在语境创设方面，虚拟现实、增强现实等技术的应用能够为外语交际创设更加真实的情境，高度还原外语社会环境中的语言交际场景，学习者能产生更强的沉浸感，有助于语义的理解和语言的习得。其次，在促进教学交互方面，交互式视频等人机交互技术在学习资源中的应用能够使学习资源根据学习者的选择调整学习进度，语音识别等技术的应用让学习者进行在线语言输出成为可能，学习的个性化特征更加明显。最后，在优化学习过程方面，社交媒体技术的应用能够帮助基于在线资源的外语学习摆脱缺乏学伴的现状，弹幕、社会标注的应用就是很好的例子。这些外语学习资源的新趋势仍然处于早期应用状态，有必要对这些新型学习资源的设计和应用进行深入的研究。

第二，研究不同学习风格的学习者对于外语学习资源视觉呈现的偏好。资源的视觉呈现是影响外语学习资源使用效果的重要因素，但是不同学习者对于同一学习资源的适应性可能会由于认知风格差异而有所不同。比如，有些学习者可能更擅长对语言符号本身进行解读，有些学习者可能更需要从图片、视频等视觉元素中获取辅助语言信息；有些学习者适合在听语音的同时观看字幕，而有些学习者则不适合观看字幕。因此，研究有必要将学习者认知风格因素考虑其中，探究不同风格学习者对于视觉呈现的不同偏好，从而提出更具针对性的外语学习资源视觉呈现设计策略。

第三，研究特定视觉表征在外语学习中的应用。特定视觉表征对外语知识的表达以及在实际教学过程中的应用操作具有其独特之处。比如，思维导图能够帮助学习者梳理语篇内容，但这类视觉表征如何设计才能更好地促进语篇的理解以及在教学过程中的哪个环节进行使用都是需要进行细致探讨的问题。在教学微观层面的探索能够更加准确地发现特定视觉表征设计方法与教学效果之间的关系，从而为优化视觉表征设计提供依据。因此，研究应以某一类型的视觉表征为对象，尝试将其应用于特定外语能力的培养，深入探讨该类视觉表征在学习过程中的作用及设计方法。

第四，基于特定的在线外语课程研究视觉呈现设计策略在学习过程中的作用。在信息时代，知识可视化外语学习资源的优势主要体现在各种在线学习情境，并且，这一优势并不仅仅体现在学习者观看资源这一环节，还体现在协作、讨论、完成作业等环节，并最终影响知识的建构。因此，研究应完整跟踪一门外语在线课程，比如在“中国大学 MOOC”上线的课程，分析学习者的提问、发帖、作业等环节的内容，分析外语知识建构与学习资源视觉呈现之间的联系，从而更加准确地制定视觉呈现设计策略。

参考文献

[1] SMICIKLAS M. 视不可当：信息图与可视化传播[M]. 项婷婷，张东宁，译. 北京：人民邮电出版社，2013.

[2] 何高大. 二语习得视觉化研究的几个关键问题[J]. 外语电化教学，2014(1)：27－32.

[3] THOMAS A F, LENOX J. Two codes are greater than one：developing students' vocabularies with images and visualization[J]. Illinois Reading Council Journal, 2014－2015, 43(1)：15－29.

[4] 李培林. 读图时代与教育技术创新研究[J]. 电化教育研究，2004(12)：29－30.

[5] 王朝云，刘玉龙. 知识可视化的理论与应用[J]. 现代教育技术，2007(6)：18－20＋17.

[6] 何秋琳，张立春. 视觉学习研究进展[J]. 开放教育研究，2011，17(4)：23－33.

[7] PHILOMINRAJ A, JEYABALAN D, VIDAL－SILVA C. Visual learning：a learner centered approach to enhance English language teaching[J]. English Language Teaching, 2017, 10(3)：54－62.

[8] EASTERBROOKS S R, BAKER S. Language learning in children who are deaf and hard of hearing：multiple pathways[M]. Boston：Allyn&Bacon, 2002.

[9] 黄德群，贾义敏. 美国学习科学发展研究[J]. 外国教育研究，2011，38(5)：91－96.

[10] SLESS D. Learning and visual communication[M]. London：Croom Helm，1981.

[11] 王志军. 远程教育中"教学交互"本质及相关概念再辨析[J]. 电化教育研究，2016，37(4)：36－41.

[12] MOORE M G. Three types of interaction[J]. The American Journal of Distance Education，1989，3(2)：1－6.

[13] HILLMAN D C A，WILLIS D J，GUNAWARDENA C N. Learner－interface interaction in distance education：an extension of contemporary models and strategies for practitioners[J]. American Journal of Distance Education，1994，8(2)：30－42.

[14] 王志军，陈丽，陈敏，等. 远程学习中学习资源的交互性分析[J]. 中国远程教育，2017(2)：45－52＋80.

[15] 李星熠. 基于数字媒体的新视觉设计研究[J]. 新闻战线，2014(12)：88－89.

[16] CARD S K，MACKINLAY J D，SHNEIDERMAN B. Readings in information visualization：using vision to think[M]. San Mateo，CA：Morgan Kaufmann，1999.

[17] 赵国庆，黄荣怀，陆志坚. 知识可视化的理论与方法[J]. 开放教育研究，2005，11(1)：23－27.

[18] EPPLER M J，BURKARD R A. Knowledge visualization：towards a new discipline and its fields of application[R]. ICA Working Paper #2/2004. Lugano：University of Lugano，2004.

[19] 赵国庆. 知识可视化 2004 定义的分析与修订[J]. 电化教育研究，2009(3)：15－18.

[20] 张舒予. 视觉文化研究与教育技术创新[J]. 中国电化教育, 2006(4): 10 -15.

[21] CLYDE L A. Digital learning objects[J]. Teacher Librarian, 2004, 31(4): 55 -57.

[22] HARLEY D. Use and users of digital resources[J]. Educause Quarterly, 2007, (4): 12 -20.

[23] 卢秋红, 徐靖程, 余胜泉等. 平板电脑进课堂 教育规律为主导[J]. 中小学信息技术教育, 2012(5): 9 -10.

[24] 何克抗. 我国数字化学习资源建设的现状及其对策[J]. 电化教育研究, 2009(10): 5 -9.

[25] 赵慧臣. 知识可视化视觉表征的理论建构与教学应用[M]. 北京: 中国社会科学出版社, 2011: 18.

[26] 任悦. 视觉传播概论[M]. 北京: 中国人民大学出版社, 2008: 87 -88.

[27] 赵慧臣. 知识可视化视觉表征的形式分析[J]. 现代教育技术, 2012, 22(2): 21 -27.

[28] 视觉传达设计[DB/OL]. (2017 -07 -28)[2017 -08 -06]. https://baike.baidu.com/item/视觉传达设计/7031128.

[29] 视觉传达[DB/OL]. (2017 -07 -21)[2017 -08 -06]. https://baike.baidu.com/item/视觉传达/2398223? fr = aladdin.

[30] ELLIS R. Understanding second language acquisition[M]. Oxford: Oxford University Press, 1985.

[31] 张国扬, 朱亚夫. 外语教育语言学[M]. 南宁: 广西教育出版社, 1996.

[32] DOUGHTY C J, LONG M H. The handbook of second language acquisition[M]. Oxford: Blackwell Publishing, 2005.

[33] DEVINE J. The relationship between general language competence and second language reading proficiency: implications for teaching[M] //

CARRELL P L, DEVINE J, ESKEY D E. Interactive approaches to second language reading. Cambridge: Cambridge University Press, 1988: 260 - 278.

[34] SELINKER L. Interlanguage [J]. International Review of Applied Linguistics in Language Teaching, 1972, 10(1 - 4): 209 - 232.

[35] 戴炜栋, 蔡龙权. 中介语的认知发生基础[J]. 外语与外语教学, 2001(9): 2 - 5 + 25.

[36] 蔡龙权. 学习分析[M]. 上海: 上海教育出版社, 2000.

[37] 张宗庆. 外语学与教的心理学原理[M]. 北京: 外语教学与研究出版社, 2011.

[38] 胡加圣, 陈坚林. 外语教育技术学论纲[J]. 外语电化教学, 2013(2): 3 - 12.

[39] 中华人民共和国教育部高等教育司. 大学英语课程教学要求[M]. 上海: 上海外语教育出版社, 2007.

[40] 卢海燕. 基于微课的"翻转课堂"模式在大学英语教学中应用的可行性分析[J]. 外语电化教学, 2014(4): 33 - 36.

[41] 胡杰辉, 伍忠杰. 基于 MOOC 的大学英语翻转课堂教学模式研究[J]. 外语电化教学, 2014(6): 40 - 45.

[42] 宋楚平, 李少芹, 张红芳. MOOC 背景下行业英语微课资源建设探讨[J]. 职业技术教育, 2015, 36(2): 18 - 21.

[43] BURSET S, BOSCH E, PUJOLÀ J T. A study of multimodal discourse in the design of interactive digital material for language learning [M]// PAREJA-LORA A, CALLE-MATINEC C, RODRIGUEZ-ARANCON P. New perspectives on teaching and working with languages in the digital era. Dublin: Research-Publishing. net. 2016: 163 - 172.

[44] 张宁, 罗卫华, 刘迎春, 等. 基于虚拟现实技术的轮机英语环境仿真研究[J]. 计算机仿真, 2015, 32(6): 212 - 217.

[45] 朱雷，张建青. 视景仿真技术在外贸英语项目学习中的应用[J]. 中国电化教育，2011(12)：110－113.

[46] 魏军梅. 面向英语口语学习的虚拟体验教学平台[J]. 电化教育研究，2009(10)：57－60.

[47] 余胜泉. 学习资源建设发展大趋势(上)[J]. 中国教育信息化，2014(1)：3－7.

[48] 王健，郝银华，卢吉龙. 教学视频呈现方式对自主学习效果的实验研究[J]. 电化教育研究，2014,35(3)：93－99＋105.

[49] 杨九民，陶彦，罗丽君. 在线开放课程教学视频中的教师图像分析：现实状况与未来课题[J]. 中国电化教育，2015(6)：59－63.

[50] 胡铁生. “微课”：区域教育信息资源发展的新趋势[J]. 电化教育研究，2011(10)：61－65.

[51] 黎加厚. 微课的含义与发展[J]. 中小学信息技术教育，2013(4)：10－12.

[52] 焦建利. 微课及其应用与影响[J]. 中小学信息技术教育，2013(4)：13－14.

[53] 赖晓云. 多媒体教学软件信息设计与加工策略研究：基于梅耶多媒体教学设计原理[J]. 电化教育研究，2015，36(1)：77－82.

[54] 张晓君，李雅琴，王浩宇，等. 认知负荷理论视角下的微课程多媒体课件设计[J]. 现代教育技术，2014，24(2)：20－25.

[55] 郑炜冬. 微课情感化设计：理念，内涵，模型与策略[J]. 中国电化教育，2014(6)：101－106.

[56] 陈永毅. 视觉注意视野下教育视听资源构建模式的审视[J]. 电化教育研究，2012,33(2)：65－69＋74.

[57] 李蕾，王健，曹俊. 3D影像资源在教育中的应用探析[J]. 中国电化教育，2011(2)：77－80.

[58] 严晓蓉，何高大. 视觉学习视角下的语言可视化表征与教学应用[J]. 远程教育杂志，2015,33(2)：46－54.

[59] 吴玲娟. 多模态文本与大学生英语阅读理解效果研究[J]. 现代教育技术, 2014,24(5): 58 -64.

[60] LEVINE P, SCOLLON R. Discourse and technology: multimodal discourse analysis[M]. Washington, DC: Georgetown University Press, 2004: 80.

[61] 于广. 视觉文化语境下的跨文化外语教学探析与思考[J]. 外语电化教学, 2008(1): 29 -33.

[62] 崔旻, 周春芳. 多媒体呈现方式在外语词汇直接学习中的效果研究[J]. 解放军外国语学院学报, 2015, 38(3): 88 -95.

[63] 魏雪峰, 杨现民. 移动学习: 国际研究实践与展望: 访英国开放大学迈克·沙普尔斯教授[J]. 开放教育研究, 2014, 20(1): 4 -8.

[64] 苏仰娜, 苏妍屏. 大学生英语单词移动学习游戏积件的开发与应用: 以《开心农场》游戏为例[J]. 外语电化教学, 2015(5): 30 -35.

[65] 董剑桥, 周迓菁, 刘桂如. 英语多媒体视频阅听过程中的知觉负载与选择性注意: 以视频字幕呈现量对阅听理解的影响为例[J]. 外语电化教学, 2013(5): 57 -64.

[66] 刘晓斌, 林文衡, 张维, 等. 基于语音可视化的英语模仿朗读教学实验研究[J]. 电化教育研究, 2013, 34(4): 81 -86.

[67] 蔡苏, 余胜泉. 从 Sloodle 看三维虚拟学习环境的发展趋势[J]. 开放教育研究, 2010, 16(2): 98 -104.

[68] 马冲宇, 陈坚林. 基于虚拟现实的计算机辅助语言教学: 理论, 方法与技术[J]. 外语电化教学, 2012(6): 28 -33.

[69] LORENZO C M, LEZCANO L, SÁNCHEZ-ALONSO S. Language learning in educational virtual worlds: a TAM based assessment [J]. Journal of Universal Computer Science, 2013, 19(11): 1615 -1637.

[70] 朱永海. 基于知识分类的视觉表征研究[D]. 南京: 南京师范大学, 2013.

[71] 陈燕燕，王海燕，韩林洁. 知识可视化视觉表征形式及设计方法研究[J]. 宁波大学学报(教育科学版)，2016，38(2)：93－97.
[72] 许晓琪. 全媒体视阈下视觉表征的新特征[D]. 贵阳：贵州大学，2016.
[73] LENGLER R，EPPLER M J. Towards a periodic table of visualization methods for management[DB/OL]. [2017－05－18]. http：//www.visual-literacy.org/periodic_table/periodic_table.pdf.
[74] 熊剑. 面向 MOOC 的知识可视化视觉表征与建模设计[J]. 西南民族大学学报(自然科学版)，2016，42(5)：550－557.
[75] 张伟利. 知识可视化视觉表征在生物教学中的应用研究[D]. 开封：河南大学，2014.
[76] 张小峰. 视觉表征在对外汉语教学设计中的应用[J]. 现代远距离教育，2012(3)：55－60.
[77] 张湘. 基于概念图的可视化交互在英语阅读教学中的应用研究[J]. 中国电化教育，2013(3)：106－110.
[78] 孙田琳子,张舒予. 论学习分析中的“点线面”视觉表征法[J]. 现代教育技术，2015,25(6)：38－43.
[79] 赵慧臣. 知识可视化视觉表征的内容构建方法[J]. 现代教育技术，2011,21(9)：29－33.
[80] 李巧兰. 皮尔斯与索绪尔符号观比较[J]. 福建师范大学学报(哲学社会科学版),2004(1)：115－120.
[81] 赵毅衡. 中国符号学六十年[J]. 四川大学学报(哲学社会科学版)，2012(1)：5－13.
[82] 乐眉云. 索绪尔的符号学语言观[J]. 外国语(上海外国语大学学报)，1994(6)：15－18＋26.
[83] 索绪尔. 普通语言学教程[M]. 南京：江苏教育出版社，2001：74.
[84] 李霓. 索绪尔的二元符号观和语义三角理论：继承与发展[J]. 外语学

刊, 2013(6): 6 -9.

[85] ZEMAN J. Peirce's theory of signs[M]//SEBEOK T A. A perfusion of signs. Bloomington: Lindia Press. 1977: 22 -39.

[86] 翟丽霞, 张彩霞. 皮尔斯的语言符号意指观[J]. 外语学刊, 2006(5): 29 -31.

[87] PEIRCE C S. Collected papers of charles sanders peirce [M]// HARTSHORNE C, WEISS P(eds.). Cambridge, MA: The Belknap Press of Harvard University Press, 1974.

[88] BATEMAN J A. Multimodality and genre: a foundation for the systematic analysis of multimodal documents[M]. New York: Palgrave Macmillan, 2008.

[89] 李战子, 陆丹云. 多模态符号学: 理论基础, 研究途径与发展前景[J]. 外语研究, 2012(2): 1 -8.

[90] 胡壮麟. 我读《系统功能语言学研究现状和发展趋势》[Z]. 第十二届全国功能语言学研讨会大会发言, 南京, 2011.

[91] DEACON T W. Shannon-Boltzmann-Darwin: redefining information (Part Ⅱ)[J]. Cognitive Semiotics, 2008, 2(Supplement): 169 -196.

[92] 朱永海, 聂竹明, 施勇, 等. 符号性学习[J]. 淮南师范学院学报, 2010, 12(2): 98 -100.

[93] DALE E. Audio-visual methods in teaching [M]. New York: Holt, Rinehart&Winston, 1969: 108.

[94] 王铭玉. 语言文化研究的符号学观照[J]. 中国社会科学, 2011(3): 157 -169 +223.

[95] 白春仁. 融通之旅: 白春仁文集[M]. 哈尔滨: 黑龙江人民出版社, 2007: 229.

[96] 张德禄, 丁肇芬. 外语教学多模态选择框架探索[J]. 外语界, 2013(3): 39 -46.

[97] PAIVIO A. Imagery and verbal processes[M]. New York: Holt, Rinehart & Winston, 1971.

[98] PAIVIO A. Mental Representations: A dual coding approach[M]. New York: Oxford University Press, 1986.

[99] 张亮平. 跨文化语境下的双文化图式系统的构建与文化正迁移研究[J]. 武汉工程职业技术学院学报, 2012, 24(3): 44 -46.

[100] 许静. 图式理论(Schema Theory)在跨文化交际中的运用[J]. 国际政治研究,1999(4):136 -142.

[101] EYSENCK M W, ELLIS A W, HUNT E B, JOHNSON-LAIRD P N. The Blackwell dictionary of cognitive psychology[M]. Oxford: Basil Blackwell, 1994.

[102] 皮亚杰, 英海尔德. 儿童心理学[M]. 商务印书馆, 1980: 5.

[103] 石向实. 论皮亚杰的图式理论[J]. 内蒙古社会科学(文史哲版), 1994(3): 11 -16.

[104] 严嘉. 双重编码理论对大学英语教学的启示: 谈图示教学法在大学英语综合课课文讲解中的运用[J]. 曲靖师范学院学报, 2008, 27(2): 87 -90.

[105] 周相利. 图式理论在英语听力教学中的应用[J]. 外语与外语教学, 2002(10): 24 -26.

[106] SPERBER D, WILSON D. Relevance: communication and cognition[M]. Oxford: Blackwell, 1995.

[107] PORTER R E, SAMOVAR L A. Intercultural communication: a reader[M]. Belmont, CA: Wadsworth, Inc. , 1991: 14.

[108] MAYER R E. Cognitive theory and the design of multimedia instruction: an example of the two-way street between cognition and instruction[J]. New Directions for Teaching and Learning, 2002, 2002(89): 55 -71.

[109] MAYER R E. Multimedia learning[M]. New York: Cambridge University Press, 2001: 44.

[110] 闫志明. 多媒体学习生成理论及其定律：对理查德 . E. 迈耶多媒体学习研究的综述[J]. 电化教育研究, 2008(6): 11 -15.

[111] SCHNOTZ W. An integrated model of text and picture comprehension [M]// MAYER R. The cambridge handbook of multimedia learning. New York: Cambridge University Press, 2005: 49 -69.

[112] SCHNOTZ W, K? RSCHNER C. External and internal representations in the acquisition and use of knowledge: visualization effects on mental model construction[J]. Instructional Science, 2008, 36(3): 175 -190.

[113] 文东, 王玉琴, 吴秀园. 基于认知神经科学视角的多媒体学习认知理论创新[J]. 现代远程教育研究, 2013(3): 40 -49.

[114] COLTHEART M. Iconic memory and visible persistence[J]. Perception & Psychophysics, 1980, 27(3): 183 -228.

[115] VYGOTSKY L S. Mind in society: the development of higher psychological processes[M]. Cambridge: Harvard University Press, 1978.

[116] COLE M, ENGESTR? M Y. A cultural-historical approach to distributed cognition[M] // SALOMON G. Distributed cognitions: psychological and educational considerations. Cambridge, UK: Cambridge University Press, 1993: 1 -46.

[117] HUTCHINS E. How a cockpit remembers its speeds [J]. Cognitive Science, 1995,19(3): 265 -288.

[118] MARIAN V, NEISSER U. Language-dependent recall of autobiographical memories[J]. Journal of Experimental Psychology: General, 2000, 129 (3): 361 -368.

[119] 赵慧臣. 知识可视化的视觉表征研究综述[J]. 远程教育杂志, 2010,

28(1): 75-80.

[120] ANDERSON J R. The architecture of cognition[M]. Cambridge, MA: Harvard University Press, 1983.

[121] SQUIRE L R. Memory systems of the brain: a brief history and current perspective[J]. Neurobiology of Learning and Memory, 2004, 82(3): 171-177.

[122] 桂诗春. 实验心理语言学纲要[M]. 长沙: 湖南教育出版社, 2001: 139-142.

[123] 皮连生. 智育心理学[M]. 北京: 人民教育出版社, 1996.

[124] 皮连生. 学与教的心理学[M]. 上海: 华东师范大学出版社, 1997.

[125] POLANYI M. Personal knowledge: towards a post-critical philosophy[M]. Chicago, IL: The University of Chicago Press, 1958.

[126] 隐性知识[DB/OL]. (2015-04-16)[2017-05-22]. http://wiki.mbalib.com/wiki/隐性知识.

[127] NONAKA I, TAKEUCHI H. The knowledge-creating company: how Japanese companies create the dynamics of innovation[M]. New York: Oxford University Press, 1995.

[128] CHOMSKY N. Aspects of the theory of syntax[M]. Cambridge: MIT Press, 1965.

[129] HYMES D. On communicative competence[M]//PRIDE J, HOLMES J. Sociolinguistics: selected readings. Harmondsworth: Penguin, 1972: 269-293.

[130] CANALE M, SWAIN M. Theoretical bases of communicative approaches to second language teaching and testing[J]. Applied Linguistics, 1980, 1(1): 1-47.

[131] CANALE M. From communicative competence to communicative language

pedagogy[M] // RICHARDS J, SCHMIDT R. Language and communication, London: Longman, 1983:2 -27.

[132] BACHMAN L. Fundamental consideration in language testing [M]. Oxford: Oxford University Press, 1990.

[133] BACHMAN L, PALMER A. Language testing in practice: designing and developing useful language tests [M]. Oxford: Oxford University Press, 1996.

[134] CELCE-MURCIA M, DÖRNYEI Z, THURRELL S. Communicative competence: a pedagogically motivated model with content specifications [J]. Issues in Applied Linguistics, 1995, 6(2): 5 -35.

[135] Council of Europe. Common european framework of reference for languages: learning, teaching, assessment [M]. Cambridge: Cambridge University Press, 2001.

[136] 赵雯, 王海啸, 余渭深. 大学英语“语言能力”框架的建构[J]. 外语与外语教学, 2014(1): 15 -21.

[137] ELLIS R. The definition and measurement of L2 explicit knowledge[J]. Language Learning, 2004, 54(2): 227 -275.

[138] 刘海瑛. 显性和隐性知识在听力理解中的认知功能[J]. 中国成人教育, 2011(10): 128 -130.

[139] 苏建红. 二语习得中显性知识与隐性知识关系的实证研究[J]. 外语与外语教学, 2012(1): 26 -30.

[140] NORRIS J, ORTEGA L. Effectiveness of L2 instruction: a research synthesis and quantitative meta-analysis[J]. Language Learning, 2000, 50 (3): 417 -528.

[141] ELLIS N C, Sagarra N. Learned attention effects in L2 temporal reference: the first hour and the next eight semesters[J]. Language Learning, 2010,

60(s2): 85 - 108.

[142] 陈亚平, 曹荣平. 外语课堂隐性语言知识构建模式[J]. 中国外语, 2012, 9(6): 51 -56.

[143] 孙鸣. 陈述性知识与英语认知[J]. 外语学刊, 2007(1): 134 - 137.

[144] 吴庆麟. 认知教学心理学[M]. 上海: 上海科学技术出版社, 2000.

[145] 何美萍, 唐剑岚等. 视觉化表征及其在数学学习中的作用[J]. 内蒙古师范大学学报(教育科学版), 2008(8): 138 - 141.

[146] 朱永海, 张舒予. 知识视觉表征: 知识可视化的实践途径[J]. 电化教育研究, 2013, 34(8): 17 -23.

[147] JONASSEN D H. What are cognitive tools? [M] // Kommcrs P, Jonassen D H, Maycs J T. Cognitive tools for learning. Heidelberg: Springer, 1992.

[148] 邱杨, 高荣国. 以知识可视化表征改善学习内容的呈现[J]. 江苏教育学院学报(自然科学版), 2007, 24(4): 55 -58.

[149] 王晓军. 交互外语教学思想的嬗变与反思[J]. 外语电化教学, 2011(4): 3 -9.

[150] 王初明. 论外语学习的语境[J]. 外语教学与研究, 2007, 39(3): 190 - 197 +240.

[151] 马冲宇, 杨港. 计算机辅助语言学习发展的新方向: 三维虚拟语言学习环境[J]. 河北大学学报(哲学社会科学版), 2014, 39(1): 152 -155.

[152] 郭晓宁, 王小雪, 刘金侠, 等. 虚拟教学环境下的英语外语学习: 探索"第二人生"[J]. 开放教育研究, 2012, 18(5): 104 - 112.

[153] 张海森. 基于多用户虚拟环境的英语口语教学研究: 理论与实践[M]. 北京: 对外经济贸易大学出版社, 2010.

[154] 黄振定. 析伽达默尔的语言理解论[J]. 外国语, 2009, 32(2): 21 -26.

[155] 王颖冲. 语言与思维关系再认识: 沃尔夫《论语言、思维和现实》解读[J]. 外语教学与研究(外国语文双月刊), 2011, 43(4): 583 -592.

[156] 陈艳君，张传燧．张士一外语情境教学理论初探[J]．课程·教材·教法，2014，34(1)：105－111＋98.

[157] 陈艳君，刘德军．基于英语学科核心素养的本土英语教学理论建构研究[J]．课程·教材·教法，2016，36(3)：50－57.

[158] 王初明．内容要创造 语言要模仿：有效外语教学和学习的基本思路[J]．外语界，2014(2)：42－48.

[159] 余丽华，付香平．语言与文化的关系及其在交际中的作用[J]．江西社会科学，2008(12)：207－209.

[160] 形象[DB/OL]．(2017－04－03)[2017－06－15]．http：//baike.baidu.com/item/形象.

[161] 包鹏程．影视意义的生成：编码与解码[J]．理论与创作，2006(4)：89－92.

[162] 罗兰·巴尔特．符号学原理[M]．王东亮等，译．北京：三联书店，1999：86.

[163] 任悦．数字时代视觉表征的变化：对"我们:数码相机记录的影像生活"摄影比赛作品的内容分析[J]．国际新闻界，2007(2)：16－20.

[164] 赵慧臣．观看：知识可视化视觉表征意义解读的方式[J]．远程教育杂志，2011，29(3)：44－48.

[165] WILKINS D A. Linguistics in language teaching[M]. London：Edward Arnold，1972：48.

[166] 刘凌，秦晓晴．词汇呈现方式对英语词汇学习影响的实证研究[J]．外语界，2014(2)：67－75.

[167] 戴炜栋，陈莉萍．二语语法教学理论综述[J]．外语教学与研究：外国语文双月刊，2005，37(2)：92－99＋160.

[168] ELLIS N C. Frequency effects in language processing：a review with implications for theories of implicit and explicit language acquisition[J].

Studies in Second Language Acquisition, 2002, 24(2): 143 - 188.

[169] SPADA N. Form-focussed instruction and second language acquisition: a review of classroom and laboratory research [J]. Language Teaching, 1997, 30(2): 73 - 87.

[170] 陈旭红. 外语学习者语法学习理念研究[J]. 教育评论, 2009(3): 105 - 107.

[171] 篮葆春.《师范高等专科学校英语教育专业英语教学大纲》语音项目表制订说明[J]. 外语界, 1995(2): 42 - 43.

[172] 杜小红. "高师"英语专业语音教学改革初探[J]. 湖北大学成人教育学院学报, 2003, 21(4): 36 - 38.

[173] 李如龙, 陈瑶. 从语音特征出发设计语音教学[J]. 学术研究, 2015(3): 132 - 135 + 2.

[174] 张德禄. 语篇连贯的宏观原则研究[J]. 外语与外语教学, 2006(10): 7 - 10 + 13.

[175] 戴沅芳, 张绍杰. 外语学习者语用能力建构[J]. 东北师大学报: 哲学社会科学版, 2015(6): 179 - 183.

[176] KASPER G, ROSE K R. Pragmatic development in a second language [M]. Oxford: Blackwell Publishing, 2002.

[177] ROSE K R, NG C. Inductive and deductive teaching of compliments and compliment responses [M] // ROSE K R, KASPER G. Pragmatics in language teaching. New York: Cambridge University Press, 2001: 145 - 170.

[178] TAKIMOTO M. The effects of deductive and inductive instruction on the development of language learners' pragmatic competence[J]. The Modern Language Journal, 2008, 92(3): 369 - 386.

[179] 刘乃美. 交际策略研究三十年: 回顾与展望[J]. 中国外语: 中英文

版，2007(5)：81 -87.

[180] CORDER S P. Simple codes and the source of the second language learner's initial heuristic hypothesis[J]. Studies in Second Language Acquisition, 1978, 1(1)：1 -10.

[181] 程雨民. 英语文体学[M]. 上海：上海外语教育出版社，1985：1.

[182] 秦秀白. 英语语体和文体要略[M]. 上海：上海外语教育出版社，2002：2.

[183] 胡勤. 语体知识的教学意义[J]. 教学月刊·中学版(语文教学)，2016(21)：4 -9.

[184] 吕金凤. 英语语体知识与大学英语教学[J]. 扬州大学学报(高教研究版)，2011，15(4)：94 -96.

[185] 宋飞. 文化背景在外语教学中的作用[J]. 外语教学，1998(2)：86 -87 +92.

[186] LADO R. Language teaching: a scientific approach[M]. New York: McGraw-Hill, 1964：149.

[187] 唐祥金. 论外语教学中社会文化能力的培养[J]. 外语与外语教学，1999(7)：33 -35.

[188] 杜文捷. 论二语习得理论对外语教学的启示[J]. 黑龙江高教研究，2002(6)：54 -55.

[189] 宫学军. 克拉申第二语言习得理论引论[J]. 大连海事大学学报(社会科学版)，2007，6(3)：111 -114.

[190] KRASHEN S D. Principles and practice in second language acquisition[M]. New York: Pergamon Press, 1982.

[191] BROWN R. A first language: the early stages[M]. Cambridge: Harvard University Press, 1973.

[192] DULAY H, BURT M. Natural sequences in child second language

acquisition[J]. Language Learning, 1974, 24(1): 37 -53.

[193] DULAY H, BURT M. A new approach to discovering universal strategies of child second language acquisition [M] // DATO D. Developmental psycholinguistics: theory and applications. Washington: Georgetown University Press, 1975: 209 -233.

[194] BAILEY N, MADDEN C, KRASHEN S D. Is there a "natural sequence" in adult second language learning? [J]. Language Learning, 1974, 24 (2): 235 -243.

[195] 刘浩. 克拉申的"自然顺序假说"与外语教学[J]. 辽宁医学院学报(社会科学版), 2013, 11(1): 114 -116.

[196] LONG M H. Input, interaction, and second-language acquisition [J]. Annals of the New York Academy of Sciences, 1981, 379(1): 259 -278.

[197] KRASHEN S D. The compelling (not just interesting) input hypothesis [J]. The English Connection, 2011, 15(3): 1.

[198] 张伶俐, 刘敏. 网络环境下外语焦虑感的特点及对策[J]. 高等工程教育研究, 2012(2): 160 -164.

[199] MACINTYRE P D, GARDNER R C. Language anxiety: its relationship to other anxieties and to processing in native and second languages [J]. Language Learning, 1991, 41(4): 513 -534.

[200] 邓联健, 杨烈祥. 二语习得中的吸收假设[J]. 外语教学, 2006, 27 (3): 46 -50.

[201] SWAIN M. Communicative competence: some roles of comprehensible input and comprehensible output in its development [M] // GASS S M, MADDEN C G. Input in second language acquisition. Rowley, MA: Newbury House Publishers, Inc. , 1985: 235 -253.

[202] SWAIN M. Three functions of output in second language learning [M] //

COOK G, SEIDLHOFEr B. Principle and practice in applied linguistics: studies in honour of HG Widdowson. Oxford: Oxford University Press, 1995: 125 - 144.

[203] SKEHAN P. A cognitive approach to language learning [M]. Oxford University Press, 1998.

[204] 李萍. 语言输出假设研究二十年：回顾与思考[J]. 外语与外语教学，2006(7): 60 - 64.

[205] 卢仁顺. "输出假设"研究对我国英语教学的启示[J]. 外语与外语教学，2002(4): 34 - 37.

[206] 王颖. 输出假设的心理语言学基础[J]. 外语教学，2005, 26(4): 18 - 22.

[207] CORDER S P. The significance of learner's errors[J]. International Review of Applied Linguistics in Language Teaching, 1967, 5(1 - 4): 161 - 170.

[208] GASS S M. Integrating research areas: a framework for second language studies[J]. Applied Linguistics, 1988, 9(2): 198 - 217.

[209] ELLIS R. The study of second language acquisition[M]. Oxford: Oxford University Press, 1994.

[210] 王荣英. Gass 习得模式的语言输出研究[J]. 湖南城市学院学报，2007, 28(6): 94 - 96.

[211] KUMARAVADIVELU B. Understanding language teaching: from method to postmethod[M]. New York: Routledge, 2005.

[212] ITO Y. Effect of reduced forms on ESL learners' input-intake process[J]. Second Language Studies, 2001, 20(1): 99 - 124.

[213] SELINKER L, HAN Z H. Fossilization: what we think we know[M]. London: Longman Group UK Limited, 1996.

[214] SELINKER L, HAN Z H. Fossilization: moving the concept into empirical

longitudinal study [M] // ELDER C, BROWN A, et al. Studies in language testing: experimenting with uncertainty. Cambridge: Cambridge University Press, 2001: 276 - 291.

[215] WEI X. Implication of IL fossilization in second language acquisition[J]. English Language Teaching, 2008, 1(1): 127 - 131.

[216] HAN Z H. Interlanguage and fossilization: towards an analytic model[J]. Contemporary Applied Linguistics, 2009, (1): 137 - 162.

[217] SCHMIDT R. The role of consciousness in second language learning[J]. Applied Linguistics, 1990, 11(2): 129 - 158.

[218] SWAIN M, LAPKIN S. Problems in output and the cognitive processes they generate: a step towards second language learning [J]. Applied Linguistics, 1995, 16(3): 371 - 391.

[219] HAN Z. Fossilization in adult second language acquisition[M]. Clevedon: Multilingual Matters, 2004.

[220] 曾文雄. 基于输出假设的外语电化教学[J]. 江汉大学学报: 社会科学版, 2005, 22(1): 94 - 99.

[221] BADDELEY A. Working memory[J]. Science, 1992, 255(5044): 556 - 559.

[222] SWELLER J. Cognitive load during problem solving: Effects on learning [J]. Cognitive Science, 1988, 12(2): 257 - 285.

[223] 庞维国. 认知负荷理论及其教学涵义[J]. 当代教育科学, 2011(12): 23 - 28.

[224] ROBIN P. Attention, memory, and the "noticing" hypothesis [J]. Language Learning, 1995, 45(2): 283 - 331.

[225] STERNBERG R. Cognitive psychology [M]. Cambridge, MA: Harcourt Brace College Publishers, 1999.

[226] CHAMBERS C D, STOKES M G, JANKO N E, et al. Enhancement of visual selection during transient disruption of parietal cortex[J]. Brain Research, 2006, 1097(1): 149 – 155.

[227] [英]约翰·伯格. 观看之道[M]. 戴行钺, 译. 南宁: 广西师范大学出版社, 2005: 3.

[228] TALMY L. Figure and ground in complex sentences[M] // GREENBERG J H. Universals of Human Language (Vol. 4). Stanford: Stanford University Press, 1978: 627 – 649.

[229] UNGERER F, SCHMID H J. An introduction to cognitive linguistics[M]. London: Longman Group Limited, 2001: 157.

[230] LANGACKER R W. Grammar and conceptualization[M]. Berlin: Mouton de Gruyter, 1999.

[231] 陈建生, 吴曙坦. 翻译认知: 结构突显与翻译[J]. 四川外语学院学报, 2004, 20(1): 118 – 122.

[232] 邹慧民. 交际语言任务中的"形式关注"[J]. 外语与外语教学, 2012(1): 21 – 25 + 57.

[233] 腾艳杨. 社会临场感研究综述[J]. 现代教育技术, 2013, 23(3): 64 – 70.

[234] SHORT J, WILLIAMS E, CHRISTIE B. The social psychology of telecommunications[M]. London: Wiley, 1976.

[235] GUNAWARDENA C N. Social presence theory and implications for interaction and collaborative learning in computer conferences[J]. International Journal of Educational Telecommunications, 1995, 1(2 – 3): 147 – 166.

[236] GARRISON D R, ANDERSON T, ARCHER W. Critical inquiry in a text-based environment: Computer conferencing in higher education[J]. The

Internet and Higher Education, 2000, 2(2 –3): 87 –105.

[237] TU C H. On-line learning migration: from social learning theory to social presence theory in a CMC environment [J]. Journal of Network and Computer Applications, 2000, 23(1): 27 –37.

[238] 王广新. 网络课程论坛内社会临场感的结构与影响因素[J]. 电化教育研究, 2008(11): 48 –52.

[239] WEI C W, CHEN N S. A model for social presence in online classrooms [J]. Educational Technology Research and Development, 2012, 60(3): 529 –545.

[240] 李产凤, 刘卫东. 大学生英语网络自主学习影响因素研究[J]. 外语电化教学, 2013(6): 39 –43 +49.

[241] 冯建瑞, 方青卫. 谈外语教学中情境的创设[J]. 语文学刊(外语教育与教学), 2009(4): 147 –149.

[242] 徐先乔. 大数据时代大学外语碎片化学习[J]. 蚌埠学院学报, 2016, 5(1): 95 –98.

[243] 辛自强, 林崇德. 认知负荷与认知技能和图式获得的关系及其教学意义[J]. 华东师范大学学报(教育科学版), 2002, 20(4): 55 –60 +77.

[244] 张德禄, 李艳. 语境理论与视听教学[J]. 外语电化教学, 2004(4): 11 –16.

[245] 王初明. 从补缺假说看外语听说读写[J]. 外语学刊, 2006(1): 79 –84 +112.

[246] HOLEC H. Autonomy and foreign language learning [M]. Oxford: Pergamon, 1981.

[247] PAAS F G W C, VAN MERRI? NBOER J J G. Instructional control of cognitive load in the training of complex cognitive tasks [J]. Educational Psychology Review, 1994, 6(4): 351 –371.

[248] KIM T, BIOCCA F. Telepresence via television: two dimensions of telepresence may have different connections to memory and persuasion[J]. Journal of Computer-Mediated Communication, 1997, 3(2).
[249] 杨九民. 在线视频课程中教师对学习过程与效果的影响[D]. 武汉: 华中师范大学, 2014.
[250] 王西娅. 情感因素对大学英语教学的影响[J]. 外语教学, 2012(6): 67-70.
[251] ELLIS R. The structural syllabus and second language acquisition[J]. TESOL Quarterly, 1993, 27(1): 91-113.
[252] 郑俊, 赵欢欢, 颜志强, 等. 多媒体视频学习中的教师角色[J]. 心理研究, 2012, 5(5): 85-90.
[253] 曹建霞, 傅安娜, 王锐, 等. 教学视频中教师呈现方式对学习者社会存在感和学习效果的影响[J]. 现代教育技术, 2017, 27(7): 75-81.
[254] 刘春燕. 语言输出在英语学习中效果最优化的课程设计研究[J]. 课程·教材·教法, 2015, 35(5): 87-92.

附录1：外语知识可视化视觉表征呈现能力打分表

请你根据会议讨论内容结合自己的观点对外语知识可视化视觉表征的呈现能力进行打分。针对每一个表征要素，请分别给予六类视觉表征1~5分的分值。1分表示很不适用，2分表示不适用，3分表示适用性一般，4分表示适用，5分表示非常适用。比如，你在“常规文本－知识描述”空格内填写5，则表示你认为“常规文本”非常适合用于“知识描述”。

表征类型	表征要素				
	知识描述	逻辑呈现	情境创设	语用演示	文化展示
常规文本					
图形图表					
静态图像					
摄制视频					
动画视频					
虚拟现实					

附录2：外语学习资源使用效果影响因素调查问卷

你好！本问卷旨在调查影响在线外语学习资源使用效果的因素，请你根据自己的真实感受填写问卷。请仔细阅读题项并根据自己的意见做出选择，1~5分分别代表“非常不同意”“不同意”“不确定”“同意”“非常同意”，请在相应数字旁打“√”。问卷采用匿名的形式，问卷数据只用于研究，不作他用。对于你的支持与合作，我们由衷地感谢！

序号	题项	非常不同意	不同意	不确定	同意	非常同意
1	获取足够的语言信息输入量才能提高学习效果	1	2	3	4	5
2	获取可理解的输入才能提高学习效果	1	2	3	4	5
3	生动有趣的输入有助于提高学习效果	1	2	3	4	5
4	与我自身经历相关的输入有助于提高学习效果	1	2	3	4	5
5	控制单个资源的信息量有助于提高学习效果	1	2	3	4	5
6	提供学习任务提示和指导有助于提高学习效果	1	2	3	4	5
7	画面无关视觉信息会降低学习效果	1	2	3	4	5

续表

序号	题项	非常不同意	不同意	不确定	同意	非常同意
8	允许对学习参数进行自定义能提高学习效果	1	2	3	4	5
9	使用标记突出显示重要的视觉信息能提高学习效果	1	2	3	4	5
10	使用文字提示信息帮助理解语义能提高学习效果	1	2	3	4	5
11	使用图像提示信息帮助理解语义能提高学习效果	1	2	3	4	5
12	增加某语言项目的出现频率能提高学习效果	1	2	3	4	5
13	在讲解性的片段中嵌入教师动态图像能提高学习效果	1	2	3	4	5
14	使用图片、视频、动画等创设语境能提高学习效果	1	2	3	4	5
15	使用与学习者能产生思想共鸣的视觉内容能提高学习效果	1	2	3	4	5
16	设置交互操作功能（如导航按钮、任务反馈等）能提高学习效果	1	2	3	4	5
17	为自主学习提供策略支持能提高学习效果	1	2	3	4	5
18	为探究学习创设情境能提高学习效果	1	2	3	4	5
19	将学习内容进行碎片化处理能提高学习效果	1	2	3	4	5
20	为个性化学习提供支持能提高学习效果	1	2	3	4	5

附录3：认知负荷问卷

在刚才这些资源的学习过程中，你投入了多少心理努力？

请从以下9个数字中选择适合你的数字填入旁边的括号（　　）：

1	2	3	4	5	6	7	8	9
最少努力				中等努力				最大努力

你认为刚才的这些学习资源难度如何？

请从以下9个数字中选择你认为合适的数字填入旁边的括号（　　）：

1	2	3	4	5	6	7	8	9
非常容易				中等难度				非常困难

附录 4：社会临场感问卷

请判断以下陈述是否符合你使用资源时的真实感受，请从 7 个选项中选择 1 项并在相应的单元格内填入“√”。

序号	题项	非常不同意	比较不同意	不同意	不确定	同意	比较同意	非常同意
1	当视频结束后，我感觉自己从一次旅行中回到现实世界							
2	当看视频时，我感觉它为我创造了一个新的世界；当视频结束后，感觉这个新世界突然消失了							
3	当看视频时，我感觉自己沉浸在视频为我创造的世界中							
4	当看视频时，虽然我的身体在实验室中，但是我的精神已经进入视频为我创造的世界中							

续表

序号	题项	非常不同意	比较不同意	不同意	不确定	同意	比较同意	非常同意
5	当看视频时，与现实世界相比，视频为我创造的世界更具真实感或当下感							
6	在看视频的过程中，我从没有忘记自己正在参与实验							
7	视频为我创造的世界对我来说，似乎仅仅是“我看过的一些东西”，而不是“某些我去过的地方”							
8	在看视频的过程中，我的心在实验室，并不在视频为我创造的世界中							

附录5：学习资源使用体验调查问卷

请判断以下陈述是否符合你使用资源时的真实感受，1～5分分别代表“非常不同意”“不同意”“不确定”“同意”“非常同意”，请在相应数字旁打“√”。

序号	题项	非常不同意	不同意	不确定	同意	非常同意
1	学习资源为我提供了丰富的语言信息输入	1	2	3	4	5
2	学习资源内容具有较强的可理解性	1	2	3	4	5
3	学习资源让我保持浓厚的学习兴趣	1	2	3	4	5
4	学习资源内容与我的经历密切相关	1	2	3	4	5
5	学习资源的信息量有助于我保持专注力	1	2	3	4	5
6	学习资源为学习任务提供了有效的提示和指导	1	2	3	4	5
7	学习资源没有干扰我学习的画面信息	1	2	3	4	5
8	学习资源有助于我把控学习任务的难度	1	2	3	4	5
9	学习资源引导我从容不迫地观看视觉内容	1	2	3	4	5

续表

序号	题项	非常不同意	不同意	不确定	同意	非常同意
10	学习资源的文本提示引导我注意重点语言信息	1	2	3	4	5
11	学习资源的图片提示引导我注意重点语义内容	1	2	3	4	5
12	学习资源让我特别关注重复出现的语言项	1	2	3	4	5
13	学习资源让我感受到与教师的互动	1	2	3	4	5
14	学习资源为语言学习创造了良好的语境	1	2	3	4	5
15	学习资源让我感受到与学习内容的互动	1	2	3	4	5
16	学习资源让我感觉如同有人引导我进行学习	1	2	3	4	5
17	学习资源能促进我进行自主学习	1	2	3	4	5
18	学习资源能促进我对学习内容进行探究	1	2	3	4	5
19	学习资源有利于我随时随地进行学习	1	2	3	4	5
20	学习资源有利于我按照自己的节奏进行学习	1	2	3	4	5

附录 6：学习效果测试卷

1. What is a “hoodie”?（　　）（单选）

A. It is a light, loose-fitting long coat.

B. It is a coat with a hood/hat at the back.

C. It is a coat extremely short.

D. It is a suit for doing exercises.

2. What is “demin” in Chinese?（　　）（单选）

A. 麻

B. 牛仔布

C. 灯芯绒

D. 羊绒

3. Which of the following will make a person look professional?（　　）（多选）

A. Tuxedo.

B. Pencil skirt.

C. Cardigan.

D. T-shirt.

4. Which of the following are used to describe the size of clothes?（　　）（多选）

A. Loose-fitting.

B. Sleeveless.

C. Form-fitting.

D. Tight-fitting.

5. Which of the following are mentioned as features of London transportation culture? (　　)(多选)

A. The Tube.

B. The red double-decker.

C. The black taxis.

D. The canal.

6. Which of the following are mentioned as examples of British food culture? (　　)(多选)

A. Fried chips.

B. Beef Wellington.

C. Full English breakfast.

D. Afternoon tea.

7. Which of the following are correct according to the speakers? (　　)(多选)

A. The British Queen' s residence is open to the public at certain times of the year.

B. The visitors are amazed at the royal family' s tradition, virtues and treasures.

C. The British peop6le are not good at making desserts.

D. Education has been treated as a kind of industry in UK.

8. Translate the following sentences into Chinese.

(1) In that case, I can put the book on reserve for you.

____

(2) We have 20 copies of this book, but they have all been checked out.

____

9. Define culture in your own words.

____

____

10. Write down the English expression for the following occasions.

请求图书管理员帮忙查询 *A Farewell to Arms* 这本书是否仍在书架上。

____

接受图书管理员的帮助之后，向其表达谢意。

____

11. Make an outline for the essay titled "The Power of Mobile Phones" with one thesis statement and three topic sentences.

Thesis statement: ____

____

Topic sentence 1: ____

____

Topic sentence 2: ____

____

Topic sentence 3: ____

____